"十一五"国家重点图书出版规划项目

北京市社会科学理论著作出版基金重点资助项目

启功全集

（修订版）

第二十卷

临写

北京师范大学出版集团
BEIJING NORMAL UNIVERSITY PUBLISHING GROUP
北京师范大学出版社

图书在版编目（CIP）数据

启功全集（修订版）. 第20卷，临写 / 启功著. —北京：北京师范大学出版社，2012.9

ISBN 978-7-303-14712-0

Ⅰ. ①启… Ⅱ. ①启… Ⅲ. ①启功（1912—2005）—文集 ②汉字—法书—作品集—中国—现代 Ⅳ. ①C53 ②J292.28

中国版本图书馆CIP数据核字（2012）第180984号

营销中心电话 010-58802181 58805532
北师大出版社高等教育分社网 http://gaojiao.bnup.com.cn
电子信箱 beishida168@126.com

QIGONG QUANJI

出版发行：北京师范大学出版社 www.bnup.com.cn
北京新街口外大街19号
邮政编码：100875

印 刷：北京盛通印刷股份有限公司
经 销：全国新华书店
开 本：170 mm × 260 mm
印 张：372.5
字 数：5021千字
版 次：2012年9月第1版
印 次：2012年9月第1次印刷
总 定 价：2680.00元（全二十卷）

策划编辑：李 强　　责任编辑：李 强 于 乐
美术编辑：毛 佳　　装帧设计：李 强
责任校对：李 菡　　责任印制：李 啸

启功先生像

目 录

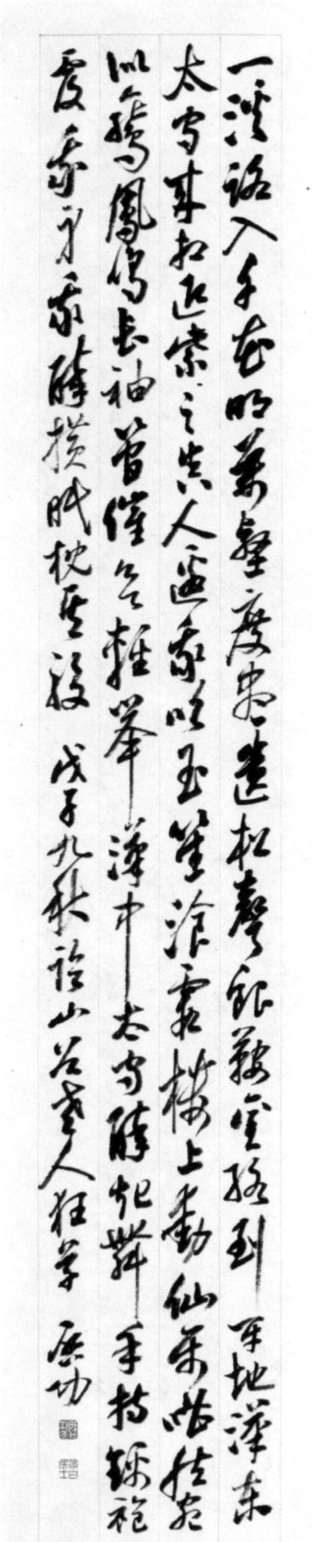

临山谷狂草

一九四八年作　条屏

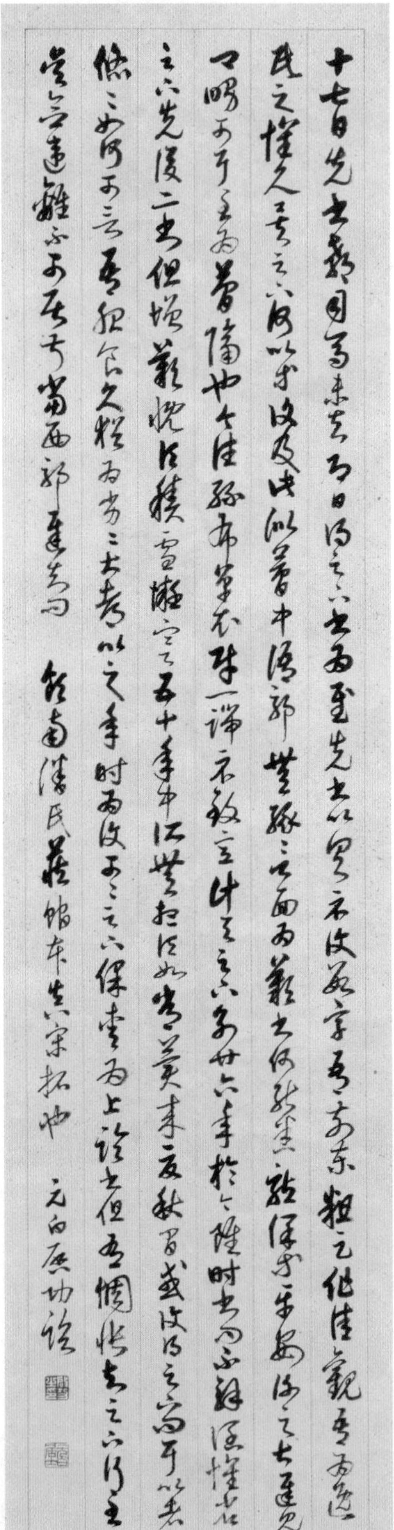

临法帖四条屏

二十世纪四十年代作　条屏

漢墨秋山畫遠天暮霞還照紫添烟故人好在重携手不到平山漫五年砂步
漫回合松門差枕桴悠悠拽艇子真似剡溪圖已有扁舟興曾看過剡圖翻思名手
畫誰復費工夫縱目天容曠披襟海共開山光隨眦到雲影度江來世界漸雙足生涯
付一杯攬風多景夢應似穆王臺穰侯去國倦驅車蔡澤還來取范雎惡客只應真
可厭恬他漢相館丘墟竹前槐後午陰繁壺領華胥屢往還雅興欲為十客具人和端
使一身閑　米老書導源大令有六朝風味所書諸詩尤稱合作　苑北啓功臨

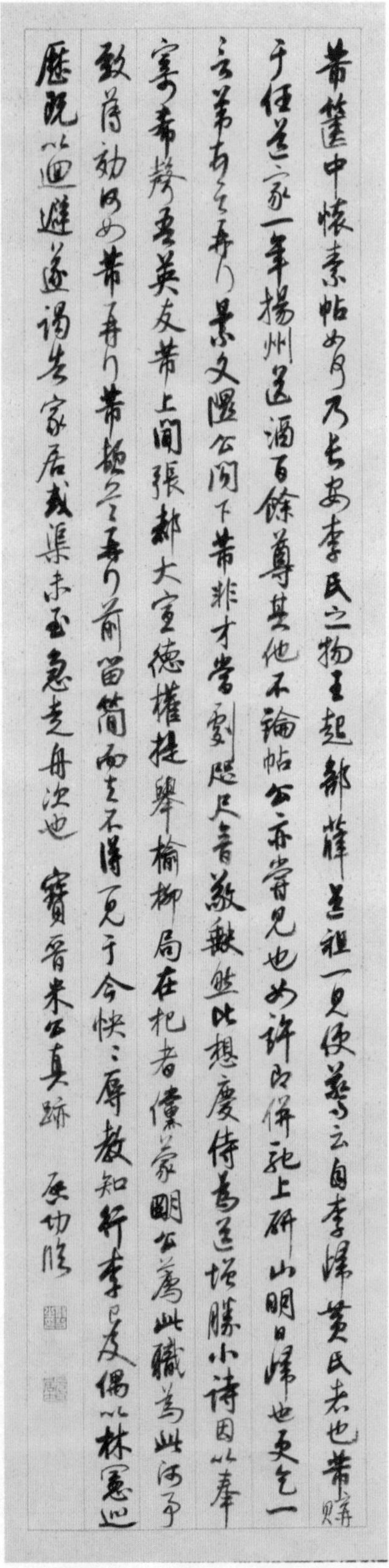
芾篋中懷素帖如何乃長安李氏之物王起部薛道祖一見便驚云自李歸黃氏者也芾購于任道家一年揚州送酒百餘尊其他不論帖公亦嘗見也如許可併馳上研山明日歸也更乞一言芾頓首景文隰公閣下芾非才當劇咫尺音敬缺然比想慶侍為適增勝小詩因以奉寄芾頓首英友芾上閣張都大宣德權提舉榷茶局在杞者儻蒙明公為此職為此河事致薦勁何如芾頓首再拜芾頓首頓首再拜前留簡而去不得見于今怏怏辱教知行李已及偶以林憲迴歷既以迴避遂謁告家居或渠未至急遽無次也　寶晉米公真跡　啟功臨

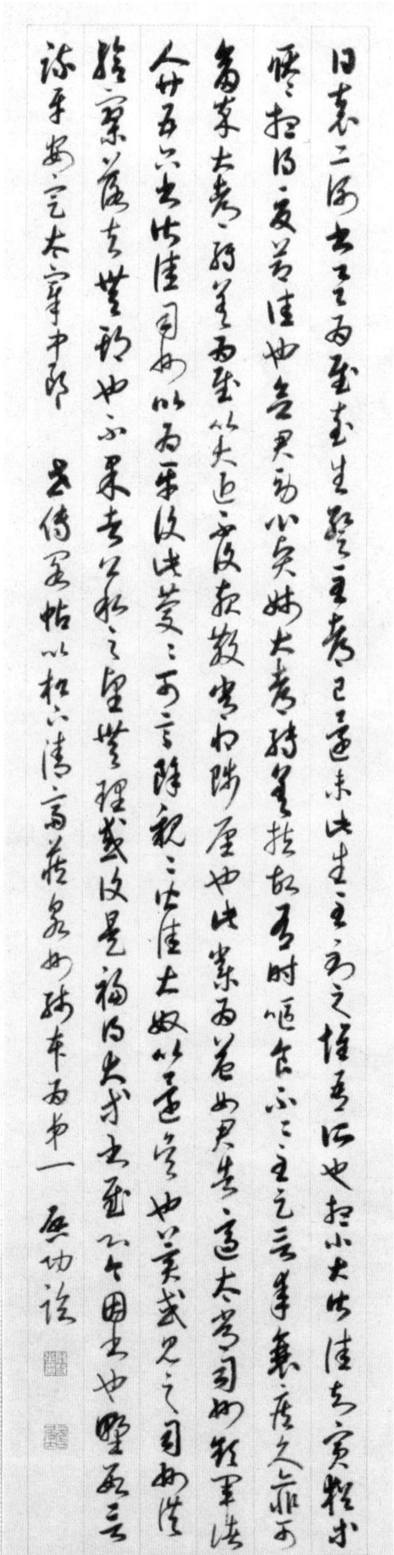

释平复帖

二十世纪八十年代作　成扇

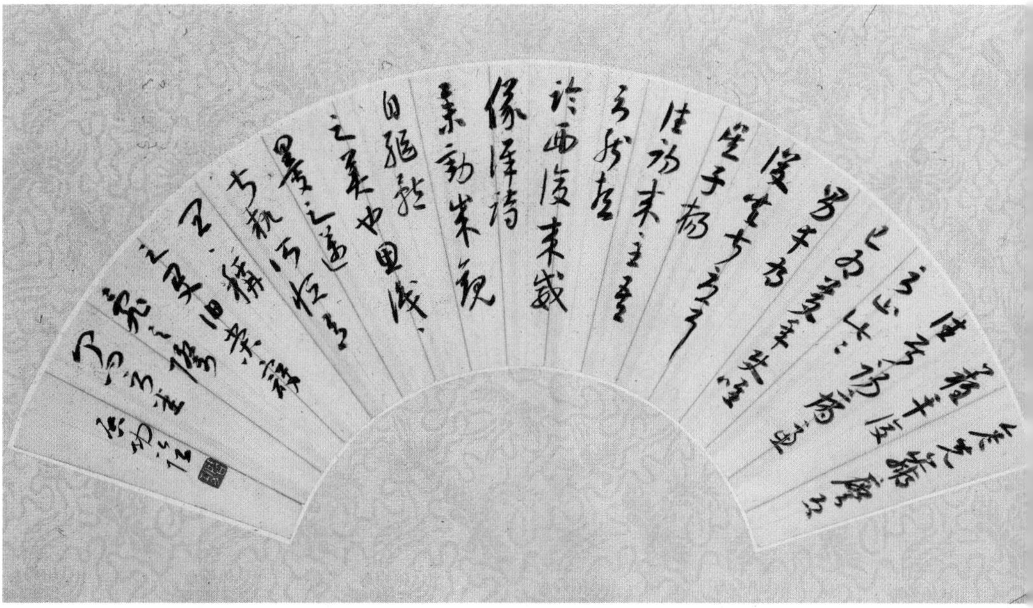

临平复帖（一）

二十世纪八十年代作　成扇

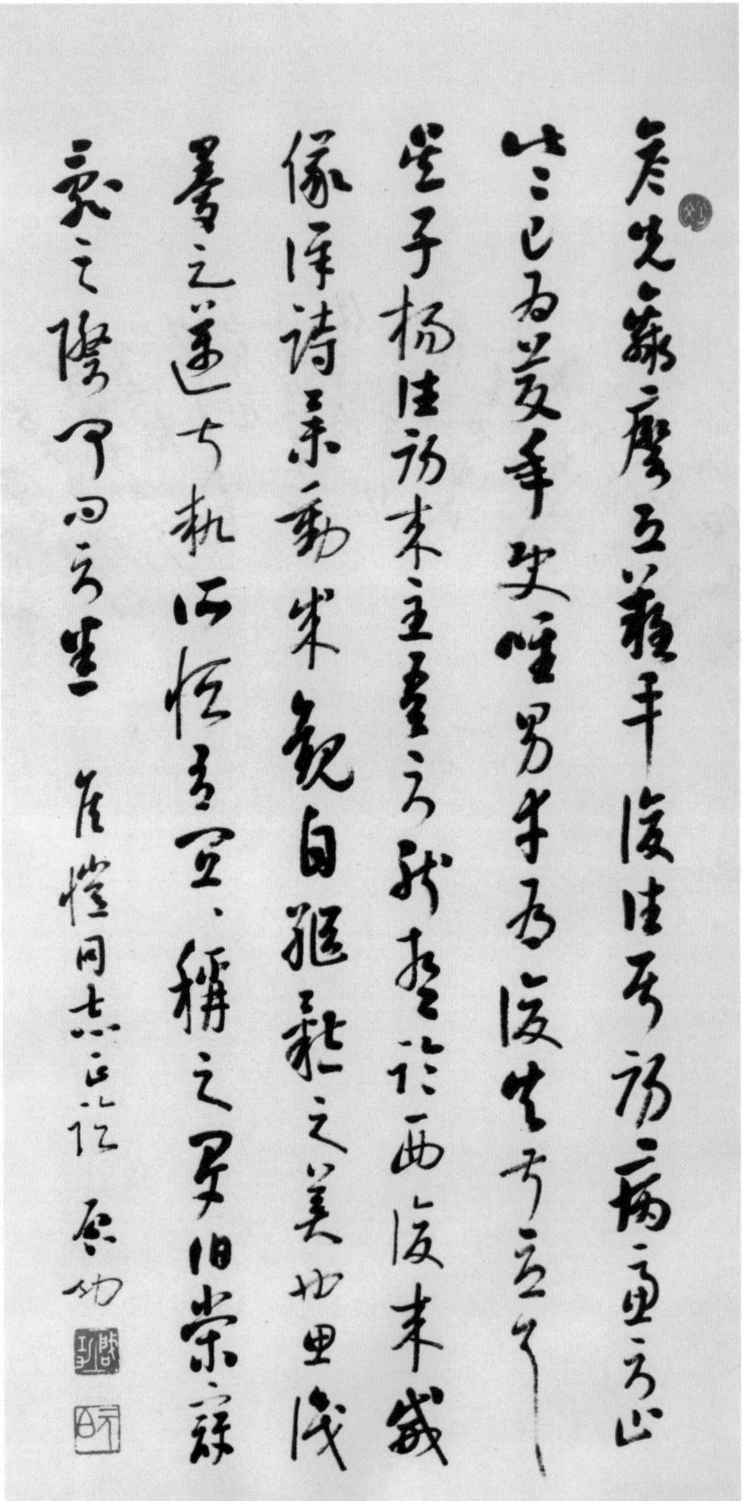

临平复帖（二）

二十世纪八十年代作　水墨纸本

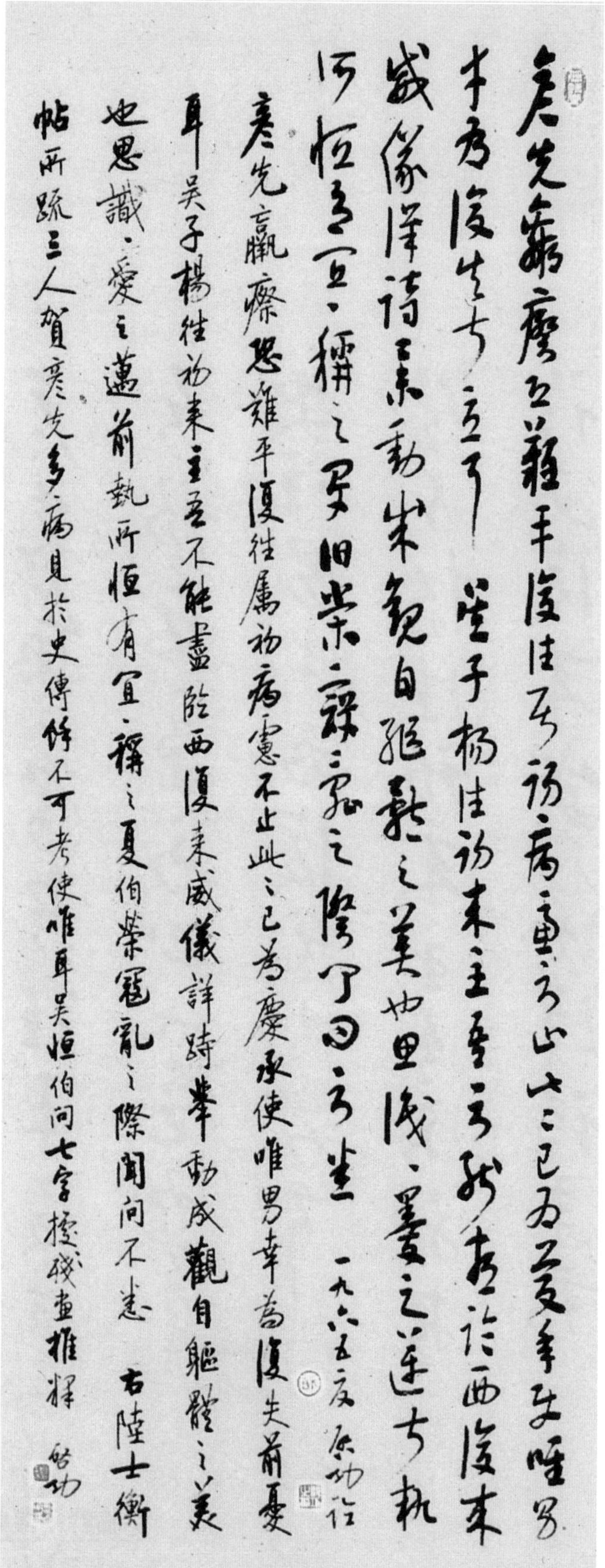

临释平复帖（一）

二十世纪七十年代作　水墨纸本

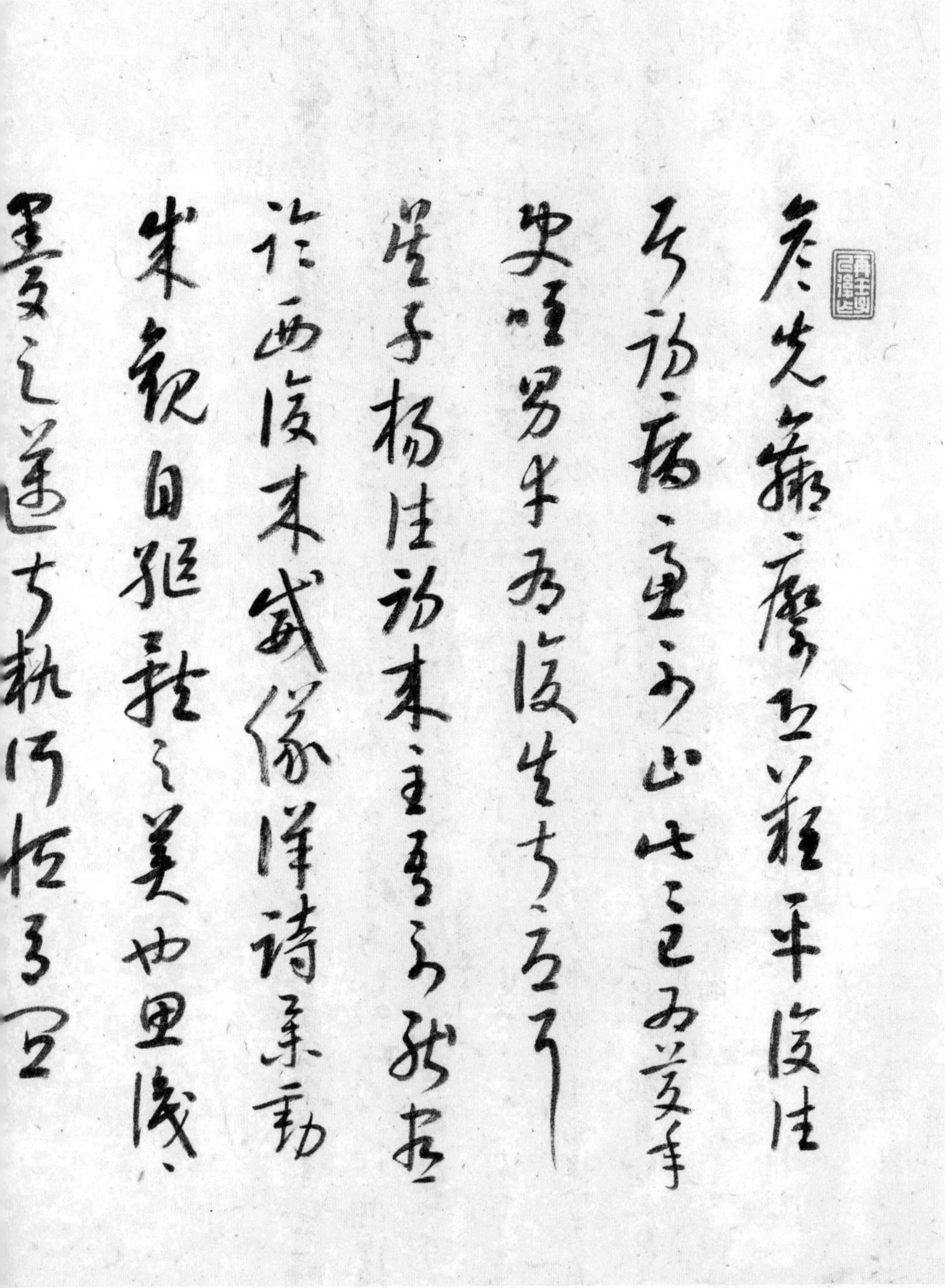

临释平复帖（二）

一九七五年作　水墨纸本

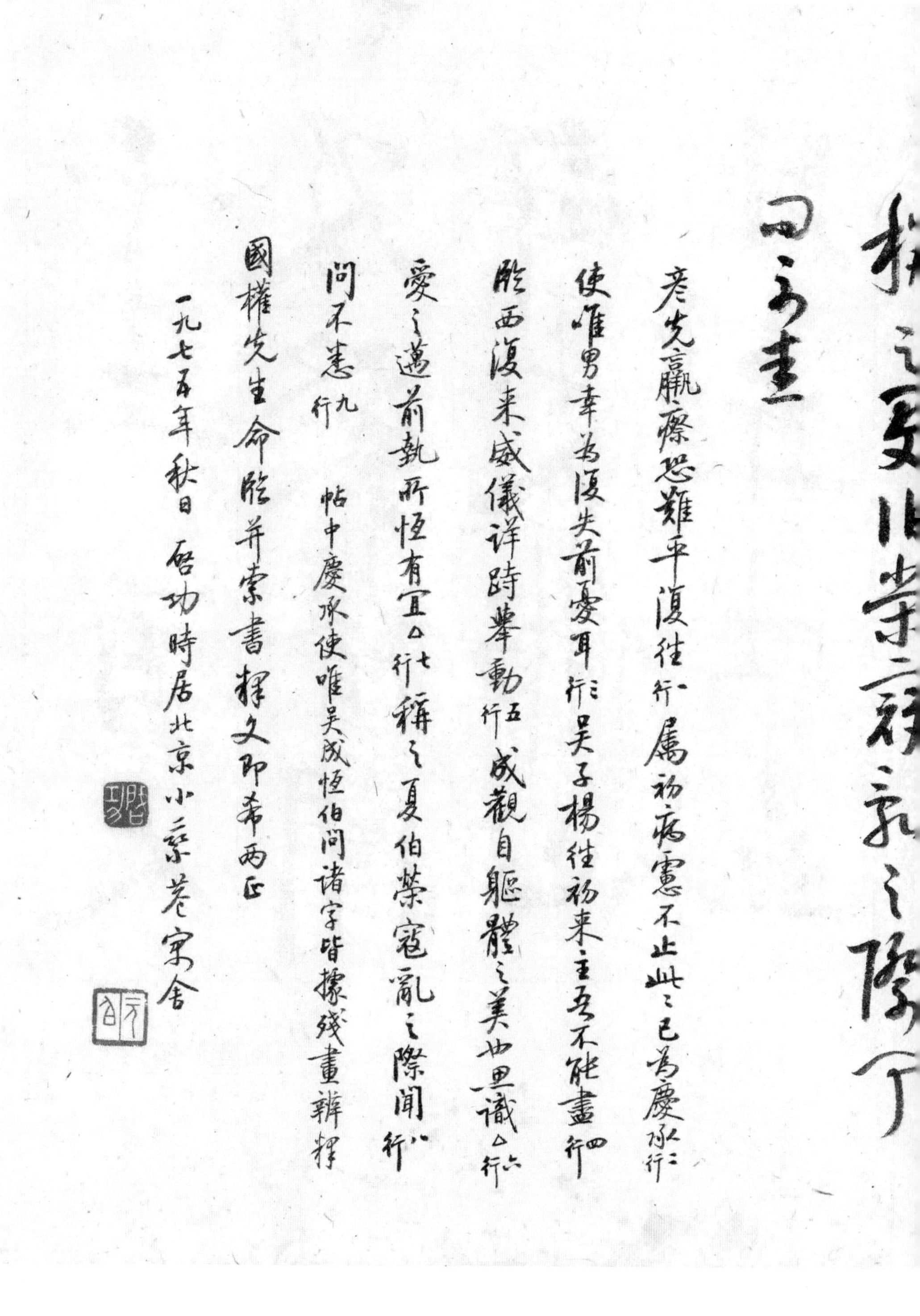
彥先羸瘵恐難平復往一行屬初病虛不止此已爲慶承二行
使唯男幸爲復失前憂耳三行吳子楊往初來主吾不能盡四行
臨西復來威儀詳跱舉動五行成觀自軀體之美也思識△六行
愛之邁前執所恆有宜△七行稱之夏伯榮寇亂之際聞八行
問不悉九行
帖中慶承使唯吳成恆伯問諸字皆據殘畫辨釋
國權先生命臨并索書釋文即希兩正
一九七五年秋日 啓功時居北京小乘巷寓舍

临唐人书（共十五页）

一九七五年作　大字本墨笔

中有諸聲
聞漏盡阿
羅漢阿若
憍陳如等

故慇懃稱
歎方便而
作是言佛
所得法甚

尼優婆塞優婆夷各作是念今者世尊何

深難解有
所言說意
趣難知一
切聲聞辟

丈佛所不
能及佛說
一解脫義
所趣

佛言世尊何因何緣慇懃稱嘆諸佛第一

尔时舍利
弗知四众
心疑自亦
未了而白

從佛聞如
是說今者
四衆咸皆
有疑唯願

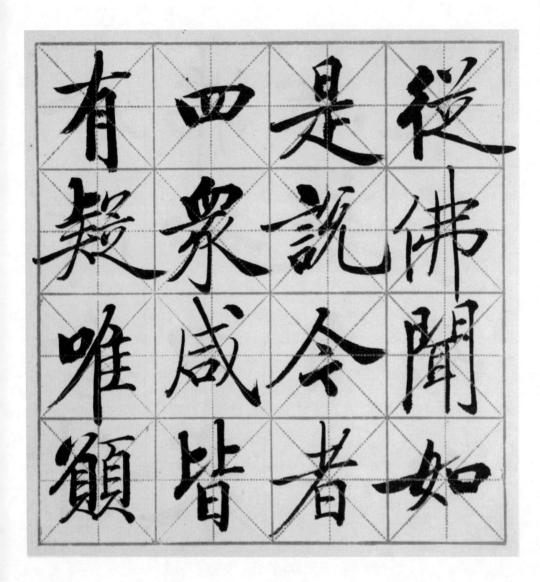

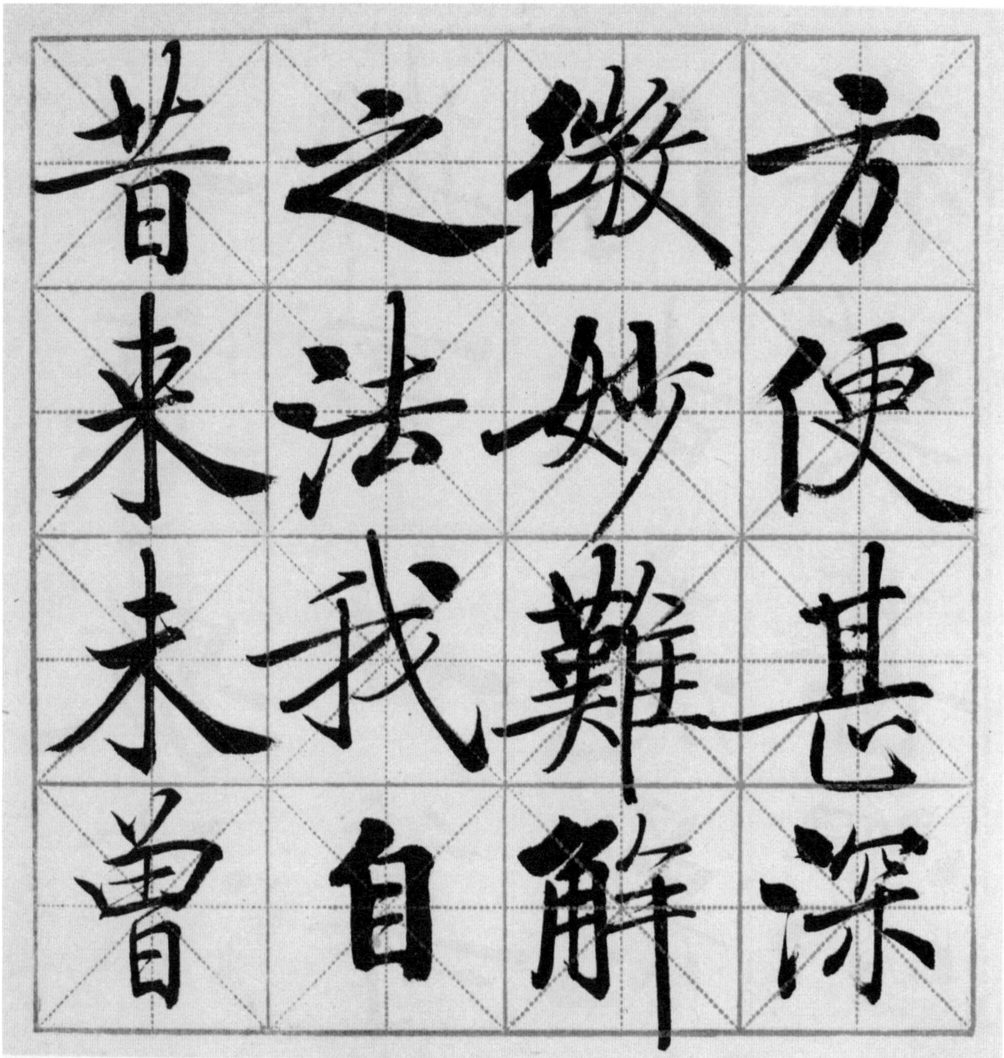
方便甚深
微妙難解
之法我自
昔來未曾

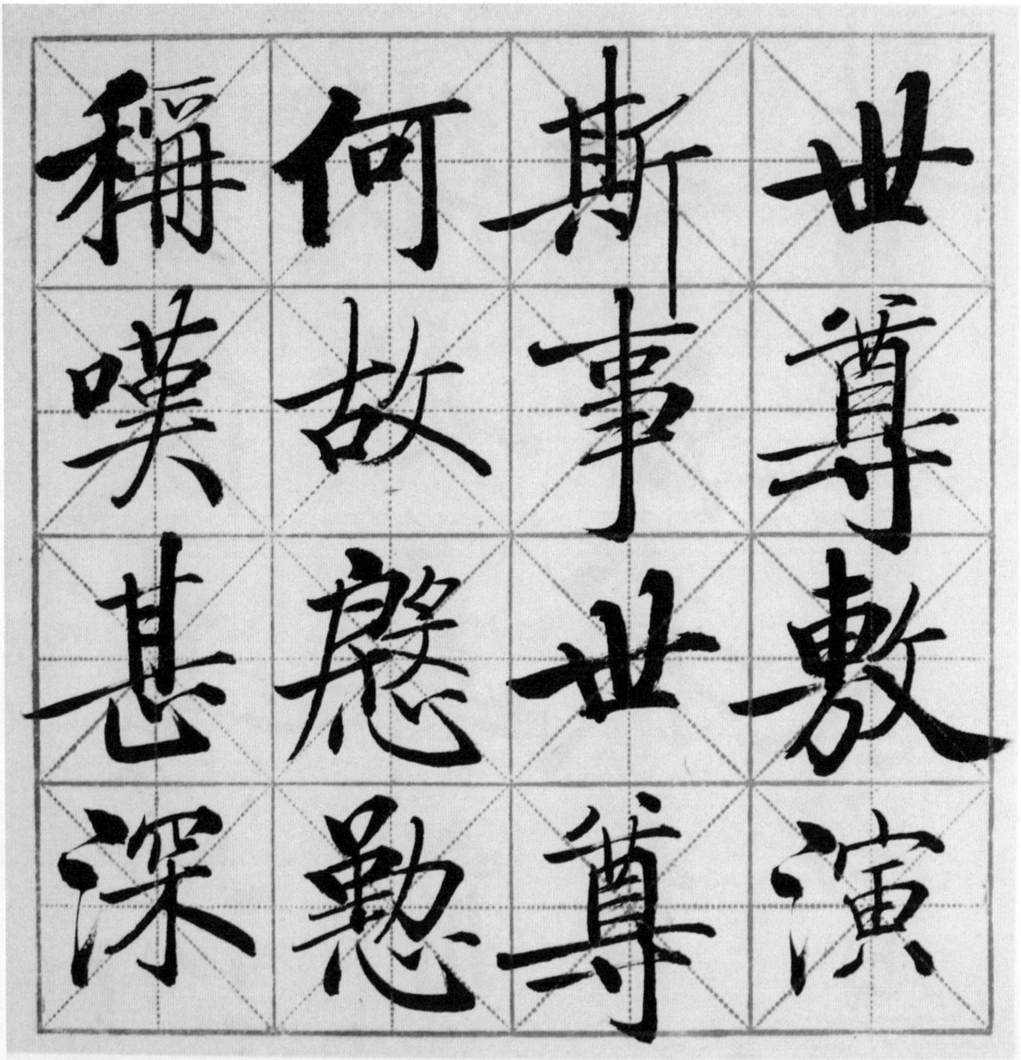
世尊敷演斯事世尊何故慇懃稱嘆甚深

微妙難解之法尒時舍利弗欲重宣此義

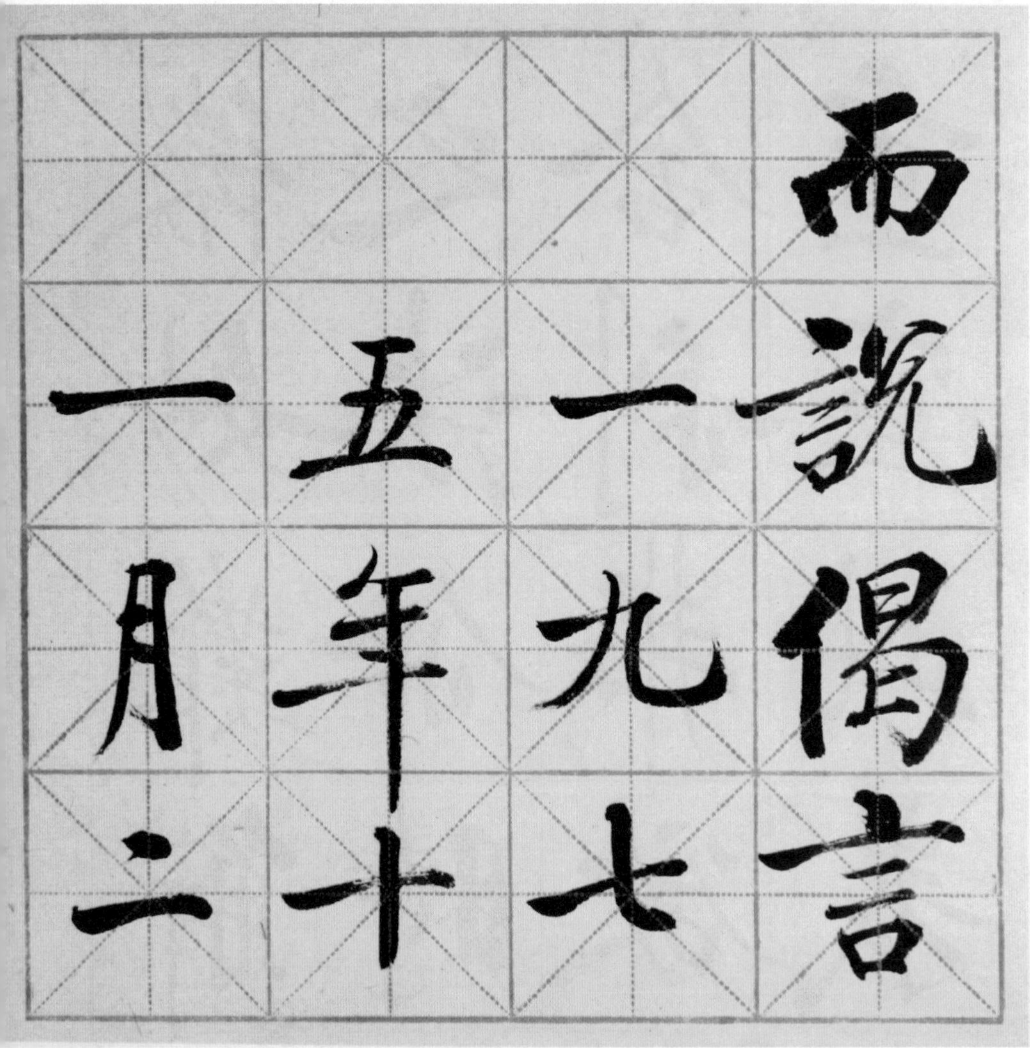
而說偈言
一九七
五年十
一月二

十二日臨唐人書三千九百二

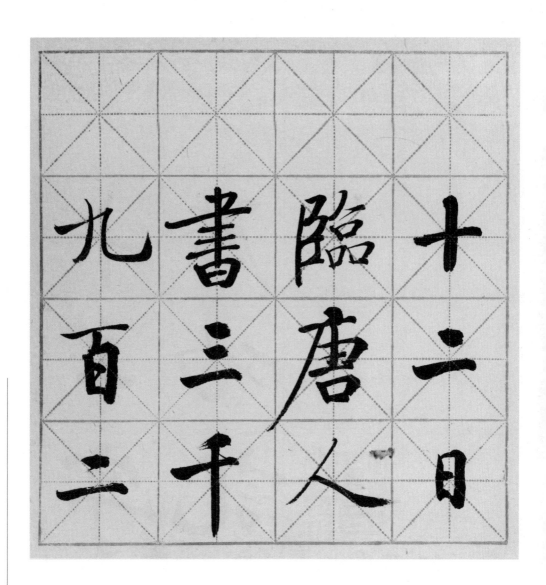

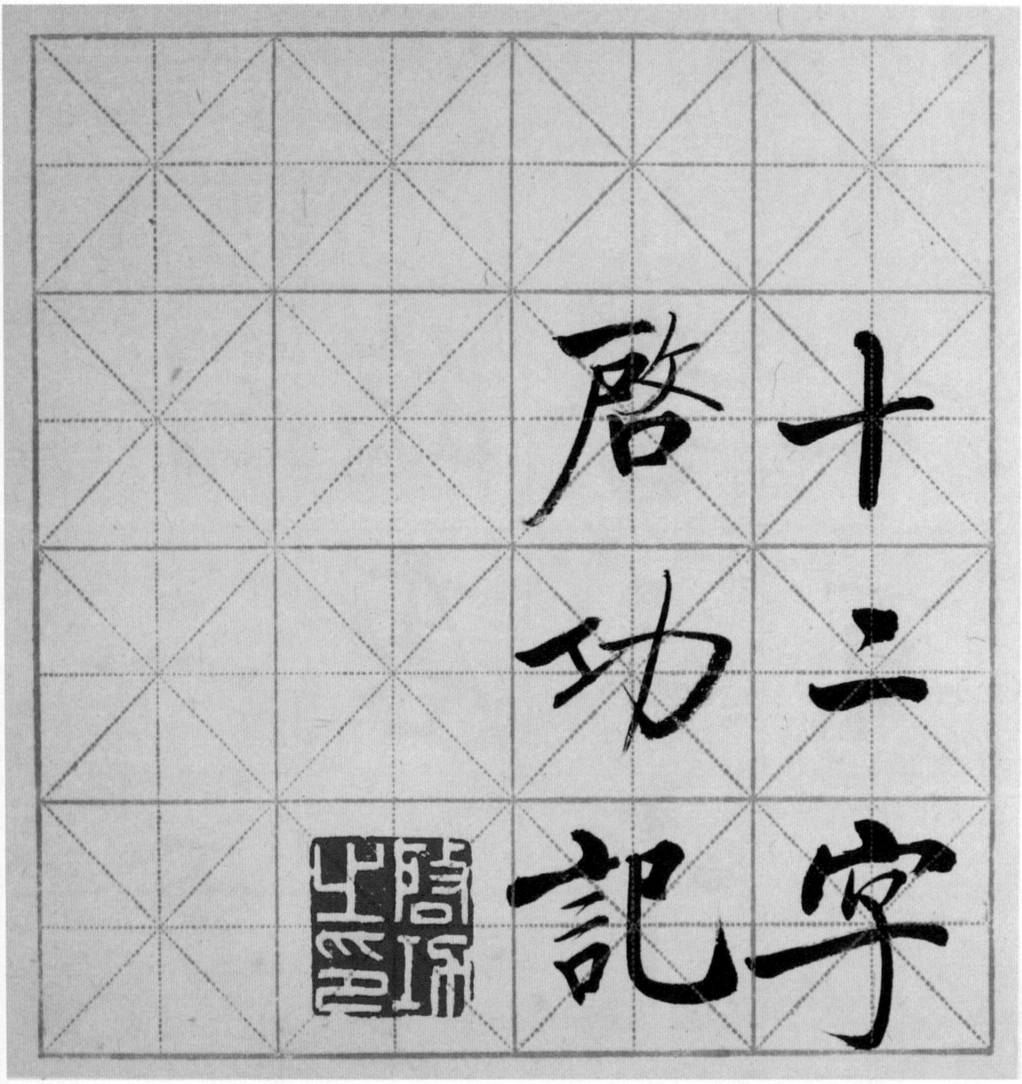
十二字
啓功記

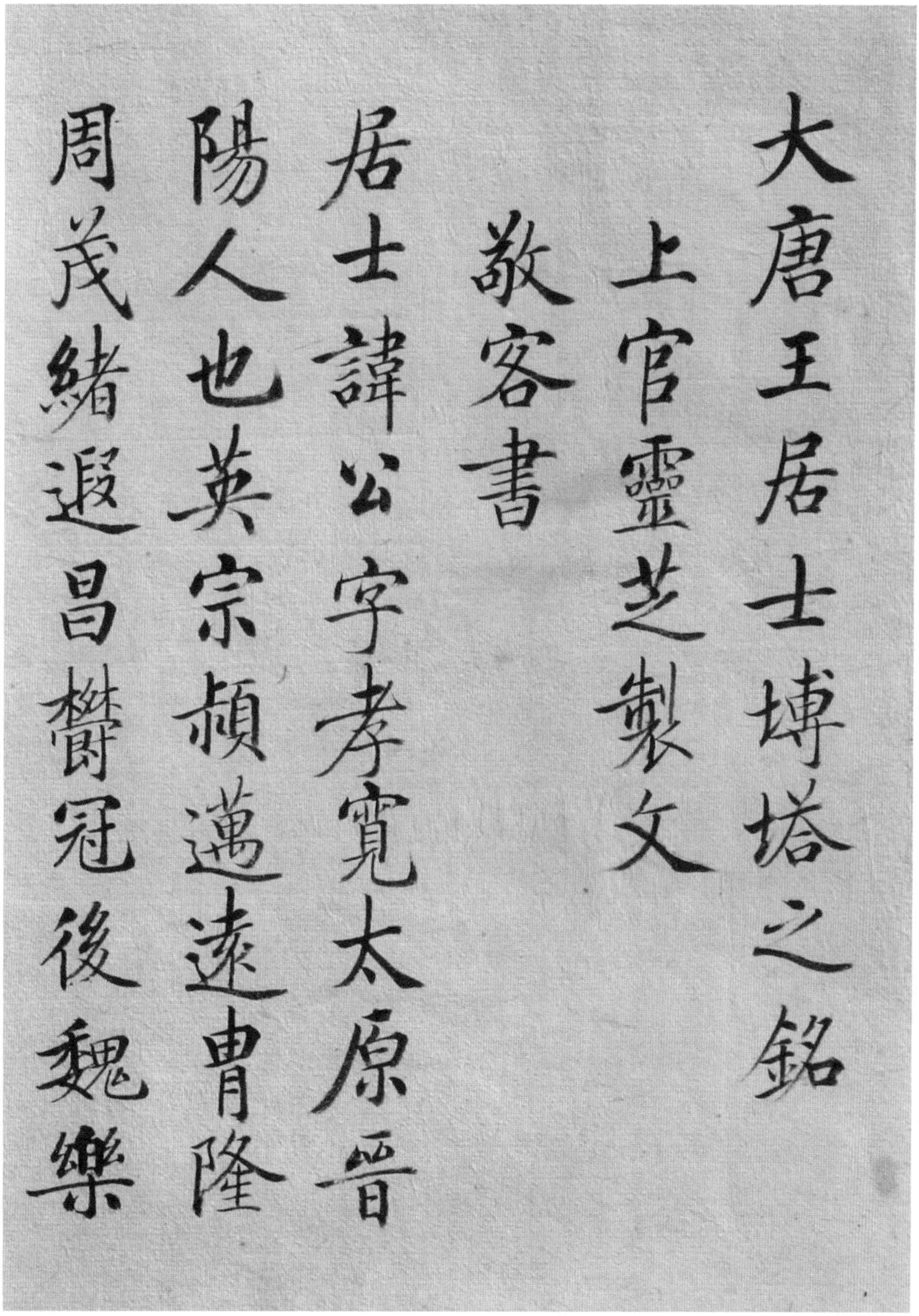
大唐王居士塼塔之銘
上官靈芝製文
敬客書
居士諱公字孝寬太原晉
陽人也英宗頎邁遠冑隆
周茂緒遐昌轡冠後魏樂

临大唐王居士砖塔之铭（共六页）

一九七七年作　水墨纸本

府歌其載德天下挹其家
聲具詳啚牒豈煩覼縷居
士早標先覺本遺名利遍
覽典墳備窮義窟觀老莊
如糟粕視孔墨猶灰塵得
給園之說鑿求彼岸之路

勵精七覺仰十地而翹勤
肝食一麻欣六年之顑頷
方期拔除煩惱永離蓋纏
何悟積善始基處悲生滅
以顯慶元年十一月廿九
日寢疾終于京第春秋七

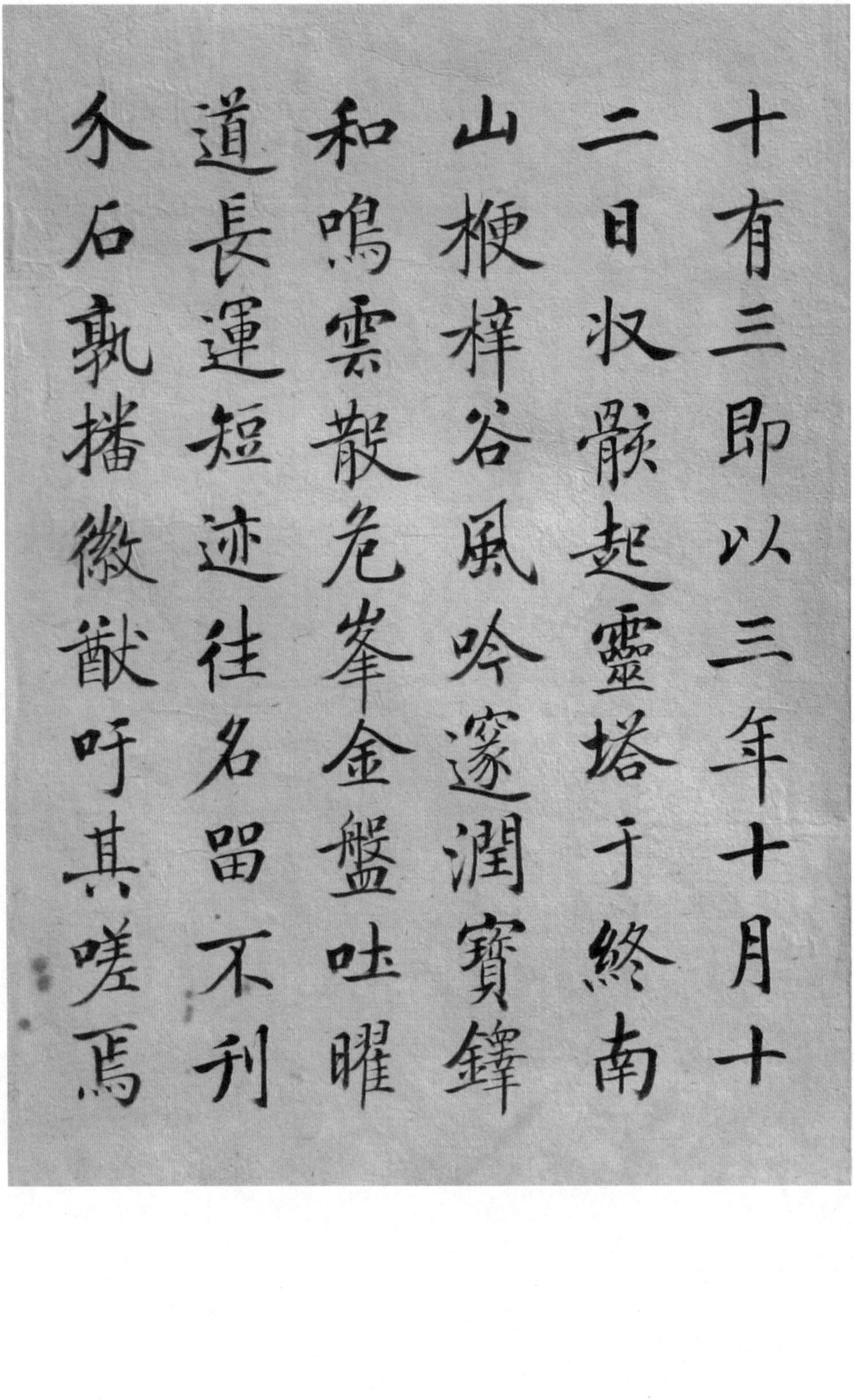
十有三即以三年十月十
二日收骸起靈塔于終南
山楩梓谷風吟邃潤寶鐸
和鳴雲散危峯金盤吐曜
道長運短迹往名留不刊
介石孰播徽猷吁其嗟焉

乃為銘曰
懿矣居士明哉悟真幽鑒
彼岸妙道問津苦節無撓
貞心剋勤頋遡三有超脩
十輪俄隨恒化遽此遷神
歸然靈塔長欽後人

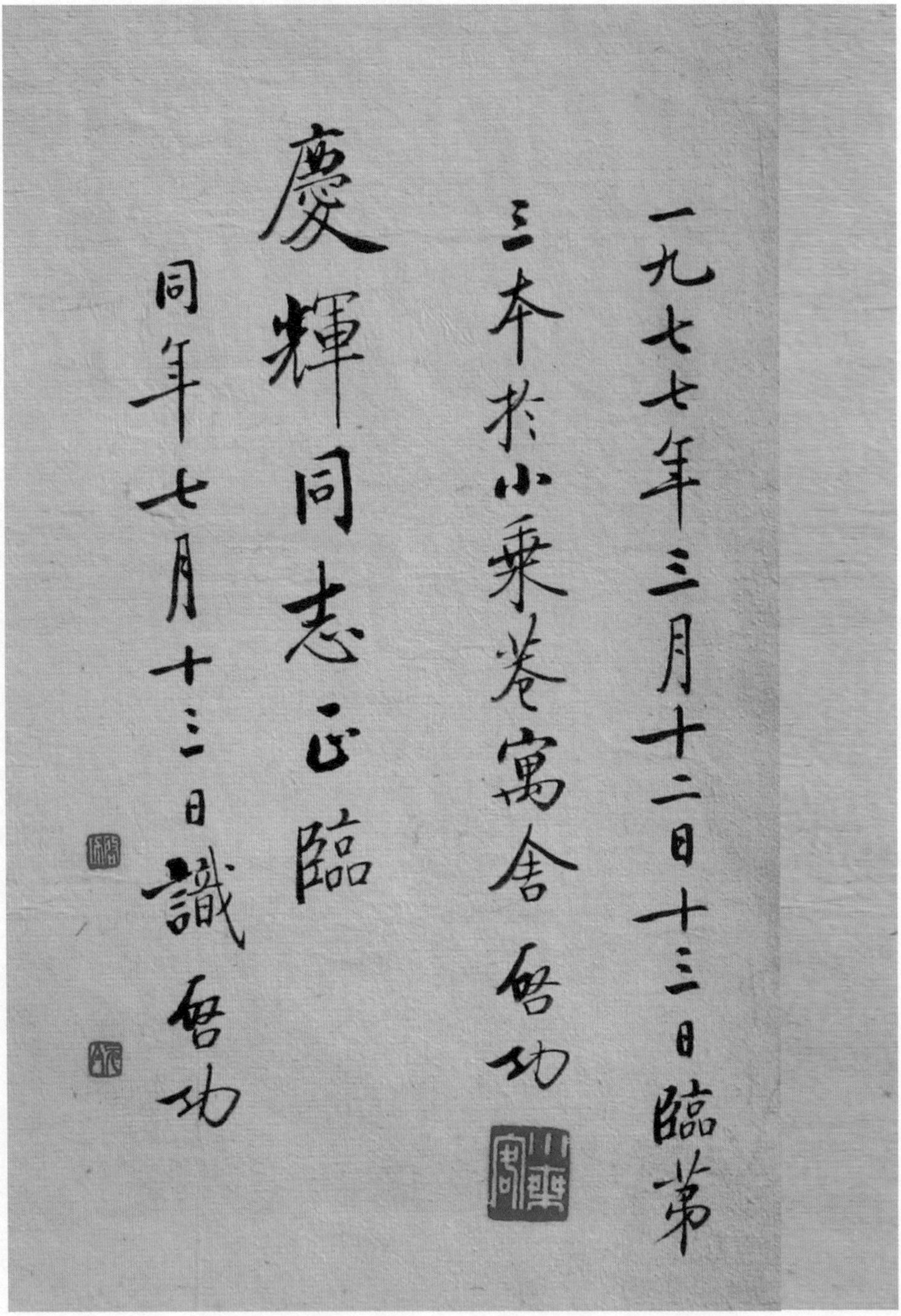
一九七七年三月十二日十三日臨第
三本於小乘卷寓舍 啓功
慶輝同志正臨
同年七月十三日識 啓功

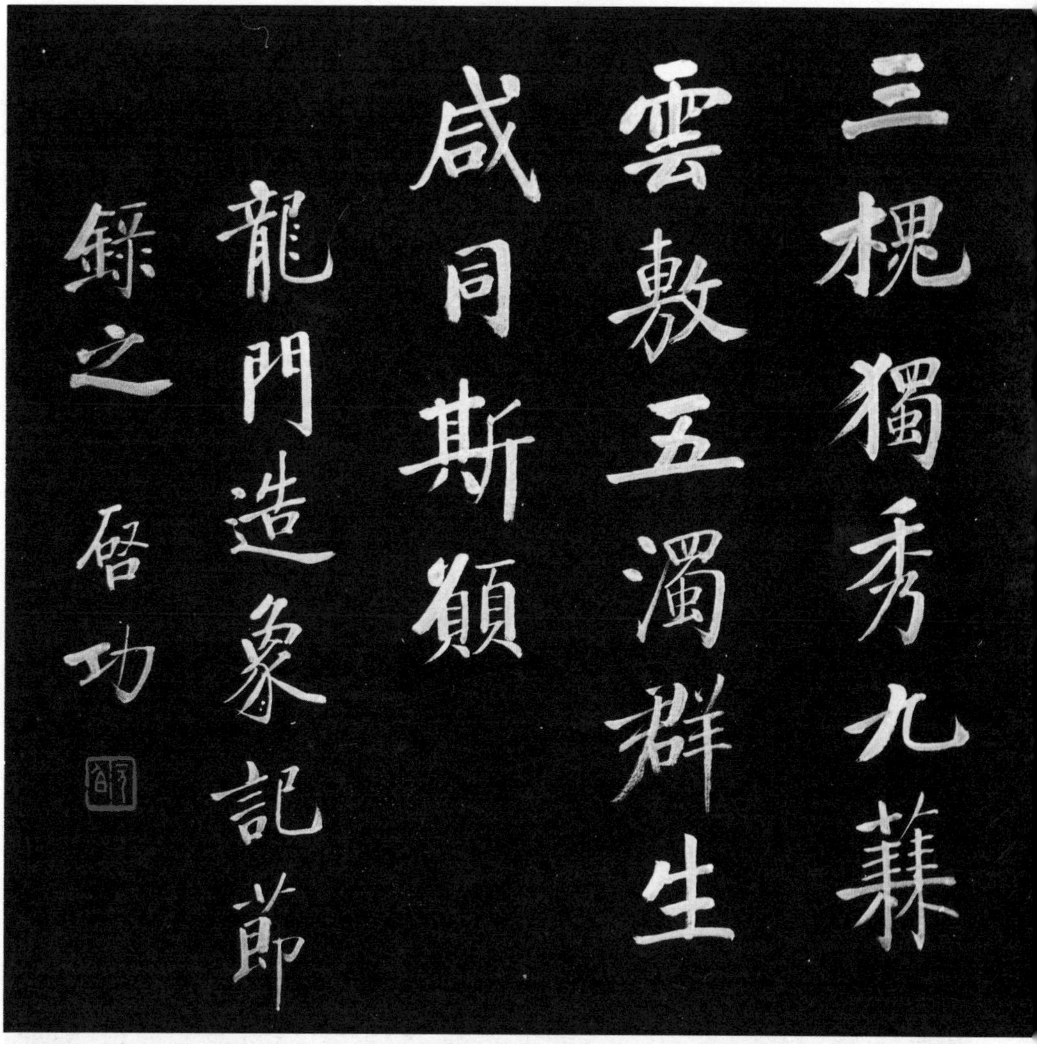

杂临法帖（共十一页）

一九八四年、一九九一年作　墨纸白粉

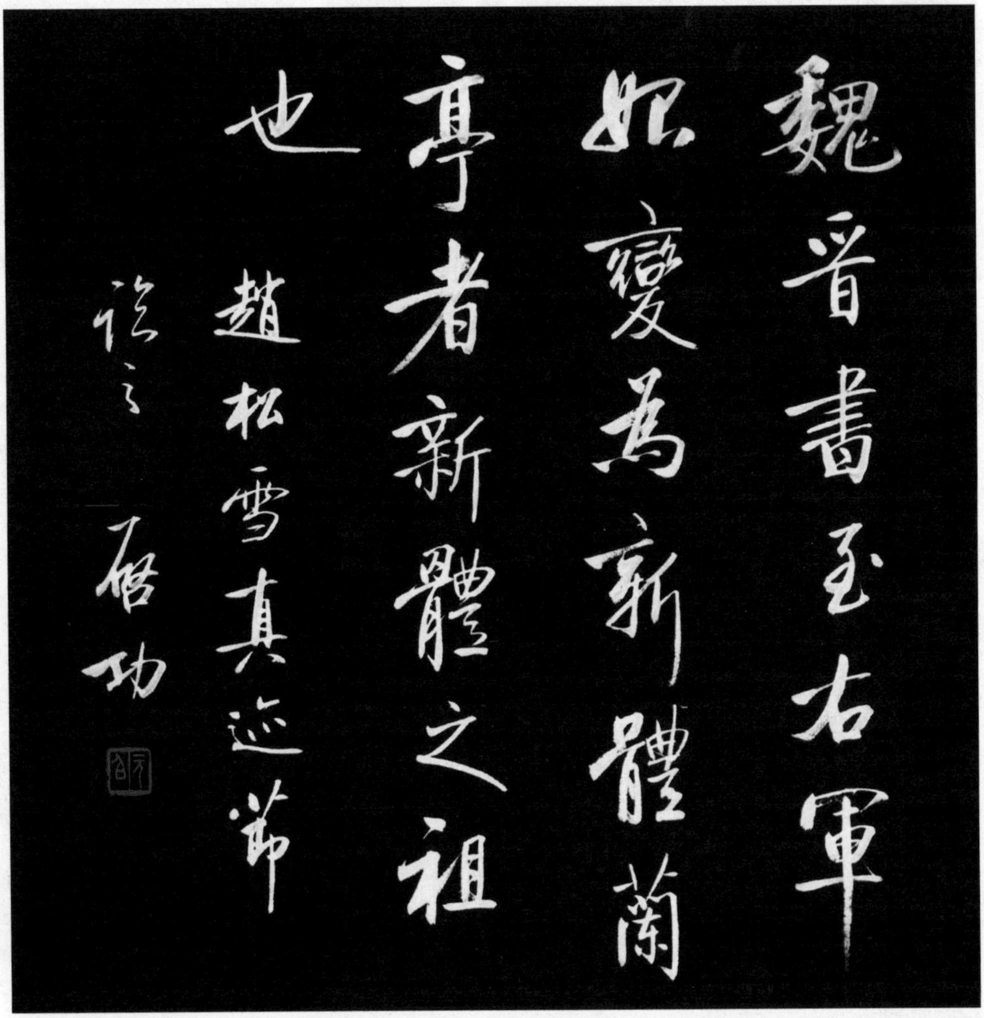
魏晉書至右軍
始變爲新體蘭
亭者新體之祖
也
趙松雪真迹節語
啟功

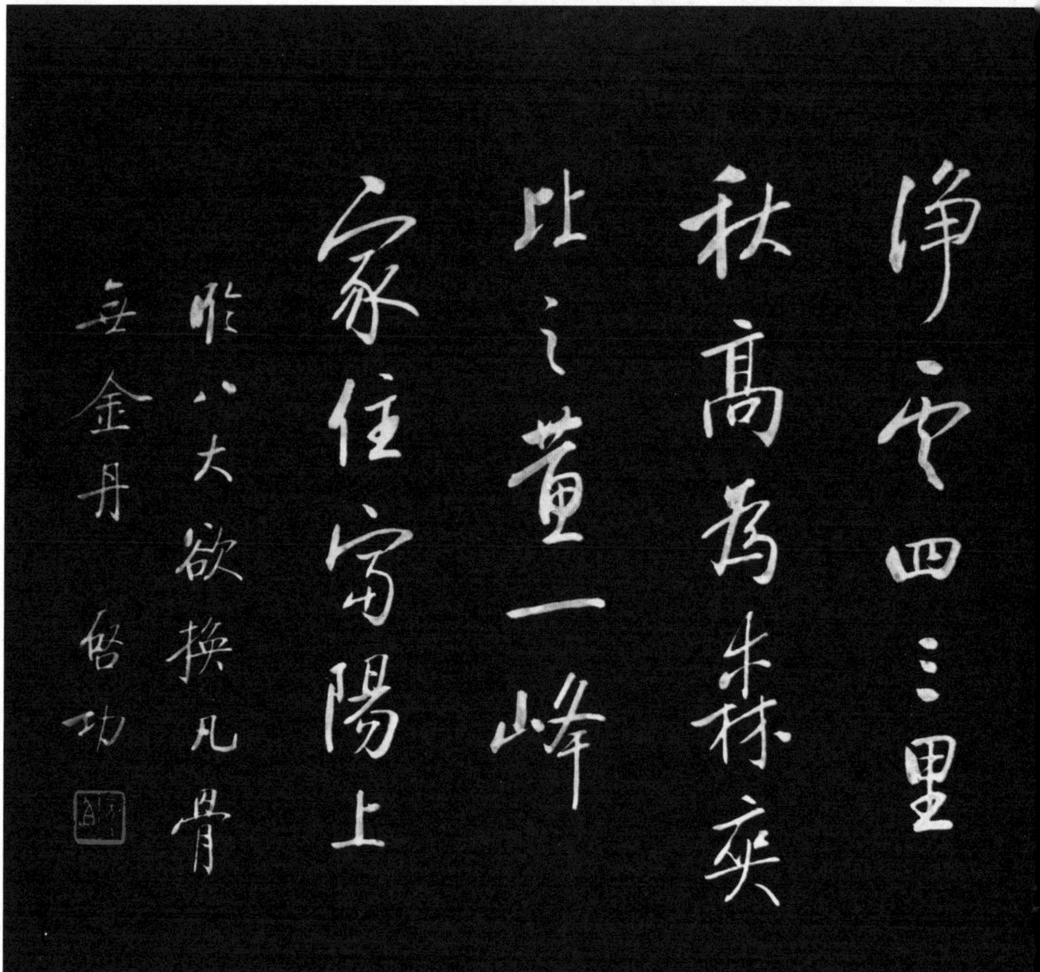
淨雲四三里
秋高為森爽
比之黃一峰
家住富陽上
臨八大欲換凡骨
無金丹 啓功

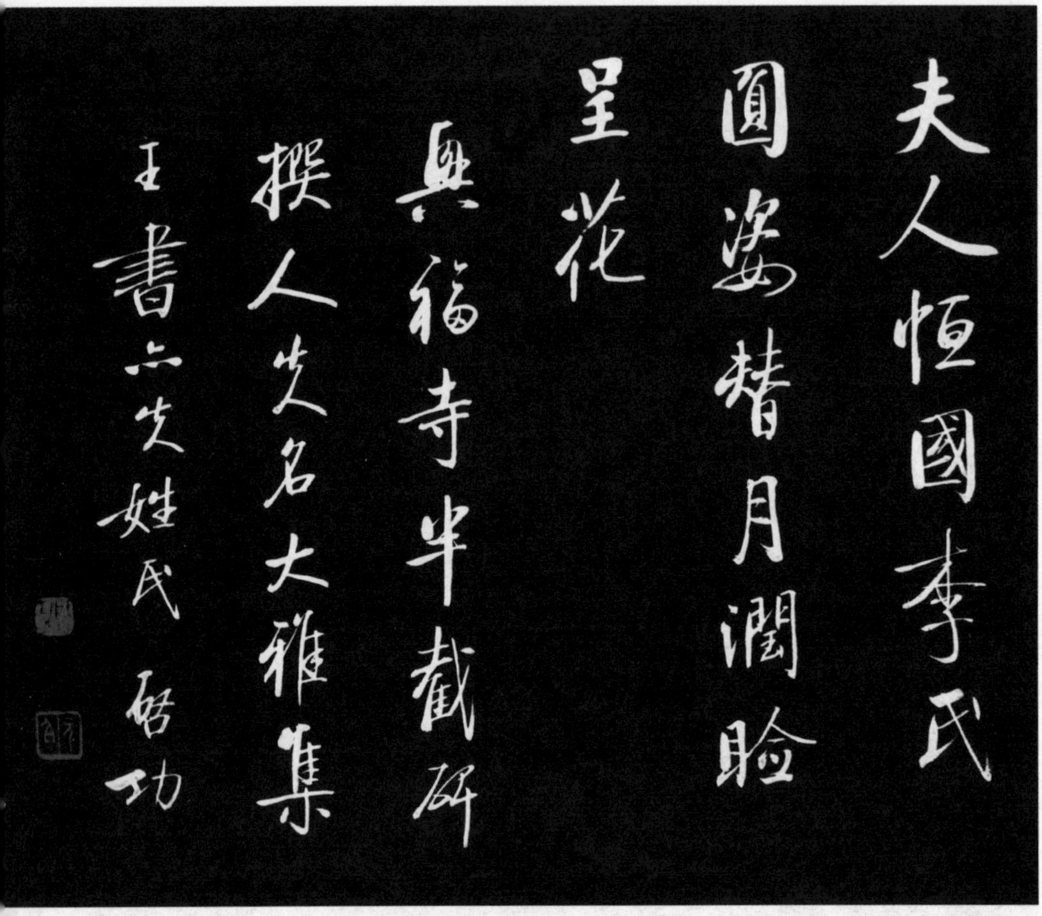
夫人恒國李氏
圓姿替月潤臉
呈花
興福寺半截碑
撰人失名大雅集
王書亦失姓氏 啟功

巨唐啓運大雄
垂教千載冥符
三乘迭耀

柳誠懸書僧端甫塔銘

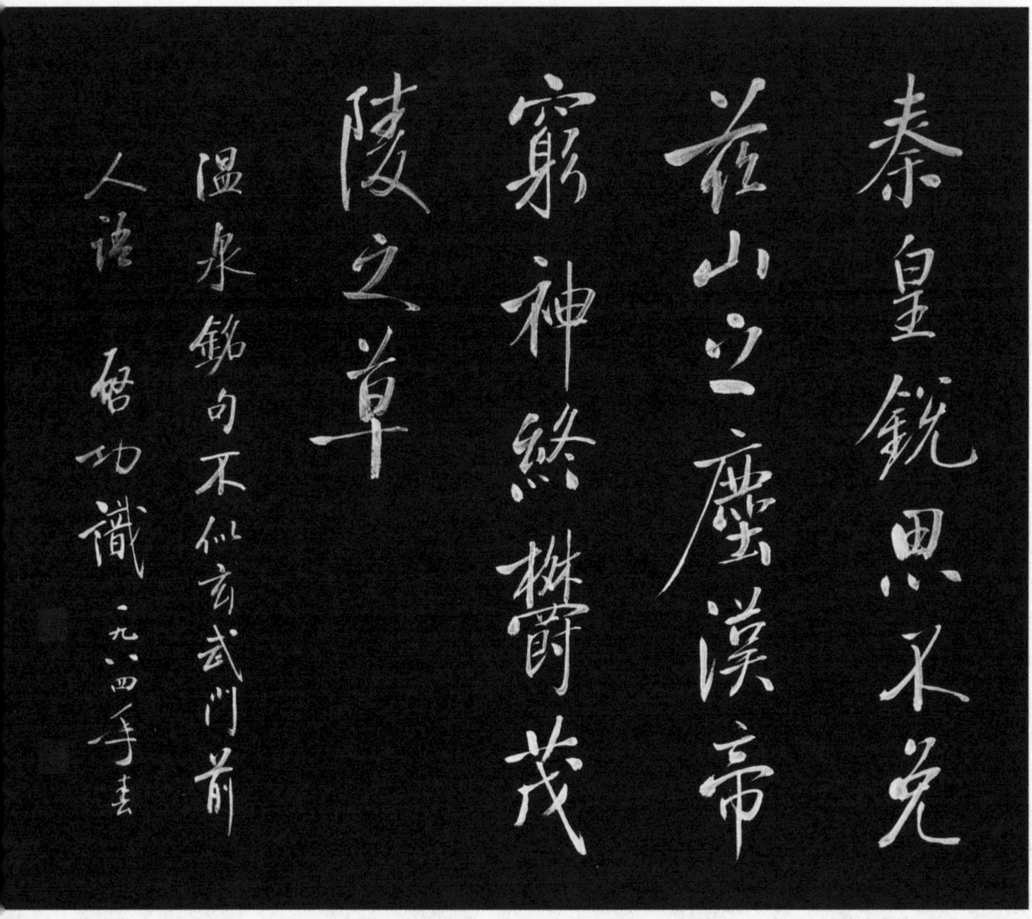
秦皇銳思不免
驪山之塵漢帝
窮神終樹茂
陵之草
温泉銘句不似玄武門前
人語　啓功識　一九八四年春

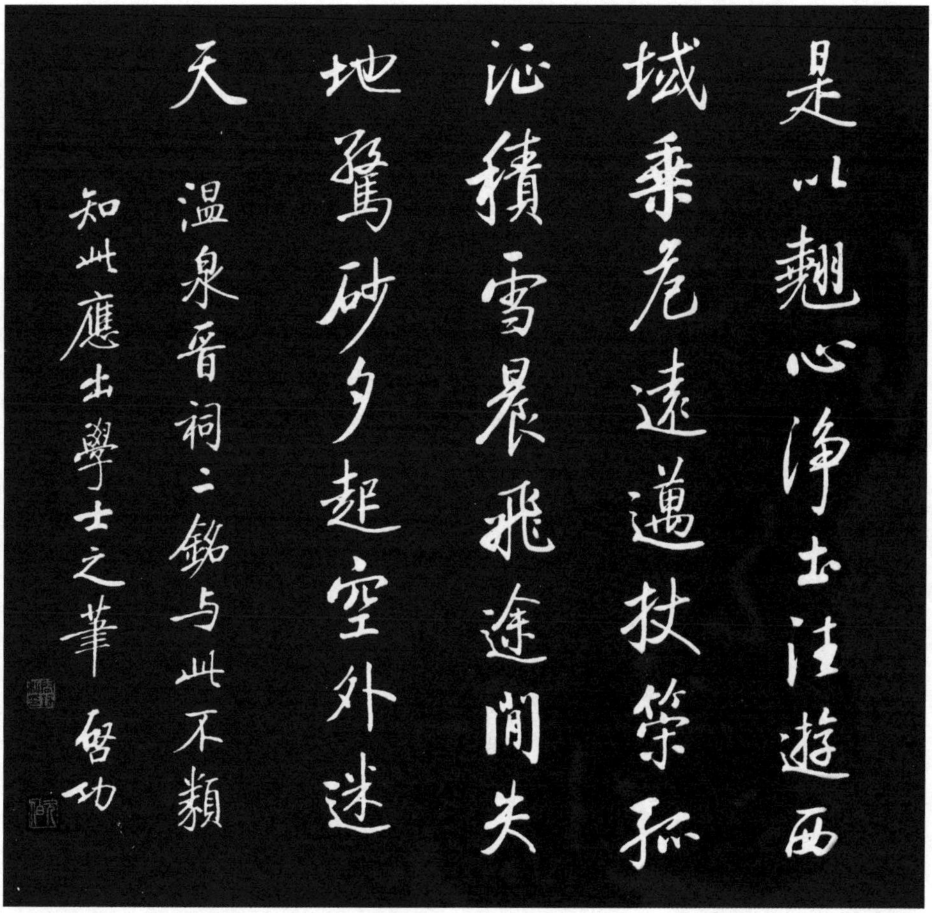
是以翹心淨土往遊西
域乘危遠邁杖策孤
征積雪晨飛途間失
地驚砂夕起空外迷
天
温泉晋祠二銘与此不類
知此應出學士之筆 啓功

西臨天井北拒吾臺
川谷邕異山林育村
蘊秦說及樂毅奔来
鄒魯媲俗汝潁懃能
節書張公禮文　一九八四年
三月　啓功

如来知見大事因緣祖祖
相承燈燈相燃分光並照
顯說密傳摧邪破魔證聖
登賢漸之者入頓之者全
孰紹孰興圭峯在焉甚大
慈悲不捨周旋以引以翼
恐迷恐顛

臨宗密碑鋒穎俱失

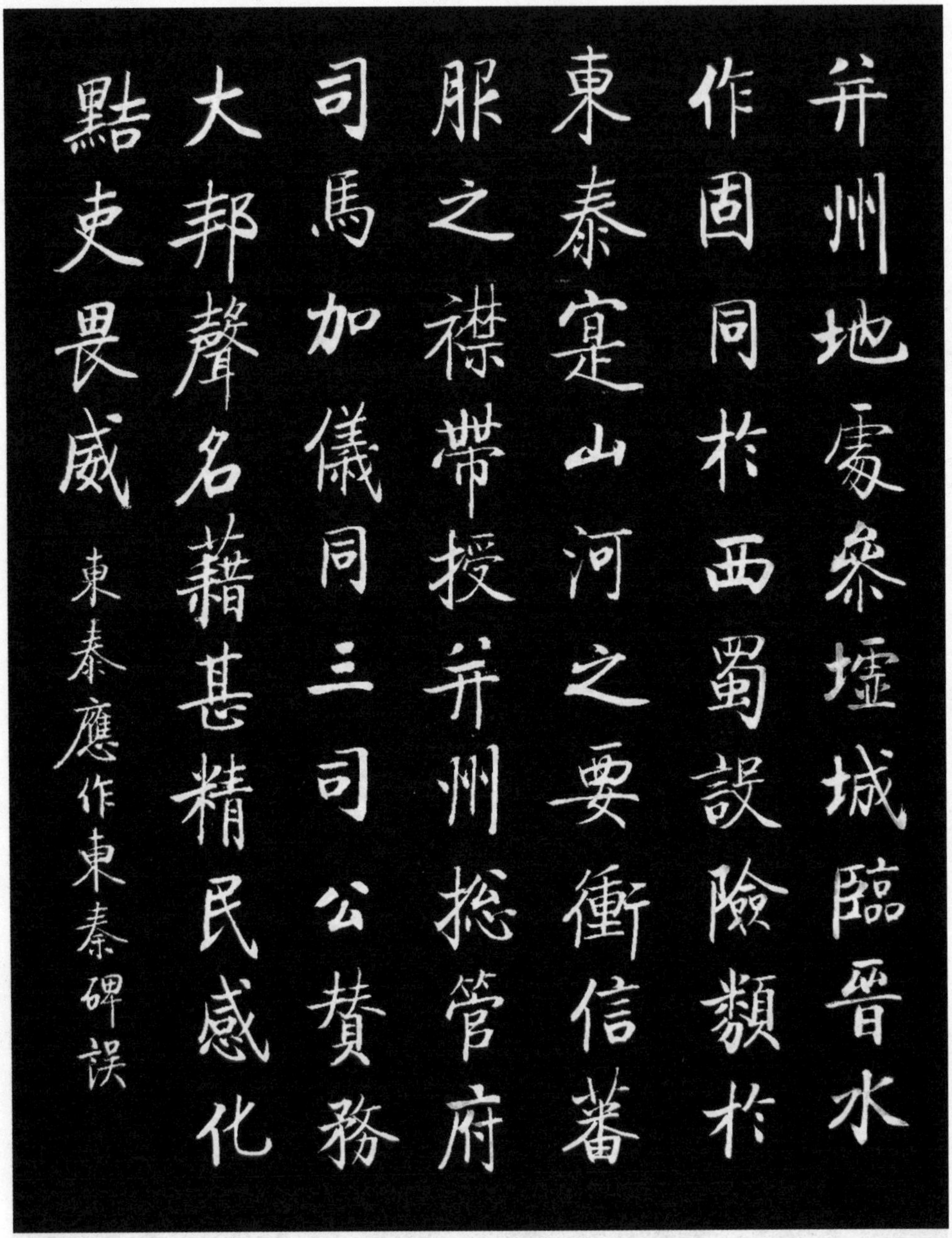
并州地處參墟城臨晉水
作固同扵西蜀設險類扵
東秦寔山河之要衝信藩
服之襟帶授并州總管府
司馬加儀同三司公贊務
大邦聲名藉甚精民感化
黠吏畏威
東秦應作東秦碑誤

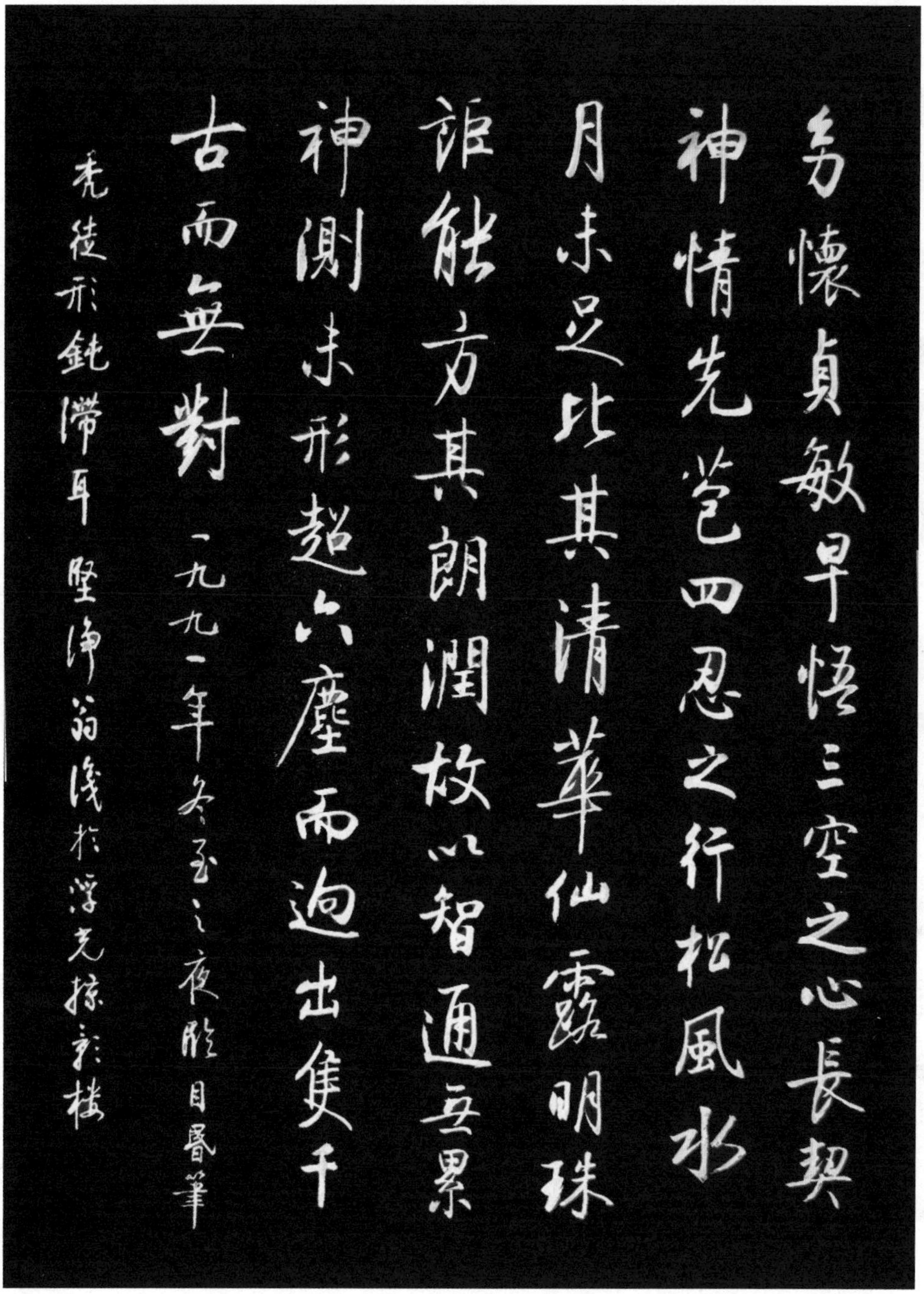
夙懷貞敏早悟三空之心長契
神情先苞四忍之行松風水
月未足比其清華仙露明珠
詎能方其朗潤故以智通無累
神測未形超六塵而迥出隻千
古而無對

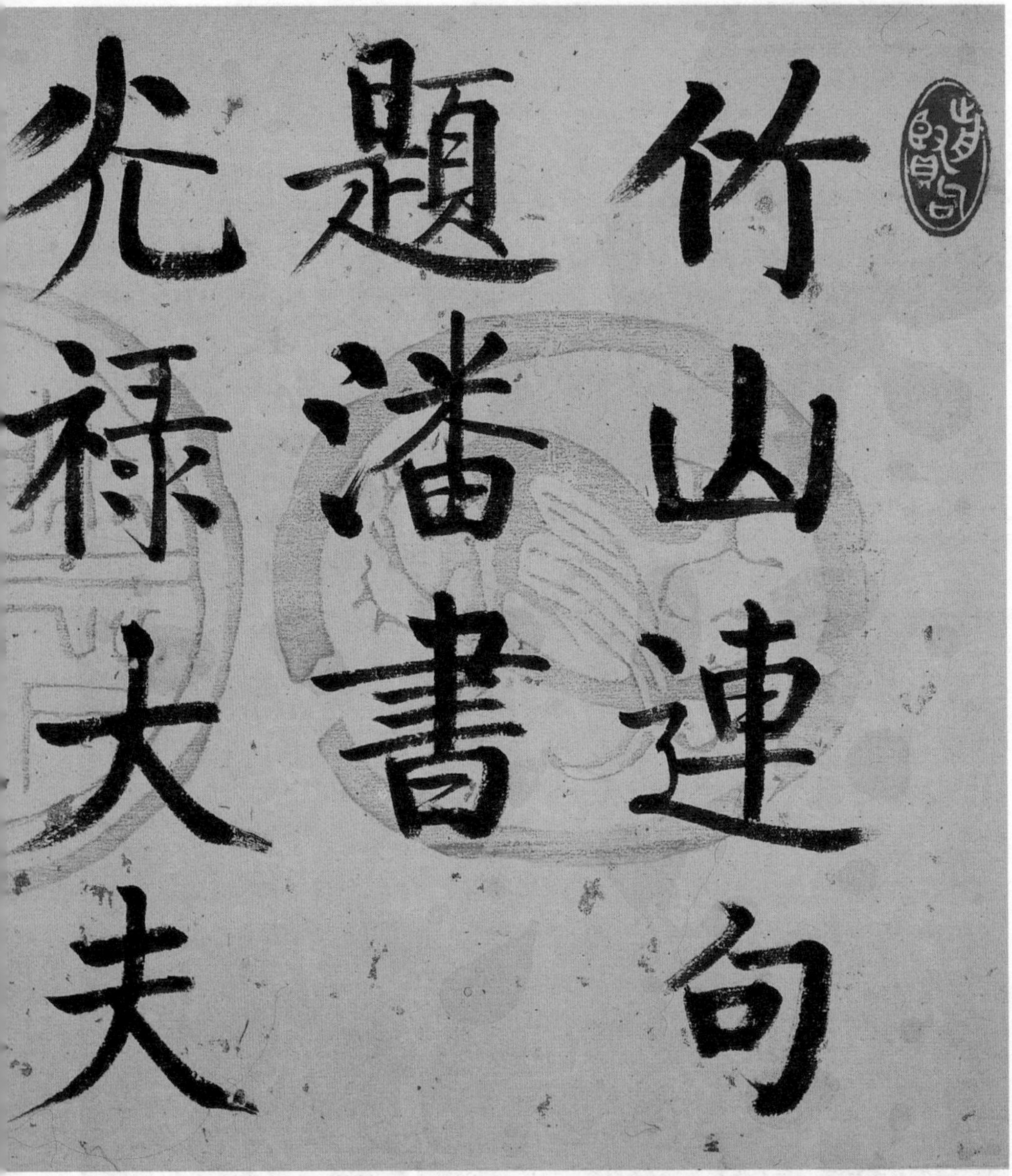

临颜真卿竹山连句（共二十六页）

一九八九年作　墨笔纸本

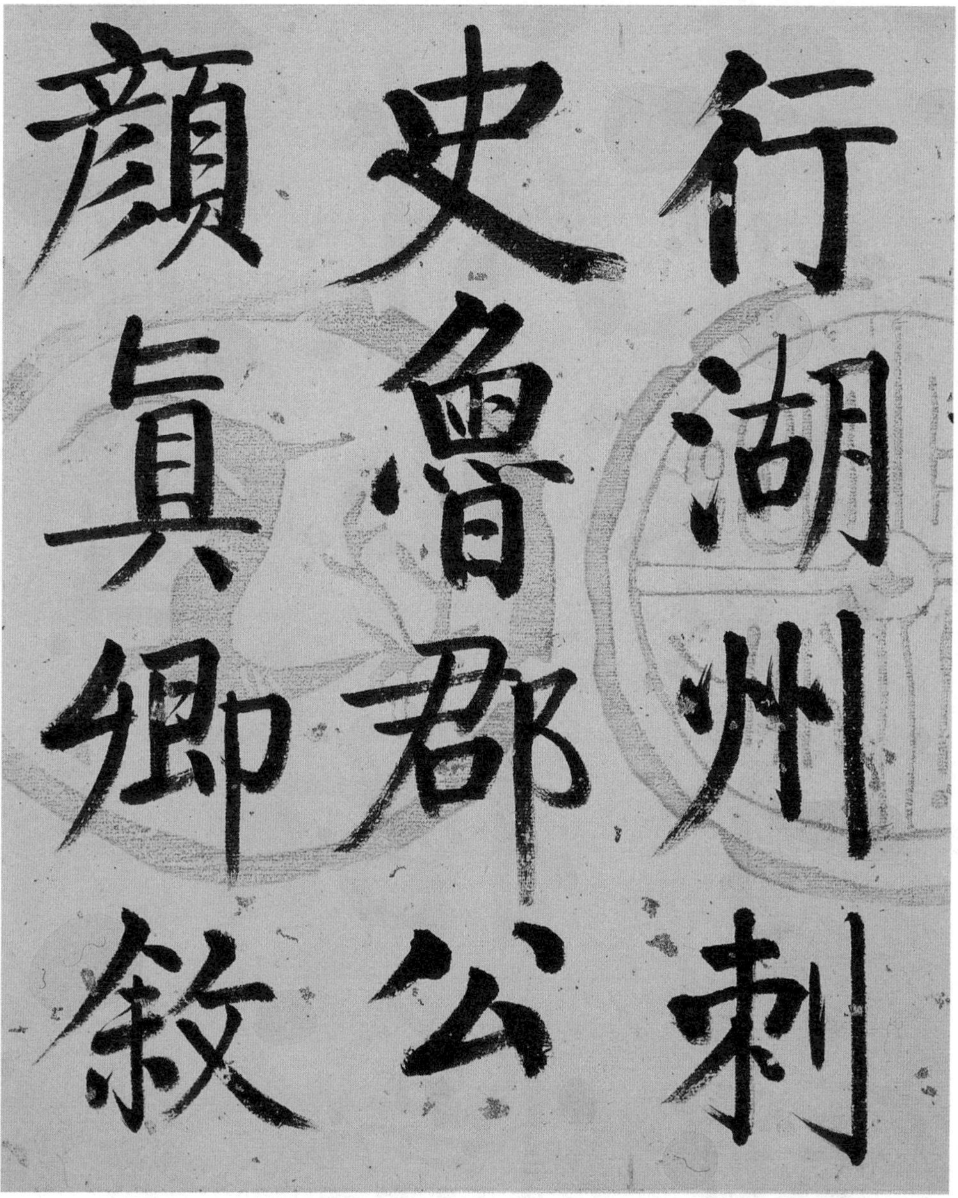
行湖州刺
史魯郡公
顔眞卿敘

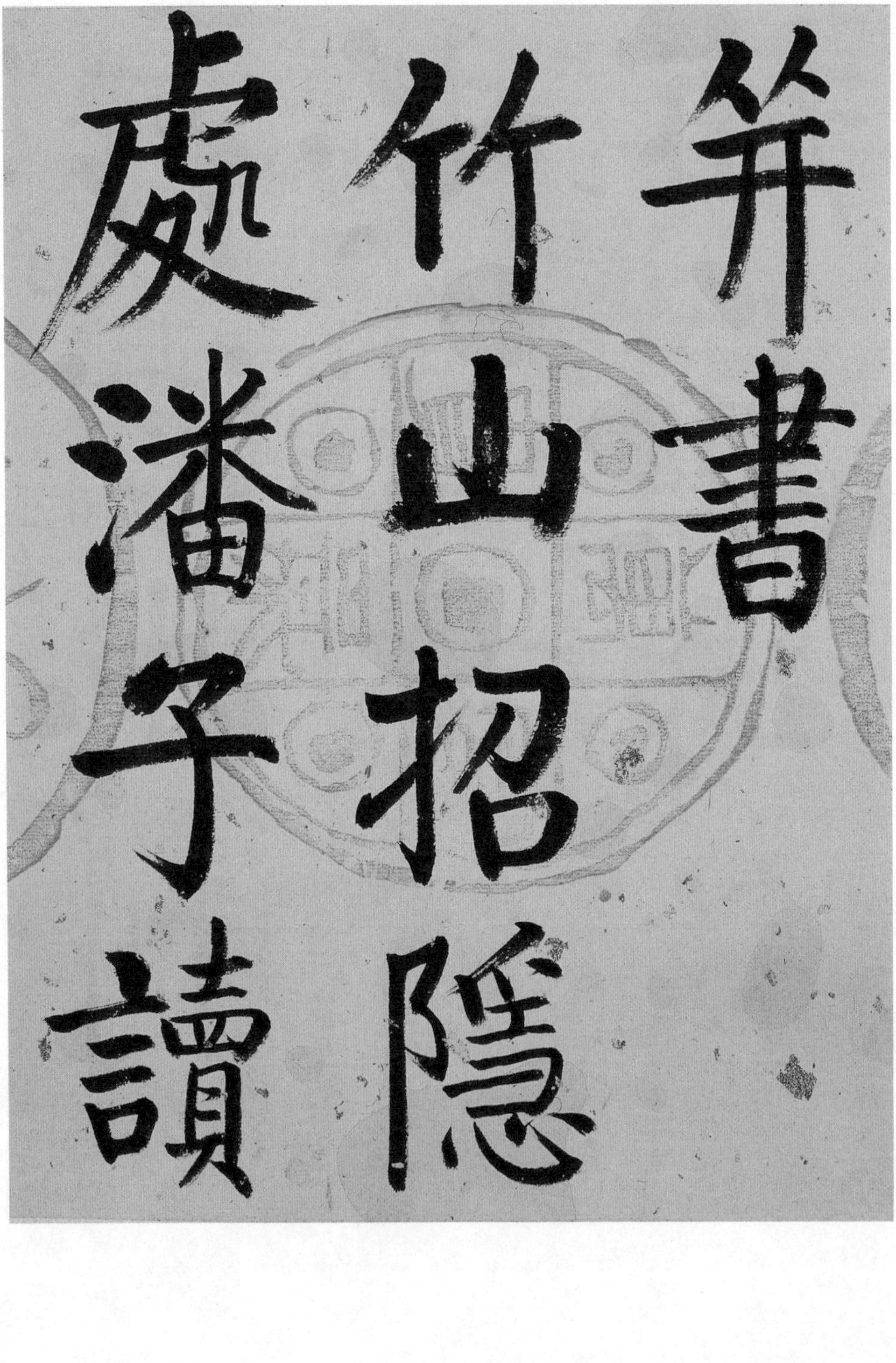
書
竹山招隱
處潘子讀

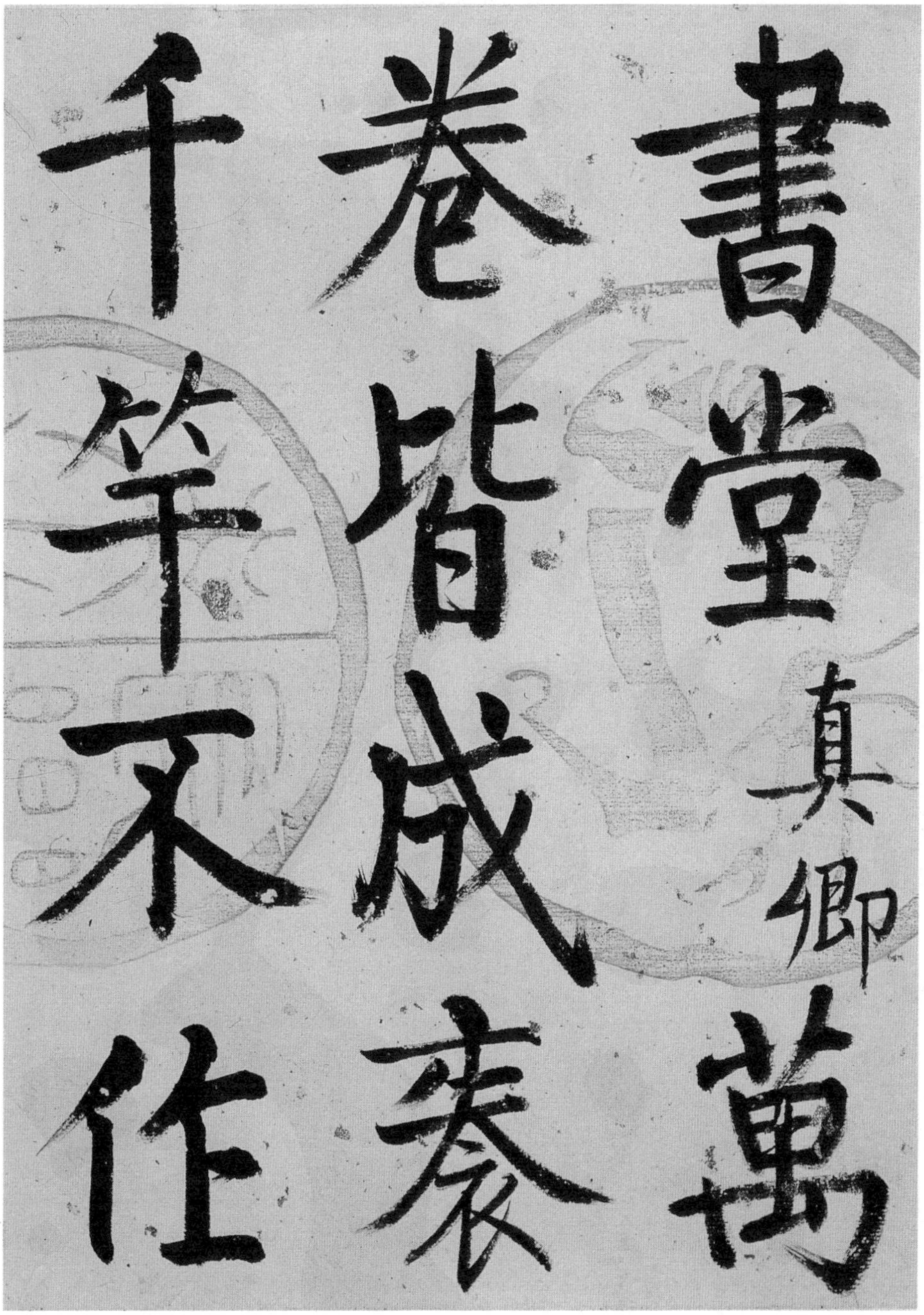
書堂萬
真卿
卷皆成袞
千筆不作

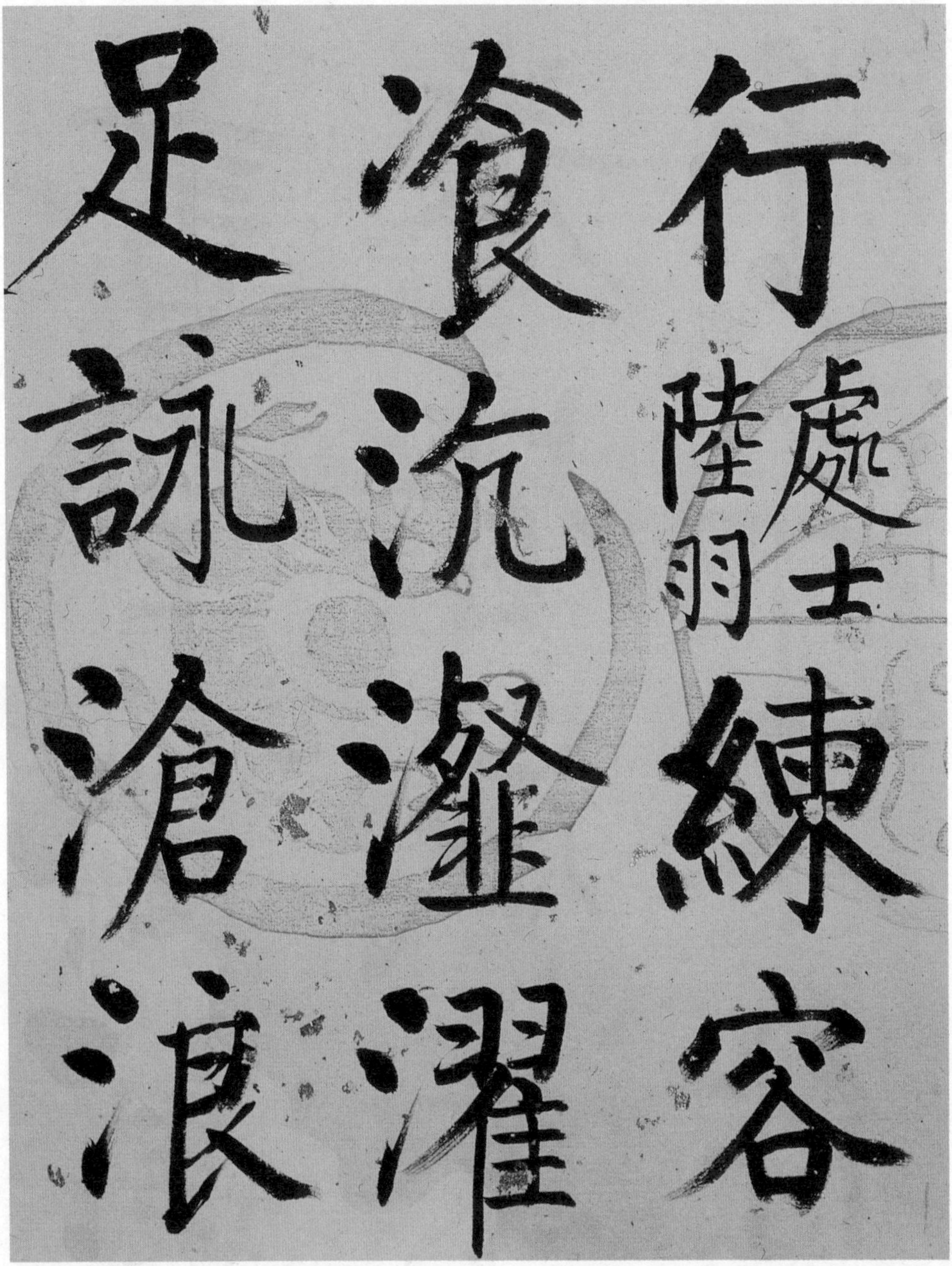
行處士陸羽練容
飡沆瀣濯
足詠滄浪

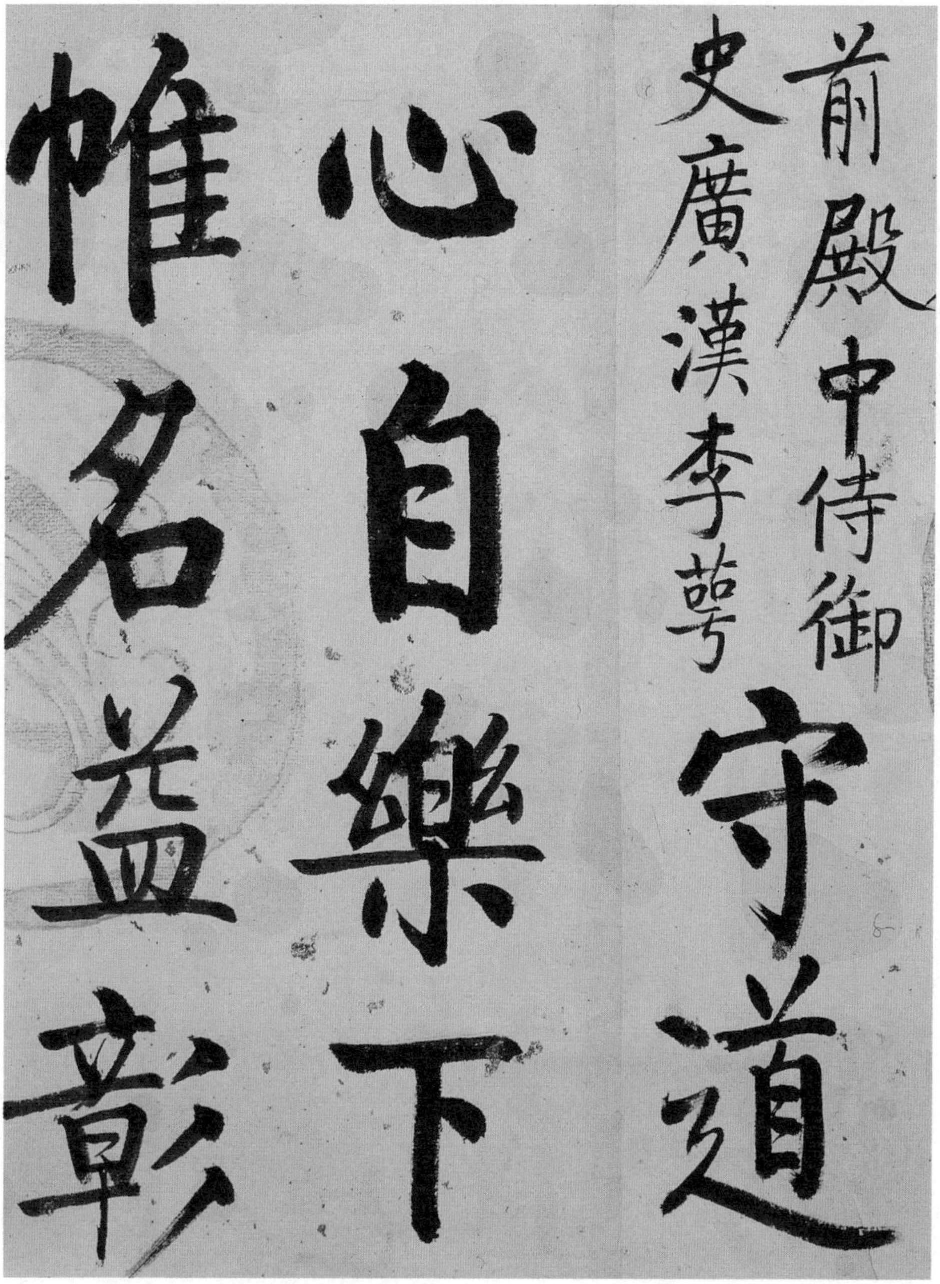
前殿中侍御史廣漢李萼
守道
心自樂下
帷名益彰

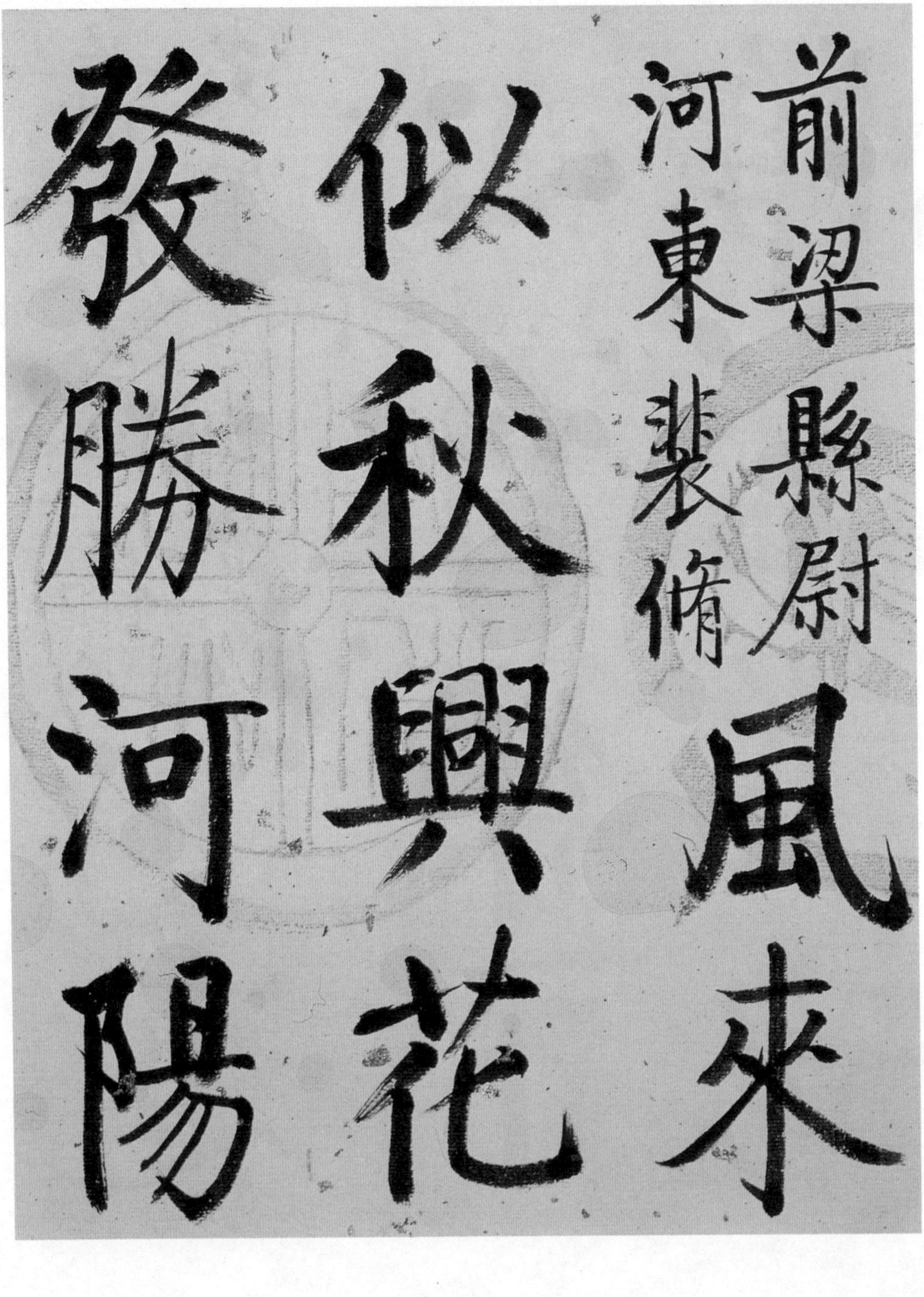
前梁縣尉
河東裴脩
風來似秋興
花發勝河陽

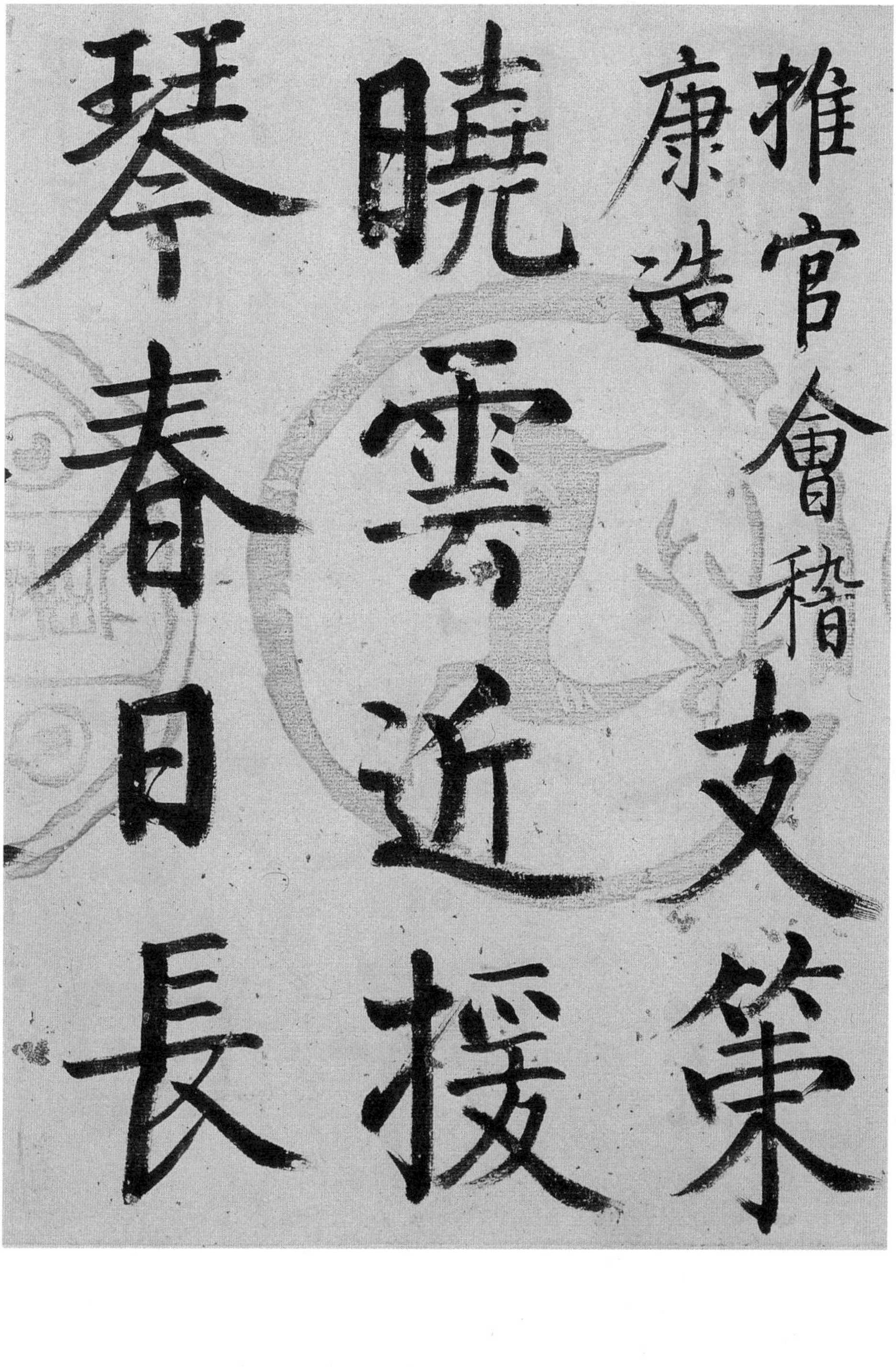
推官會稽
康造
支策
曉雲近援
琴春日長

評事范陽
湯清河
水田
聊學稼野
圃試條桑

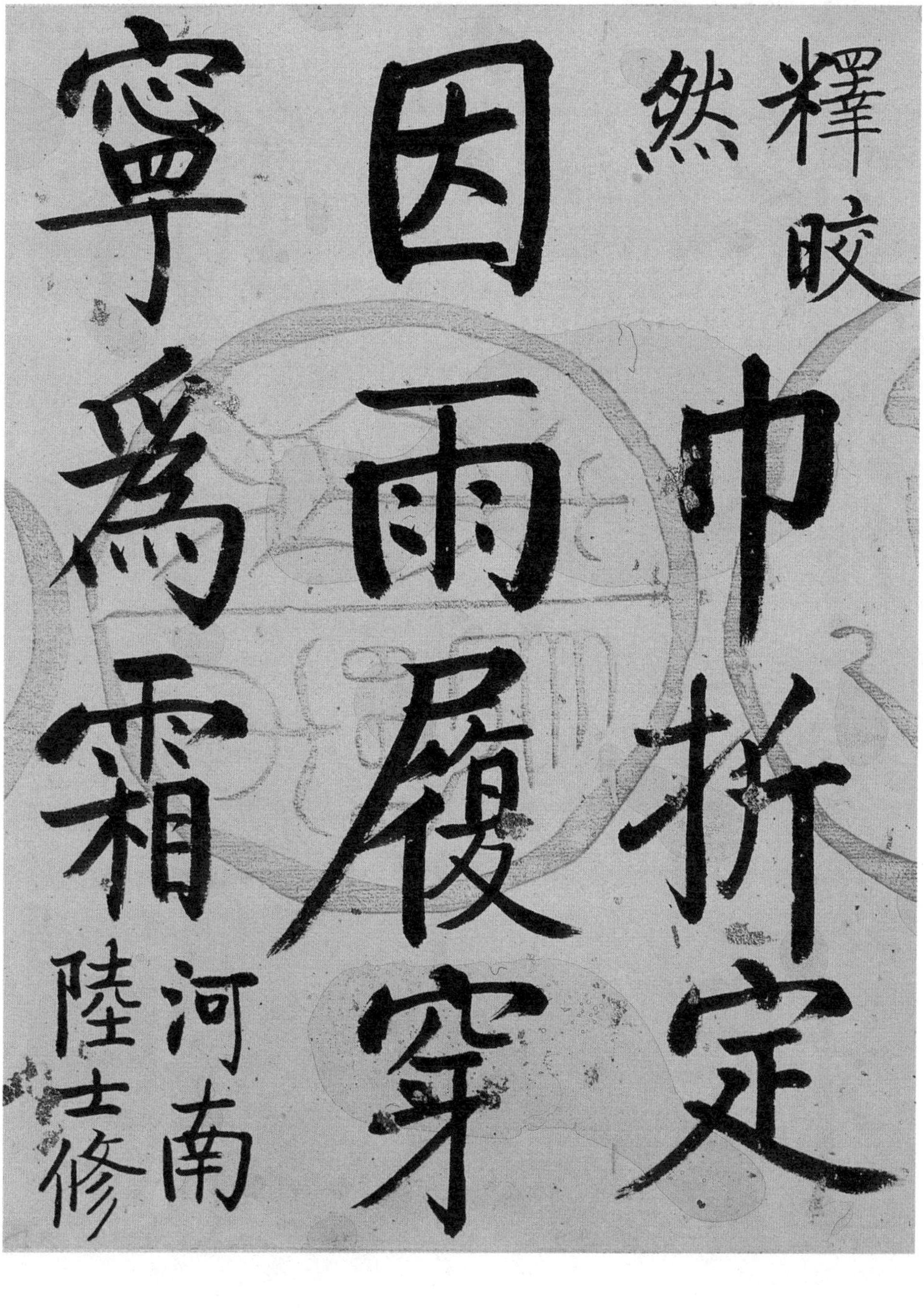
釋皎然
巾折定因雨
履穿寧為霜
河南陸士修

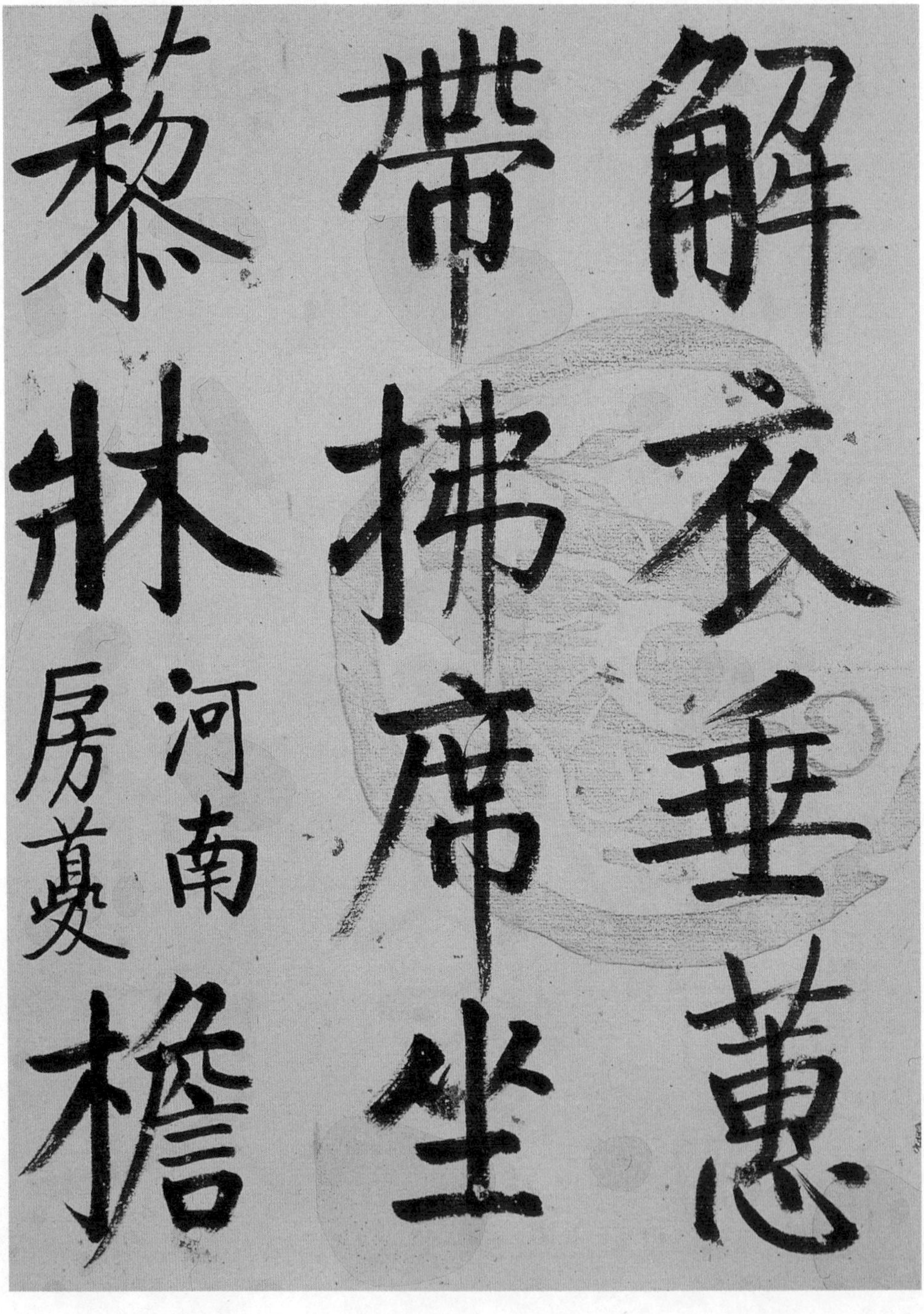
解衣垂蕙
帶拂席坐
藜牀檐
河南
房㚟

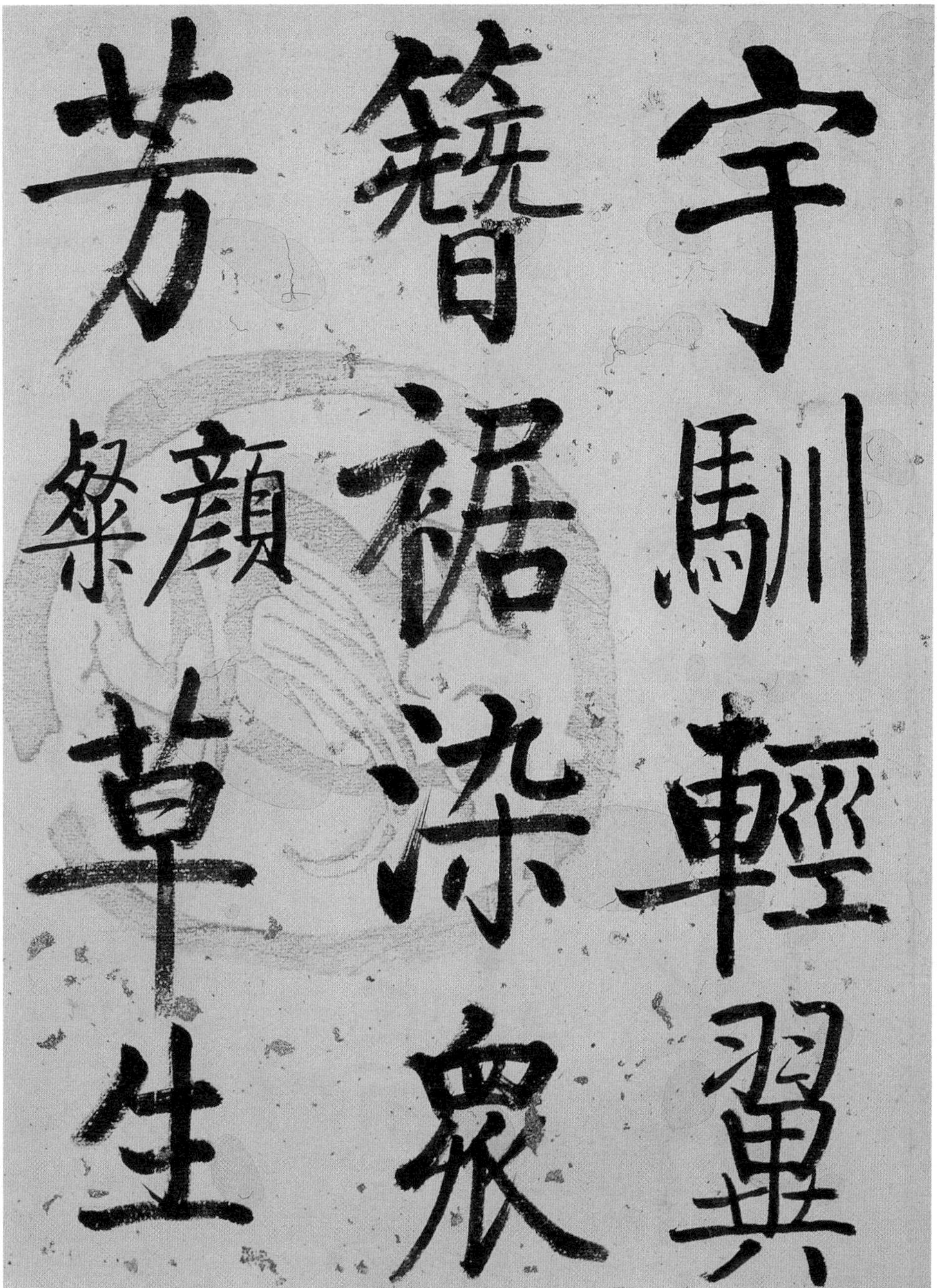
宇馴輕翼
簪裾沵衆
芳草生
顏粲

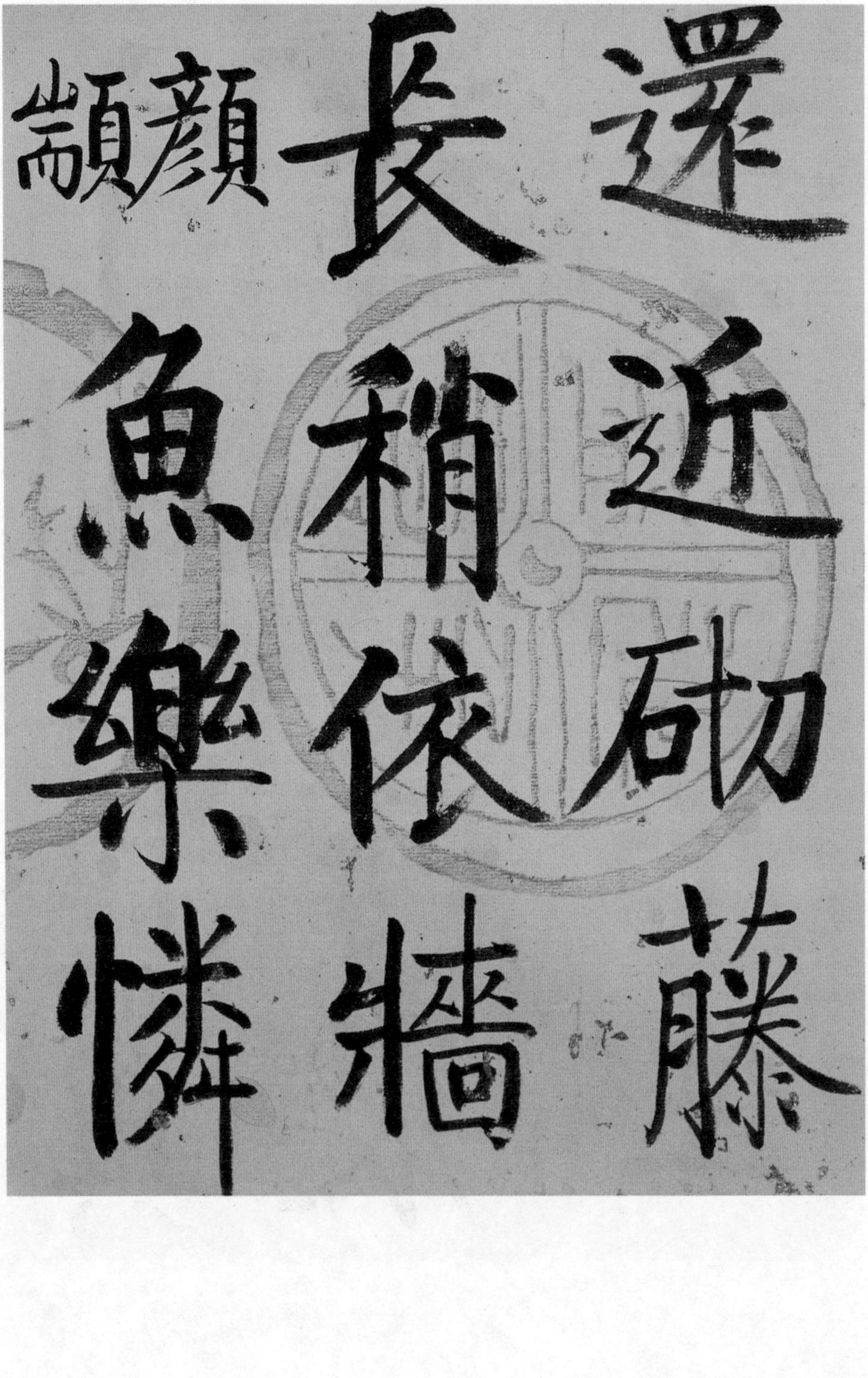
還近砌藤
長精依牆
顏
顓
魚樂憐

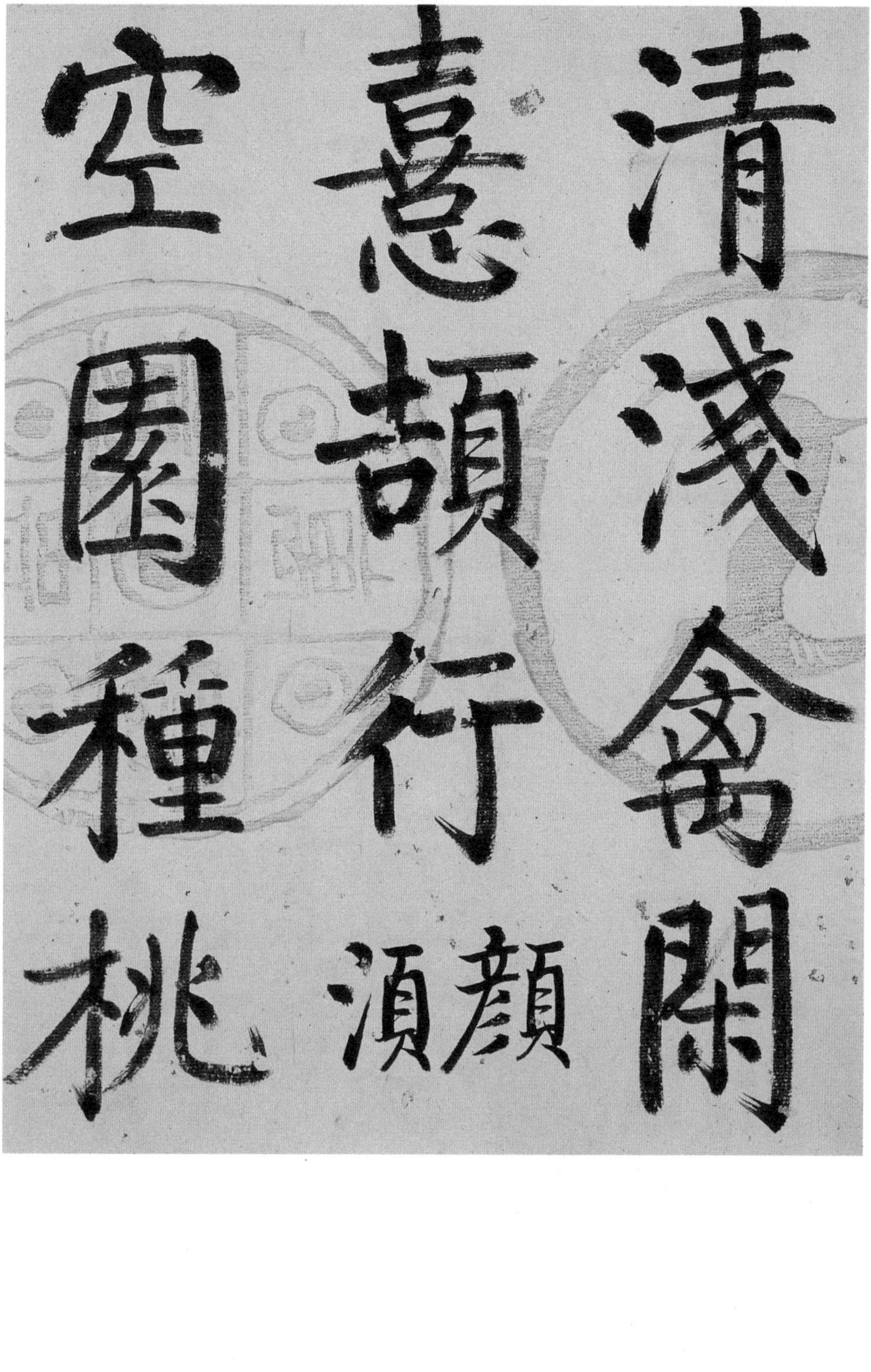
清淺禽閑
意頡行顏湏
空園種桃

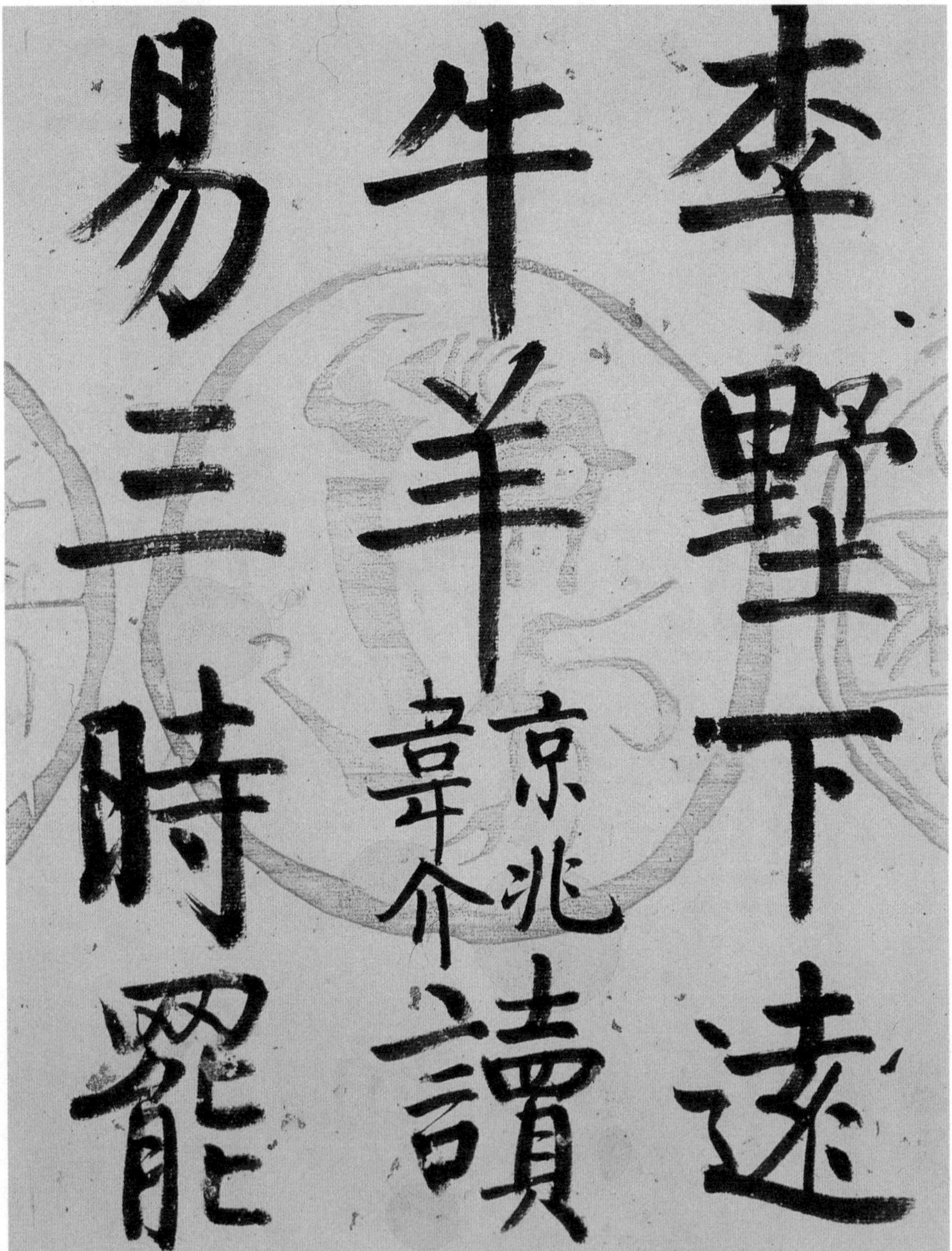
李野下逯
牛羊
京兆韋介
讀
易三時罷

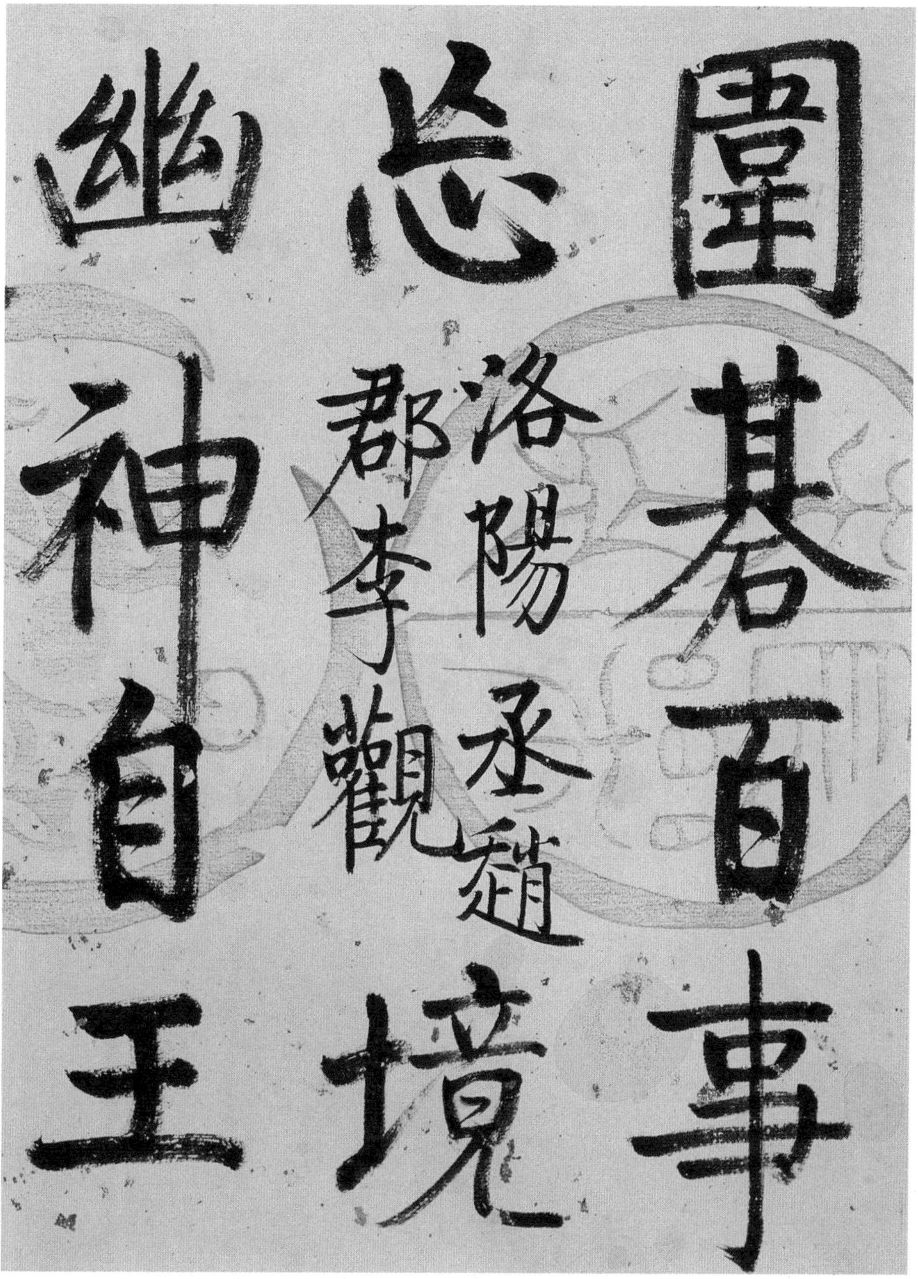
圍棊百事忘
洛陽丞趙
郡李觀
境幽神自王

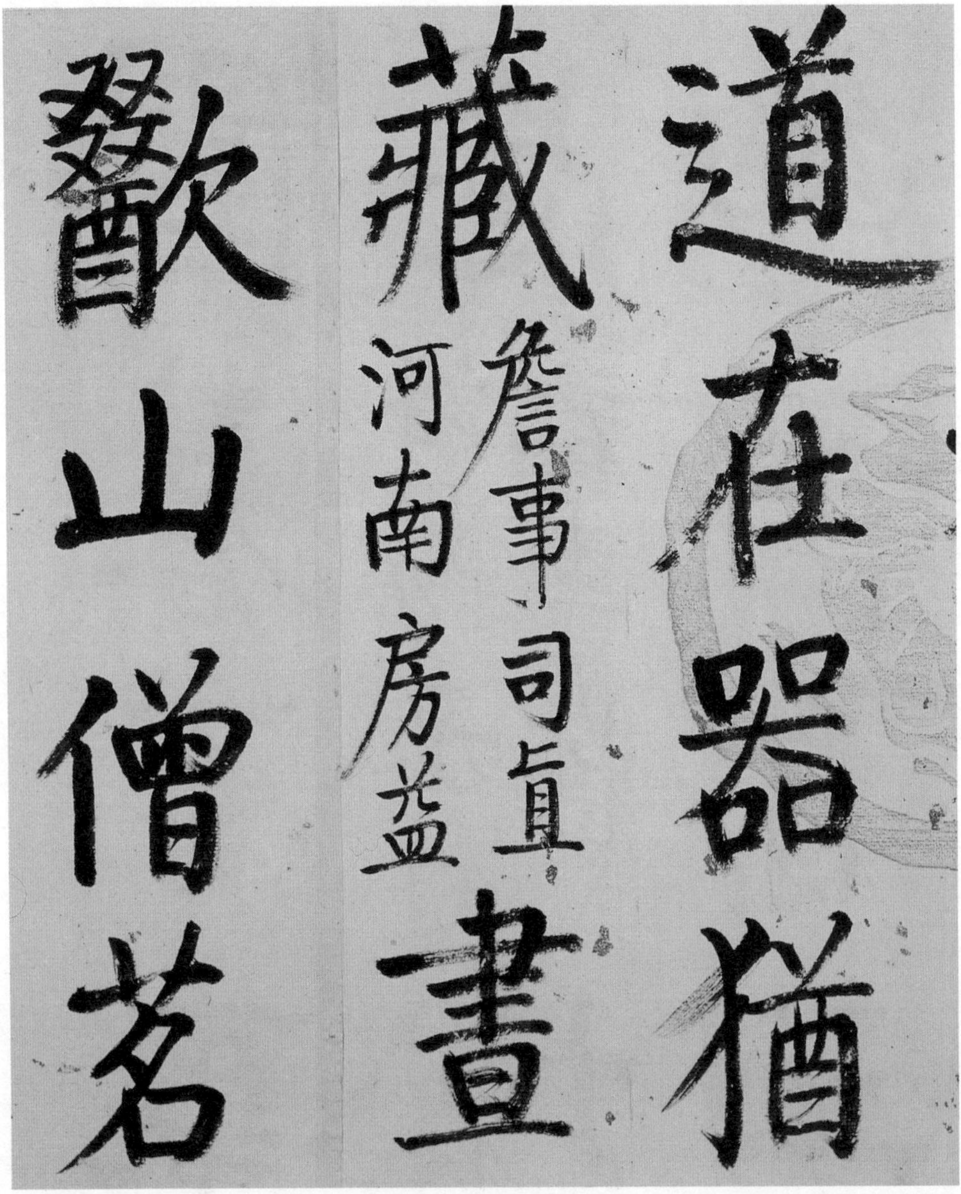
道在器猶
藏書
詹事司直
河南房益
山僧茗

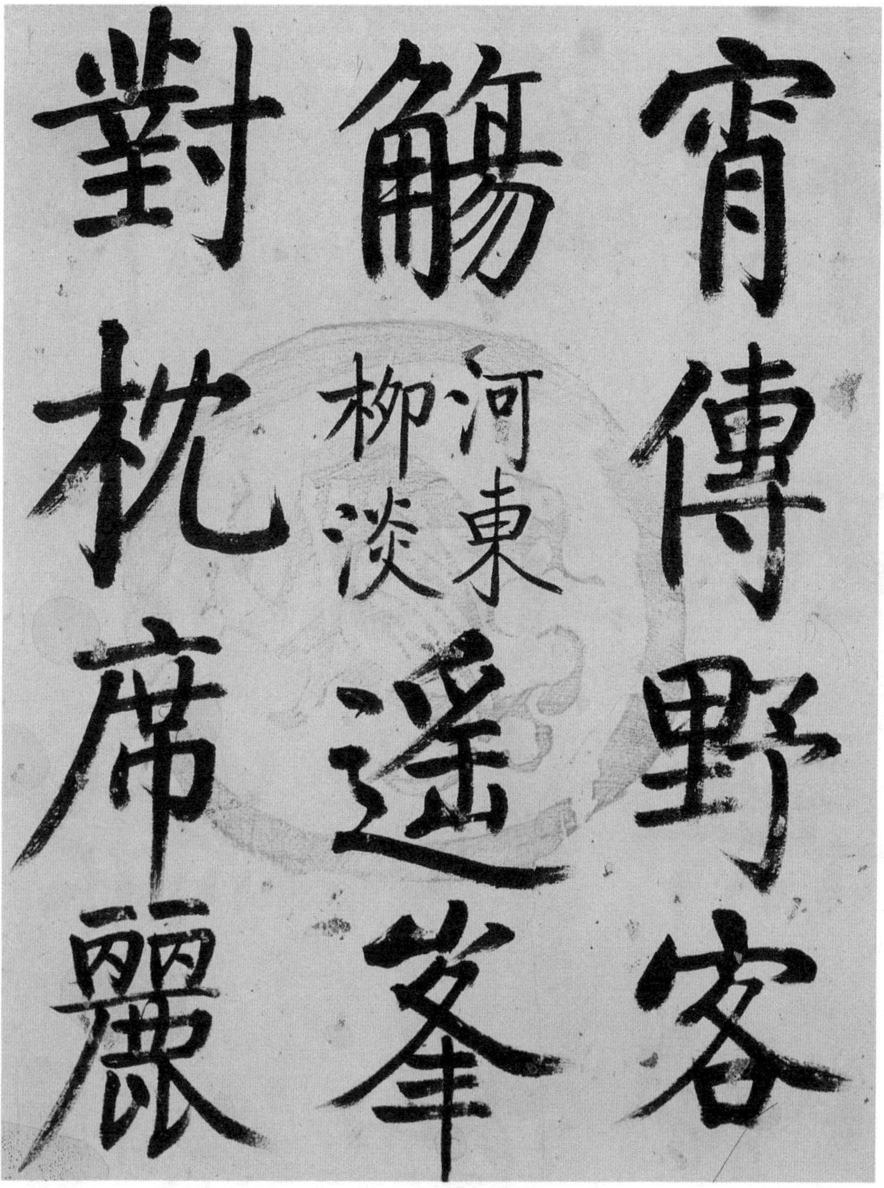
宵傳野客
觴遙峯
對枕席麗
河東柳淡

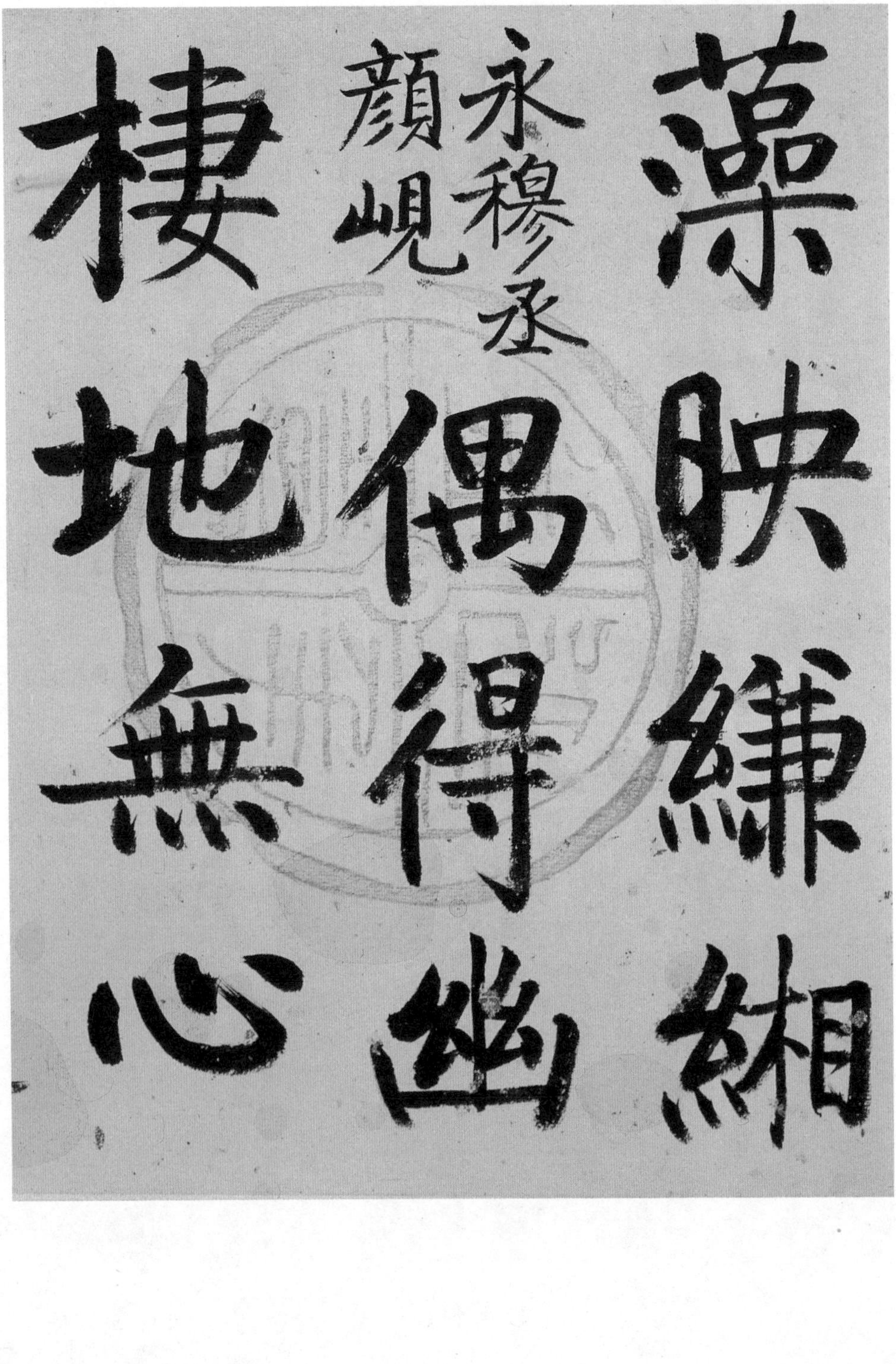
藻映縑緗
偶得幽
棲地無心
永穆丞
顏峴

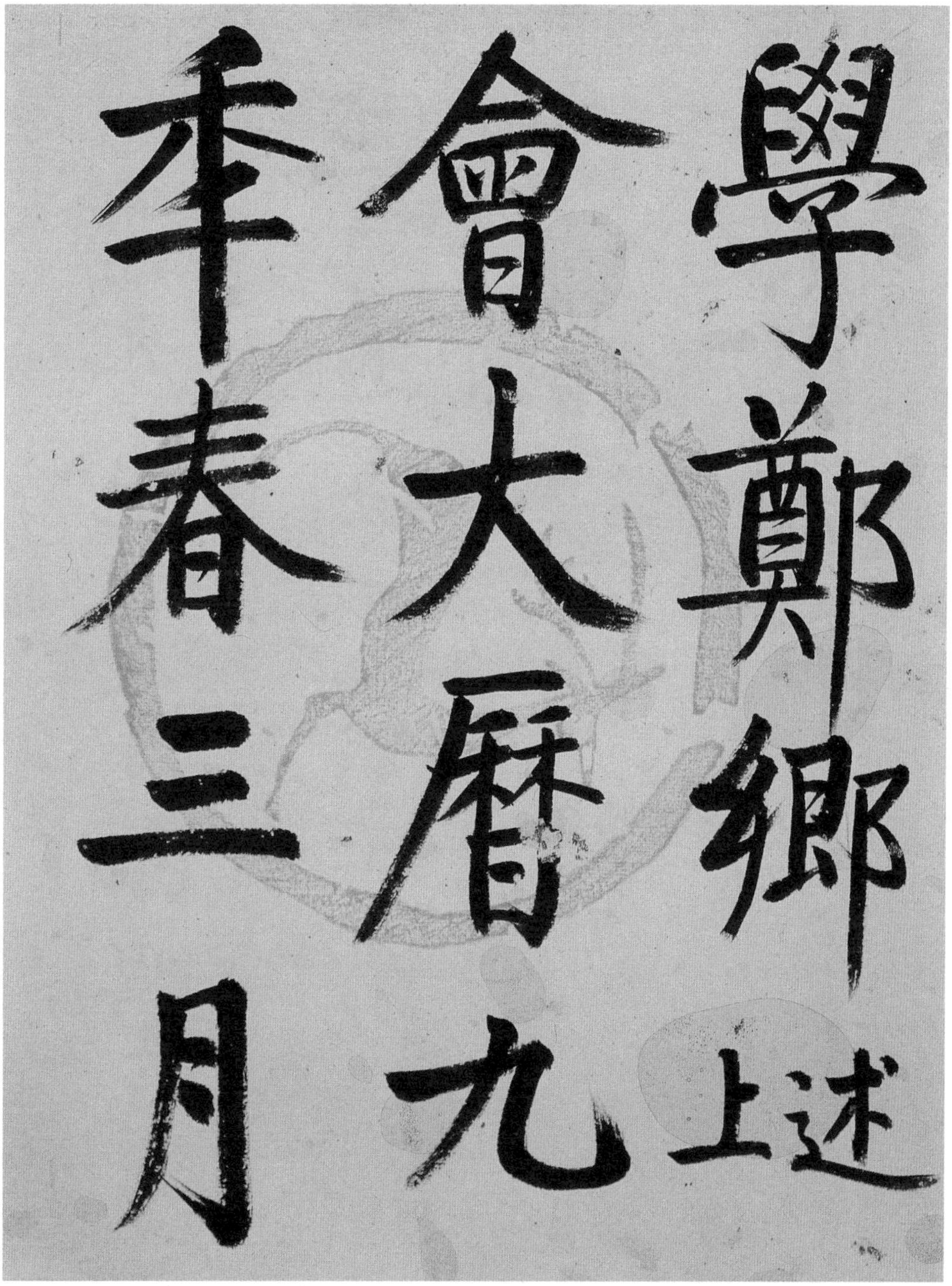
學鄭鄉上述
會大曆九
年春三月

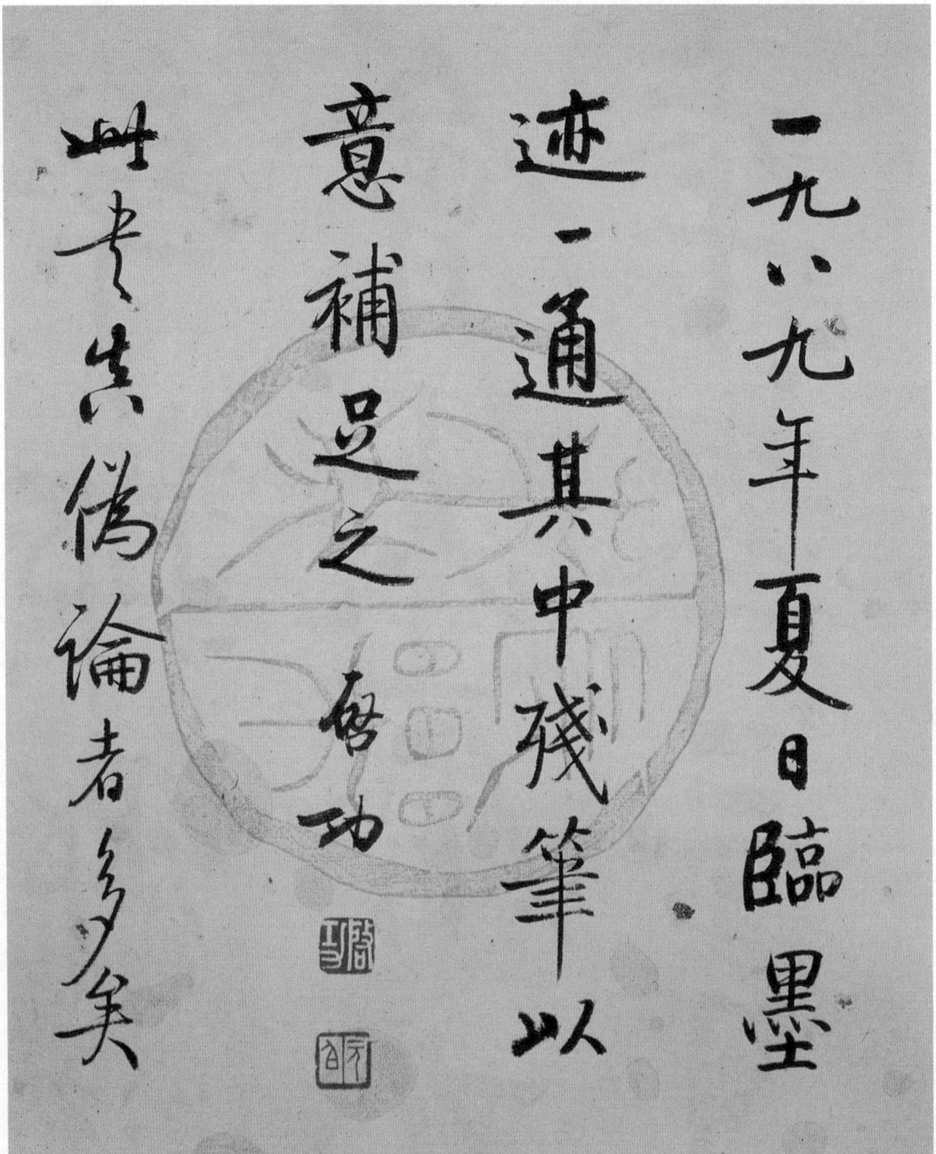
一九六九年夏日臨墨
迹一通其中殘筆以
意補足之 啓功
此卷真偽論者多矣

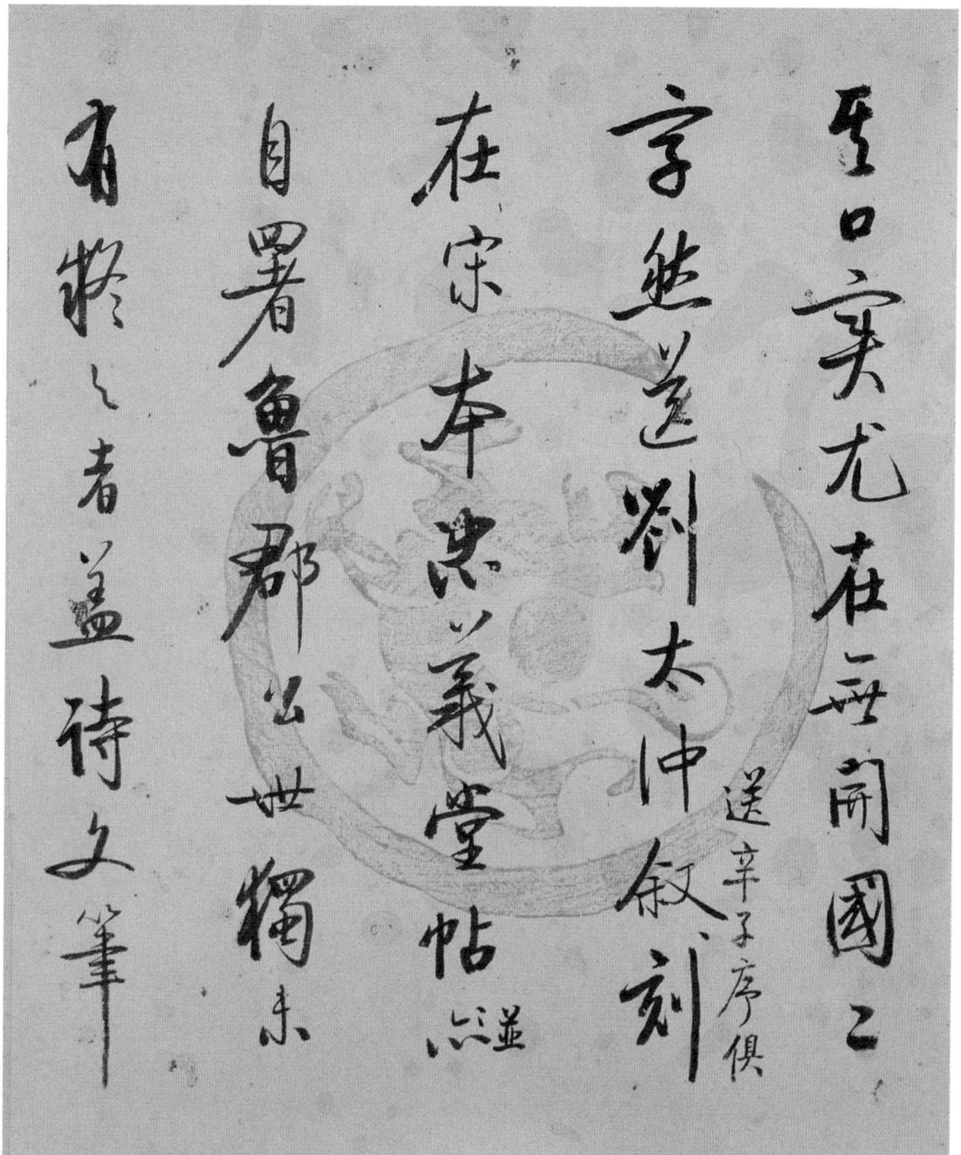
至曰實尤在無開國之
字然送劉太仲敘刻
送辛子序俱
在宋本忠義堂帖並
自署魯郡公世獨未
有狀之者蓋詩文筆

札子与碎版不同盖□座
史所载世人但称鲁公
岂当世之人但脱郡
开国之二字抑史官所记
皆伪托庄人之语耶

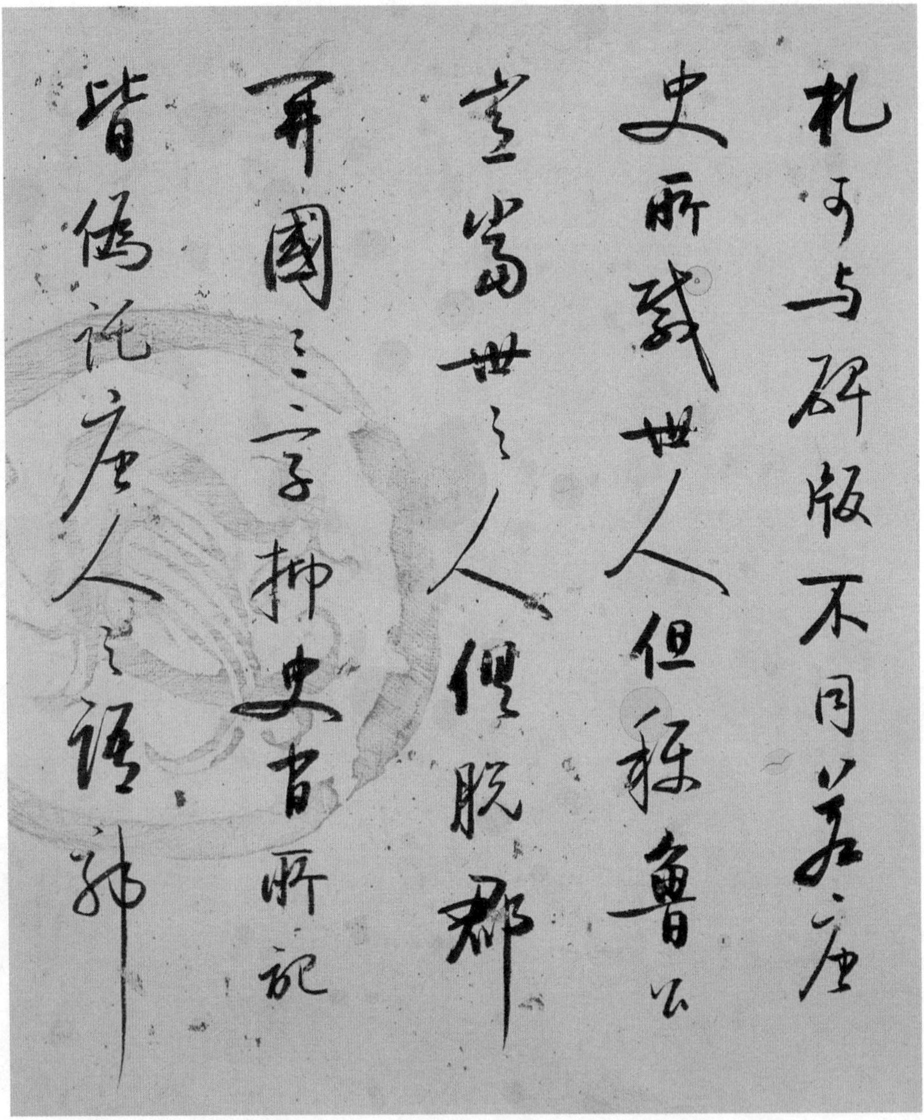

又醴泉詺歌徽署鉅

鹿郡公歐陽詢署勑撰

拁男亨貞觀時未定開

國之制抑歌歐曰□省男

又戎醴泉詺寛麻偹刻

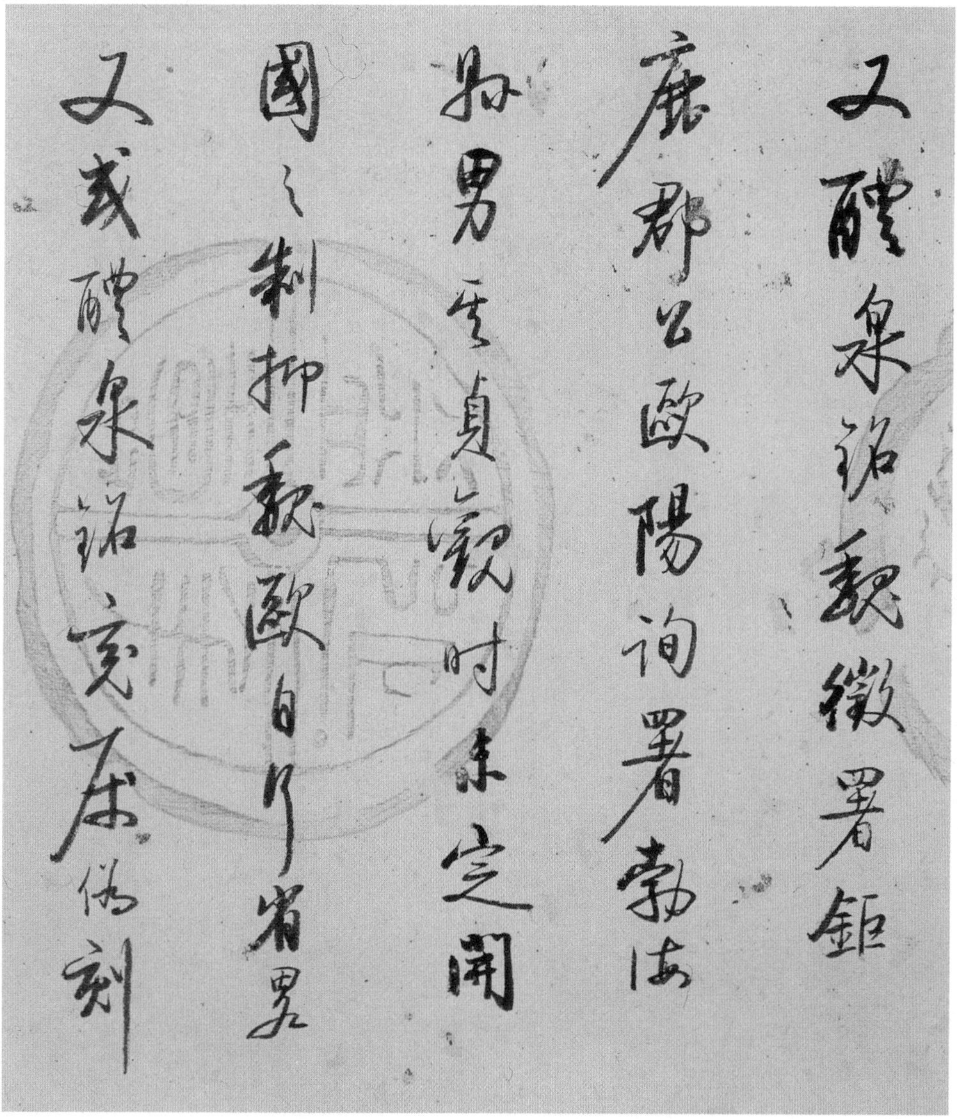

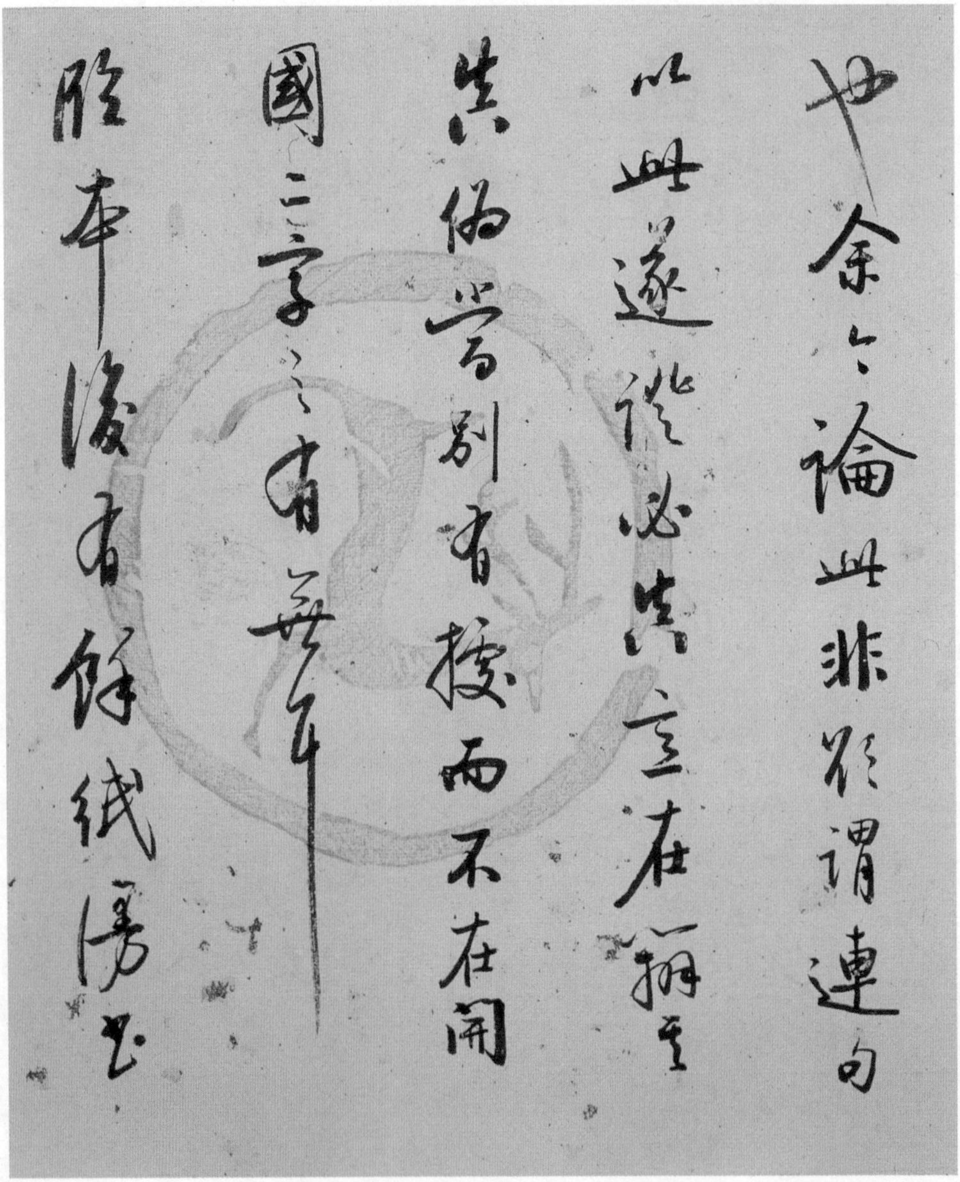
也。余之論此非所謂連句
以此遂從必先立在一聯至
先偶當別有據而不在開
國二字之有無
脫本後有餘紙隨書

臆論以气貲青印可

聖淨窗時／手

七十又七

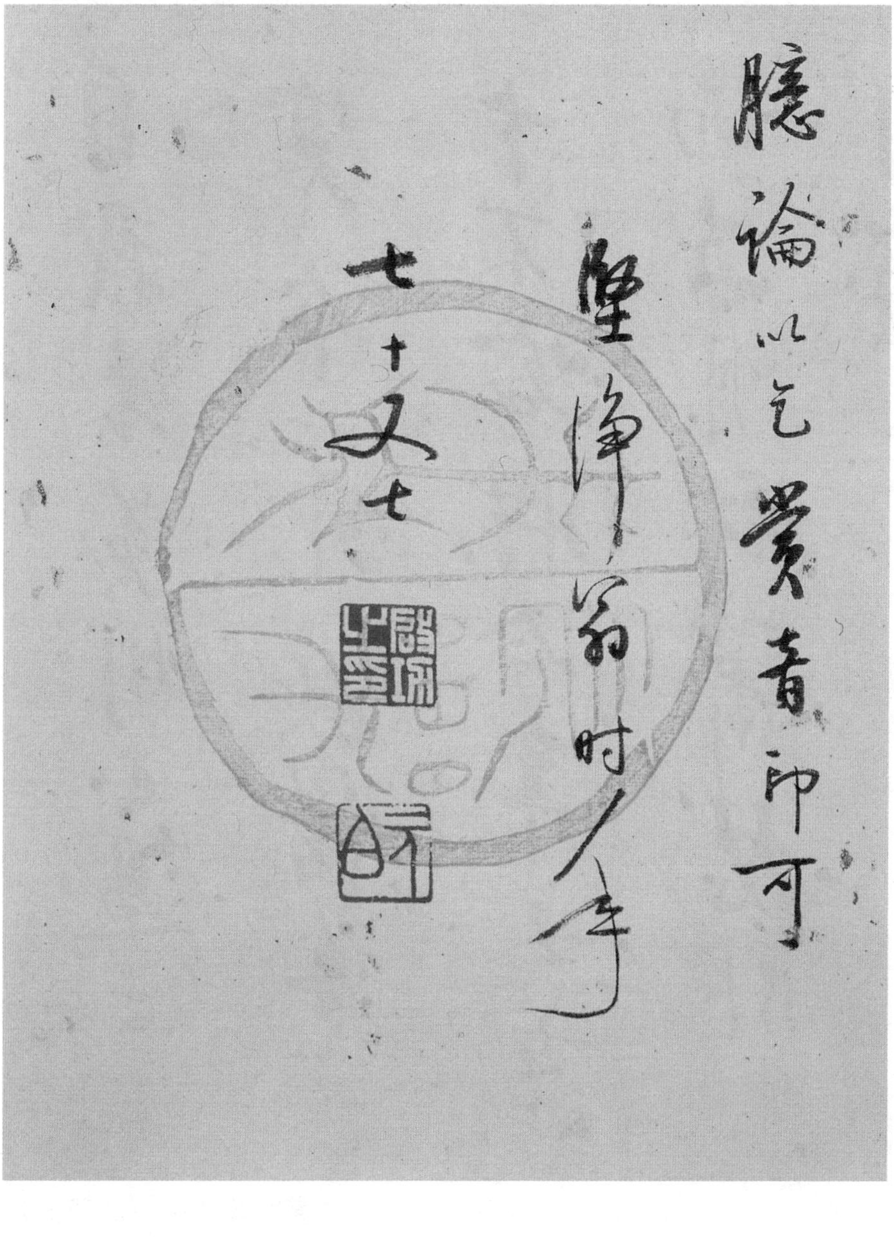

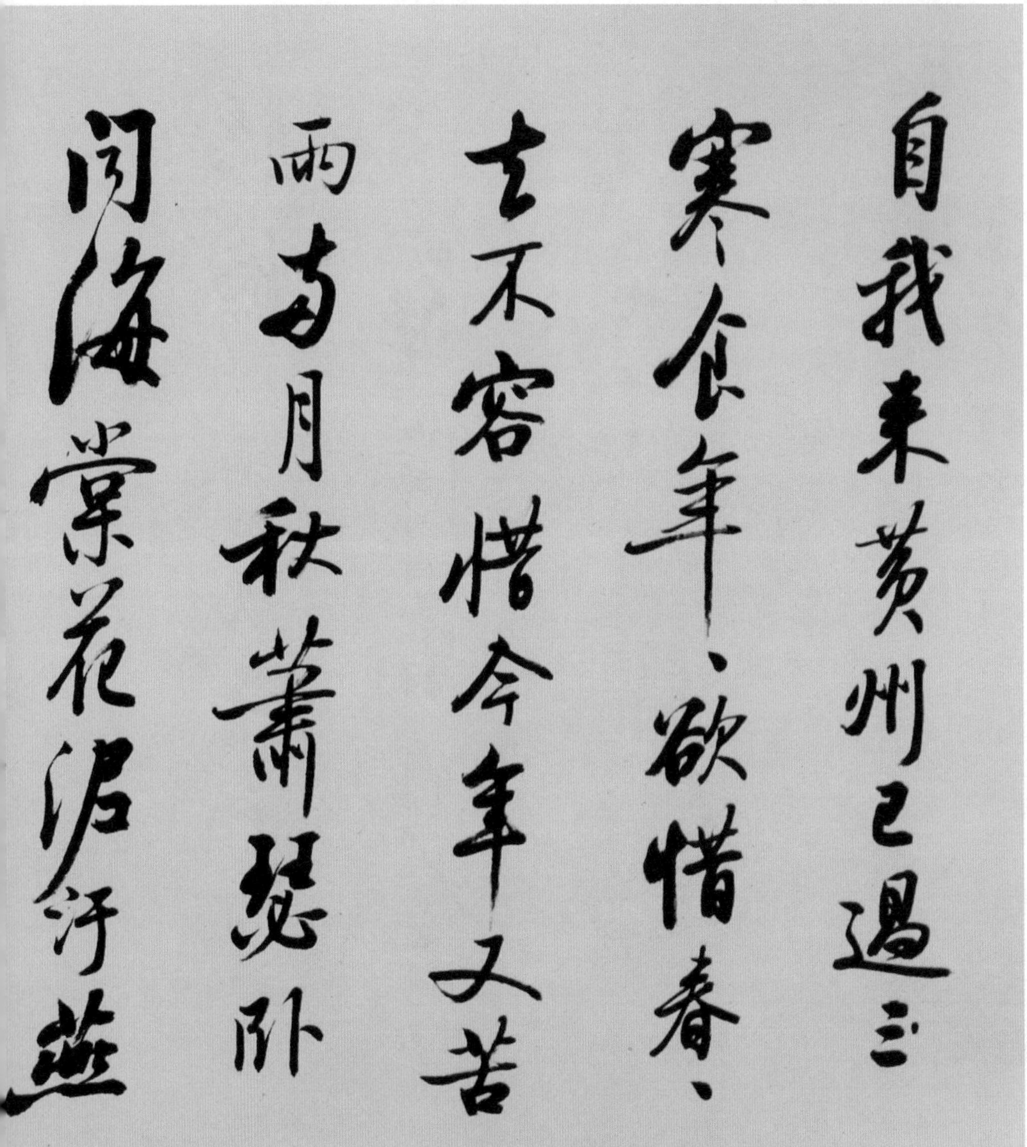
自我来黄州已過三
寒食年、欲惜春、
去不容惜今年又苦
雨两月秋萧瑟卧
闻海棠花泥汙燕

临黄州寒食帖（共四页）

二十世纪八十年代作　墨笔纸本

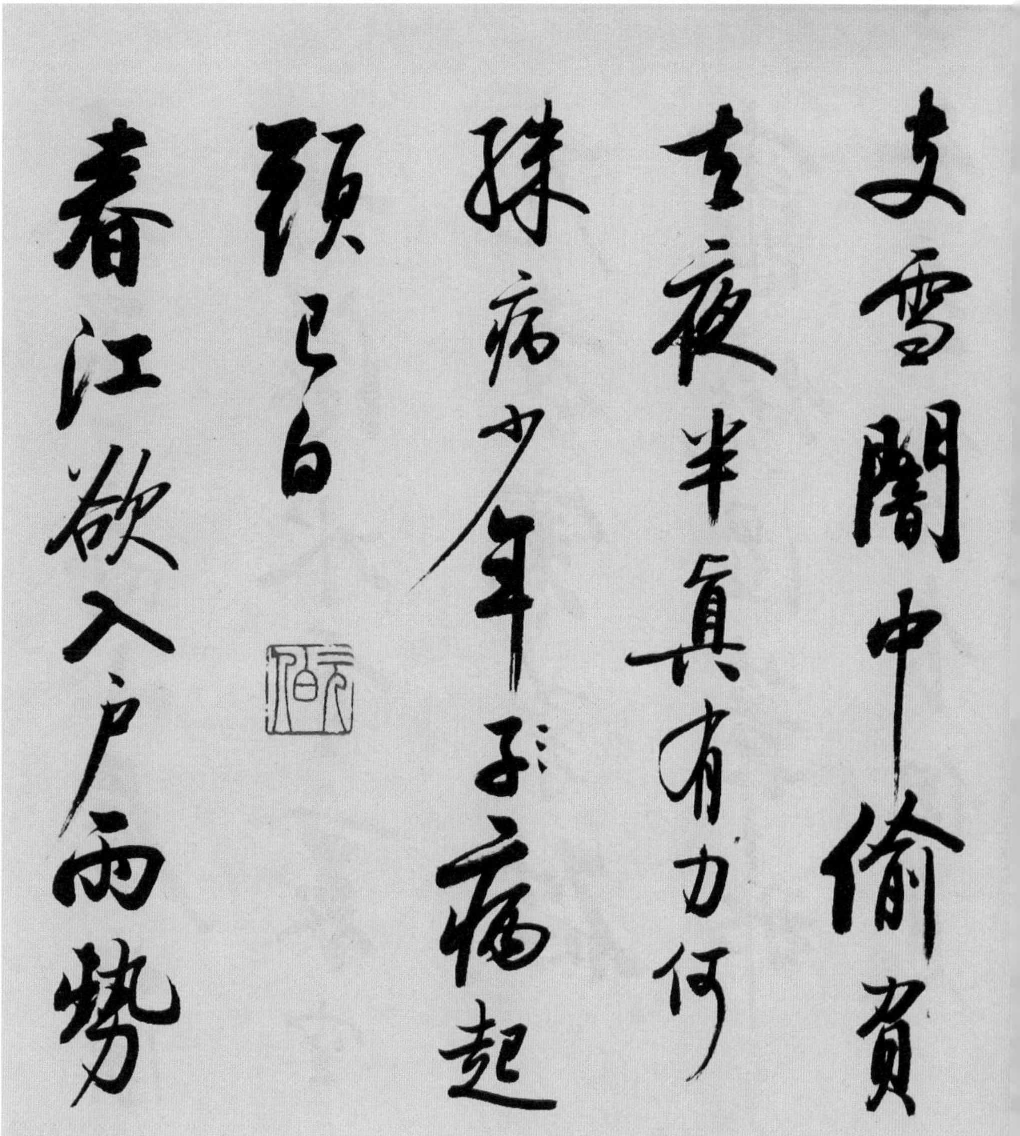
支雪闇中偷負
去夜半真有力何
殊病少年子病起
頭已白
春江欲入戶雨勢

來不已雨小屋如漁
舟濛濛水雲裏空
庖煮寒菜破
竈燒濕葦那
知是寒食但見

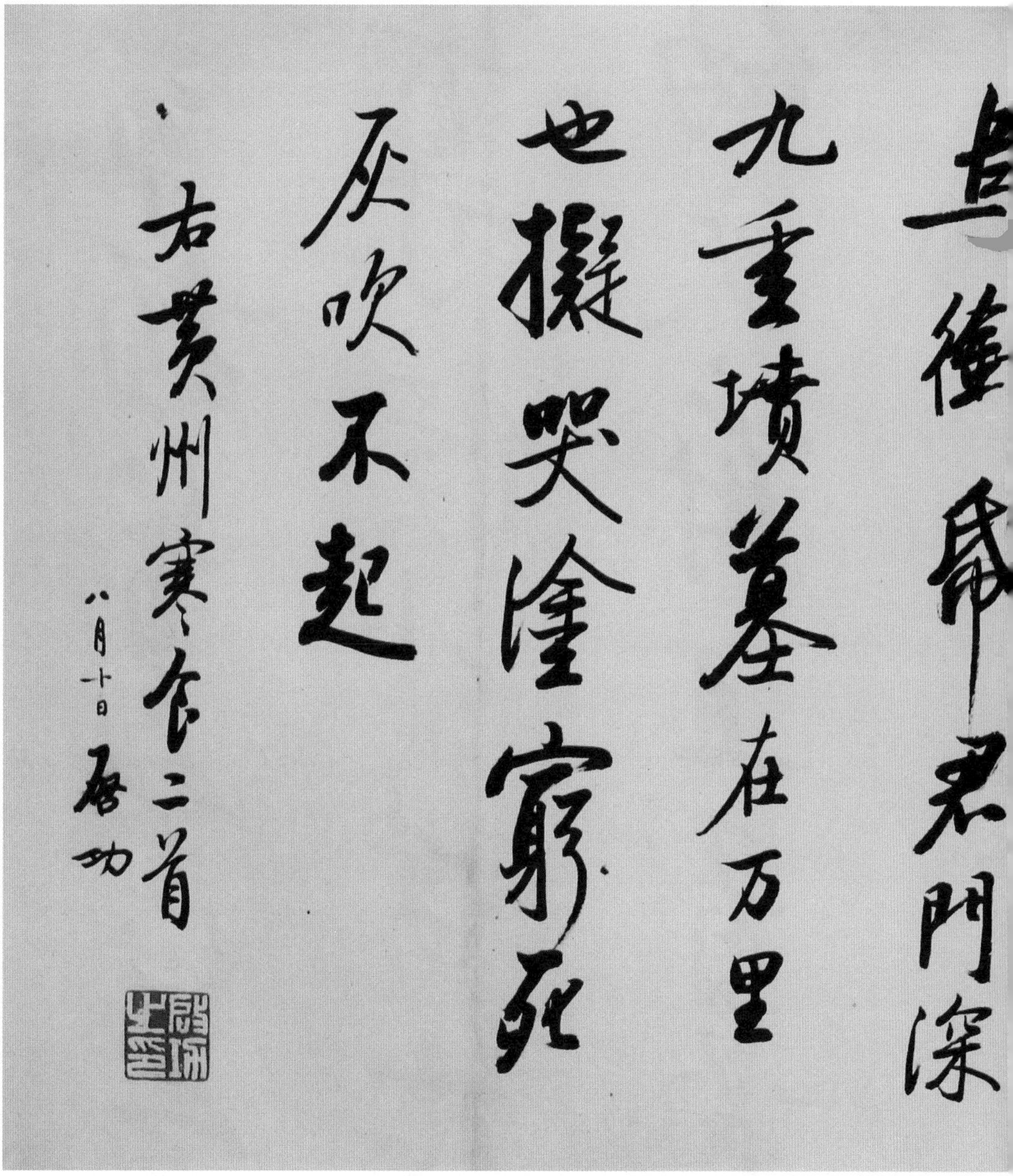
銜帋君門深
九重墳墓在万里
也擬哭塗窮死
灰吹不起
右黄州寒食二首
八月十日 啟功

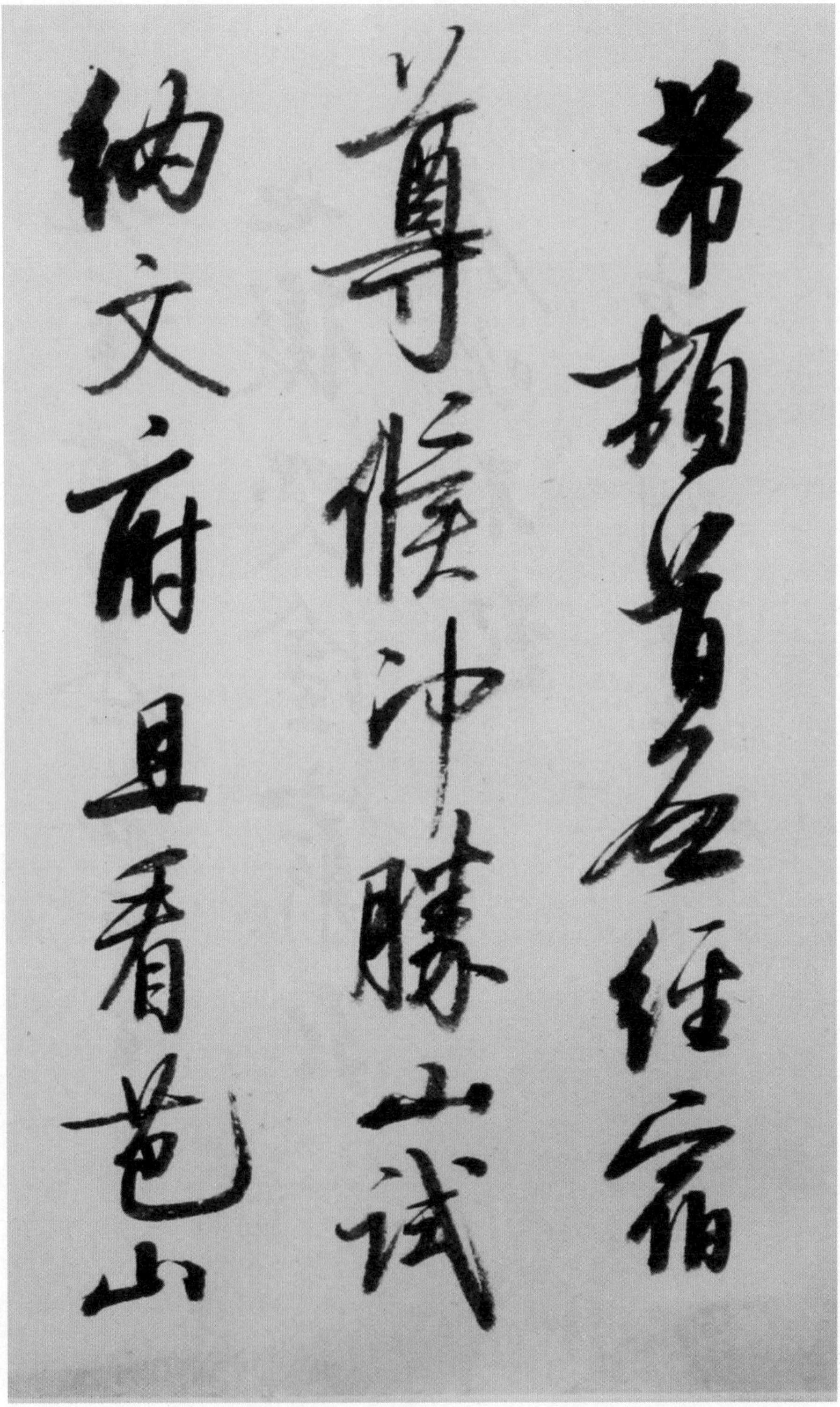

临米芾书（共三页）

二十世纪八十年代作 墨笔纸本

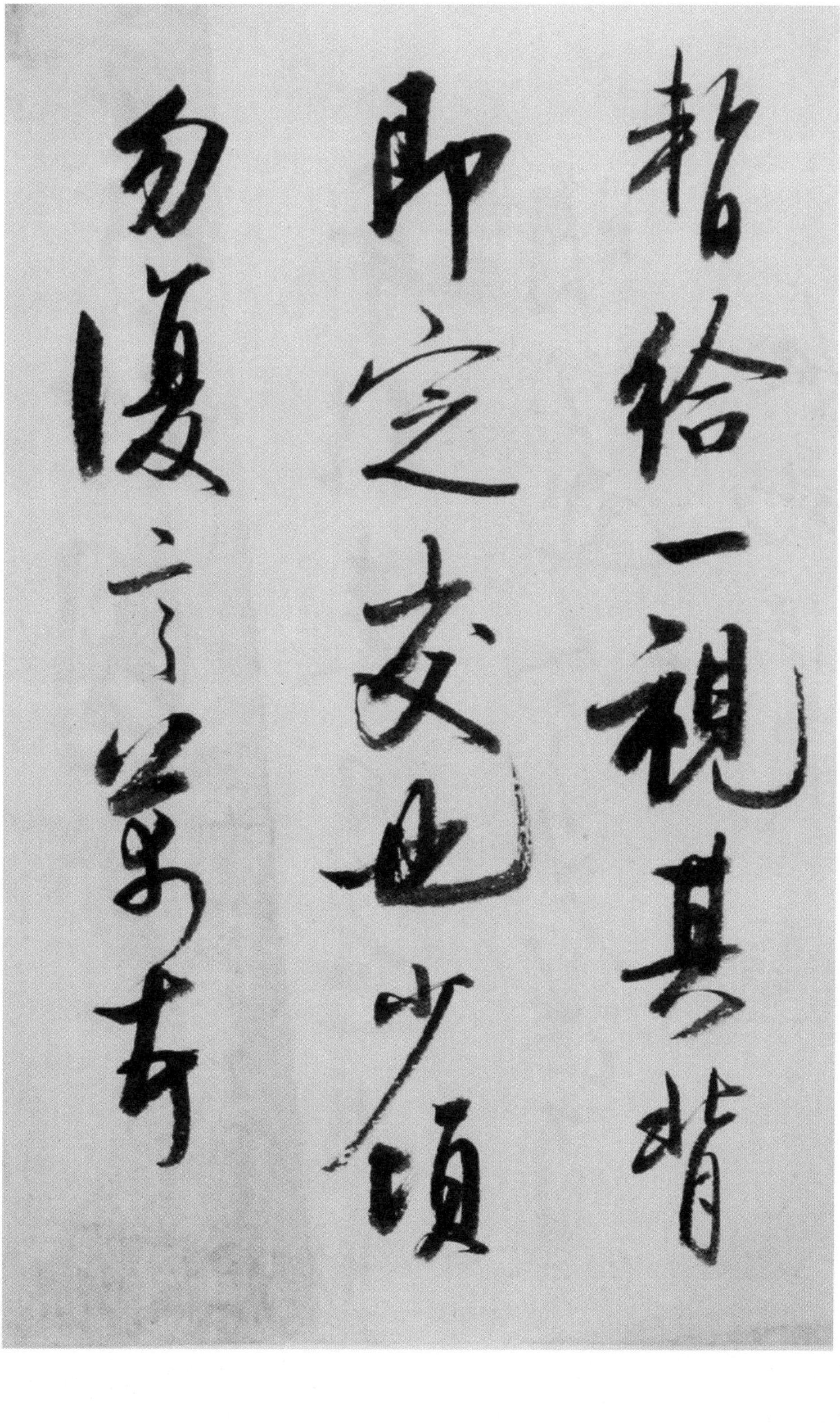

共和国士

本怪秦日二月

明道人今夕

启功偶记

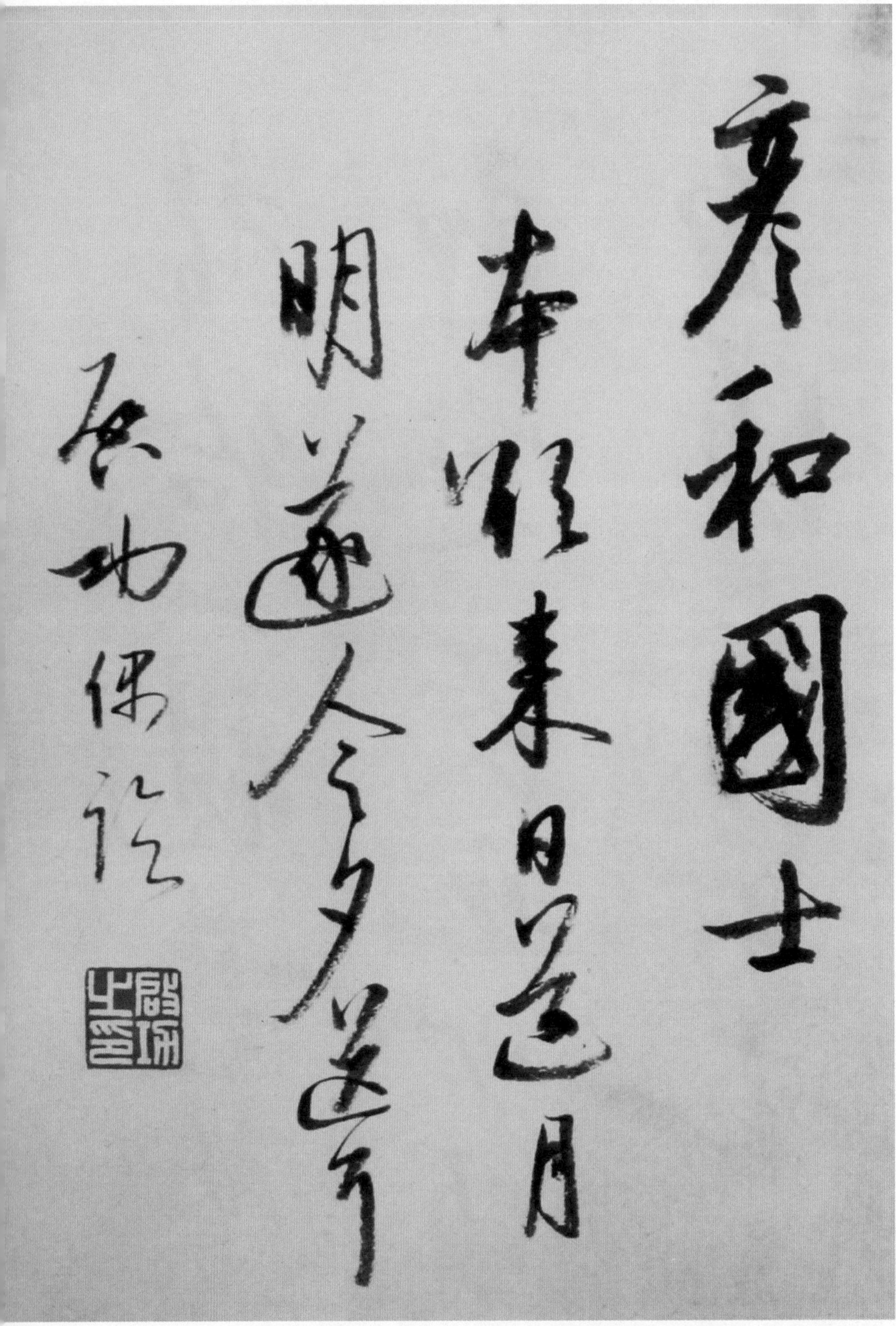

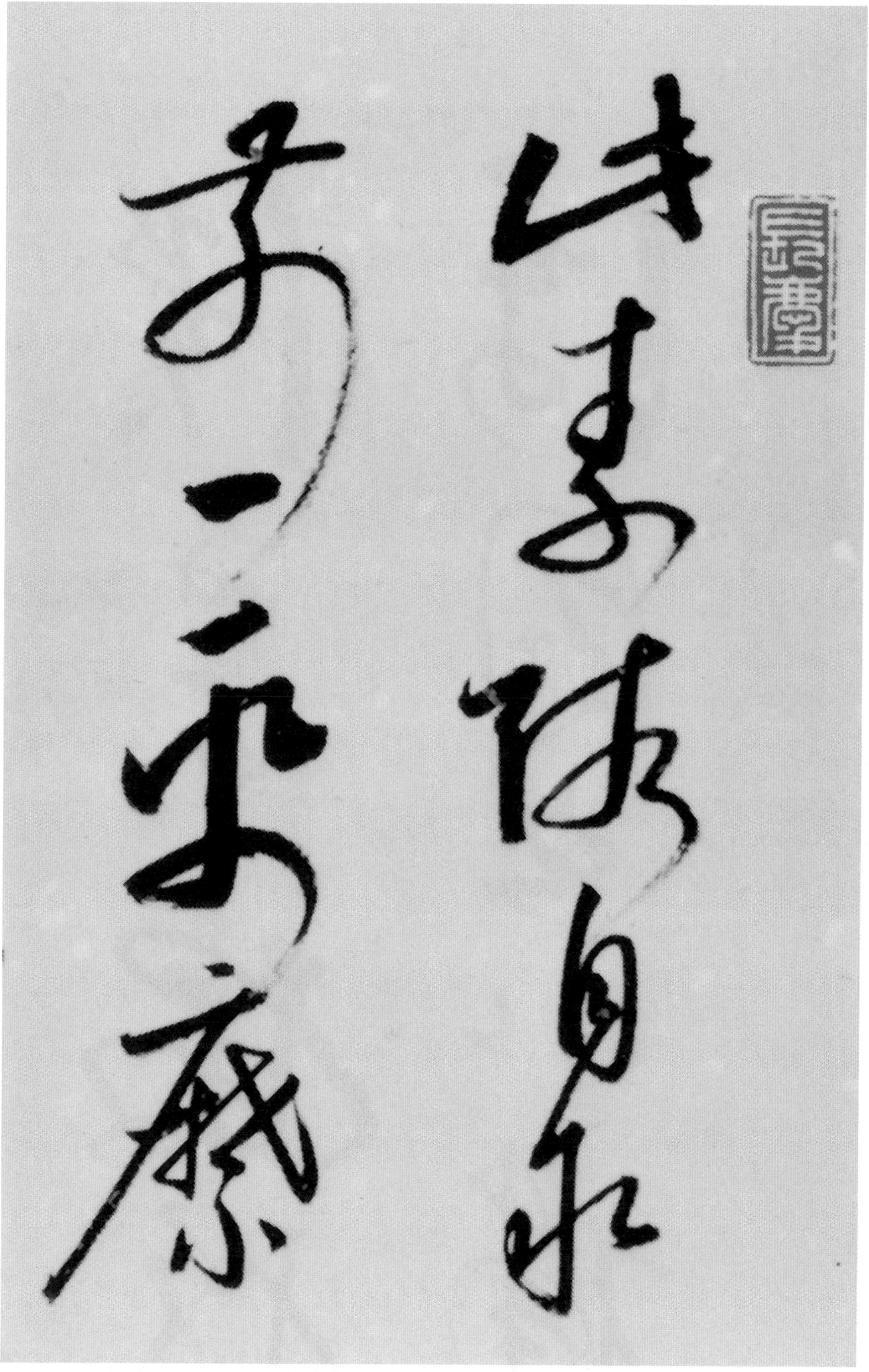

临苏舜钦书（共五页）

二十世纪八十年代作　墨笔纸本

贱不可以□□独行清固自以楷

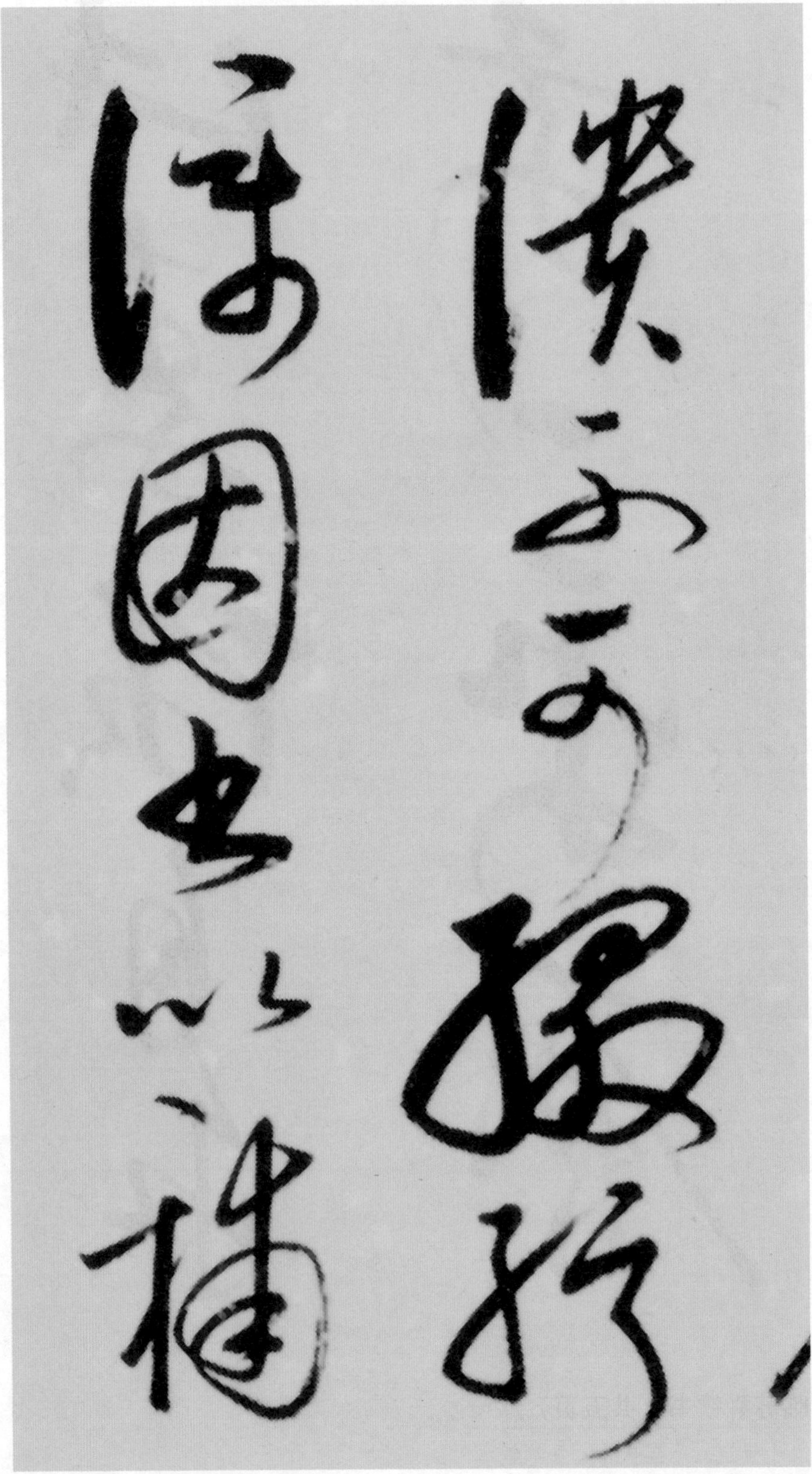

入
操
收
捺

耻
也

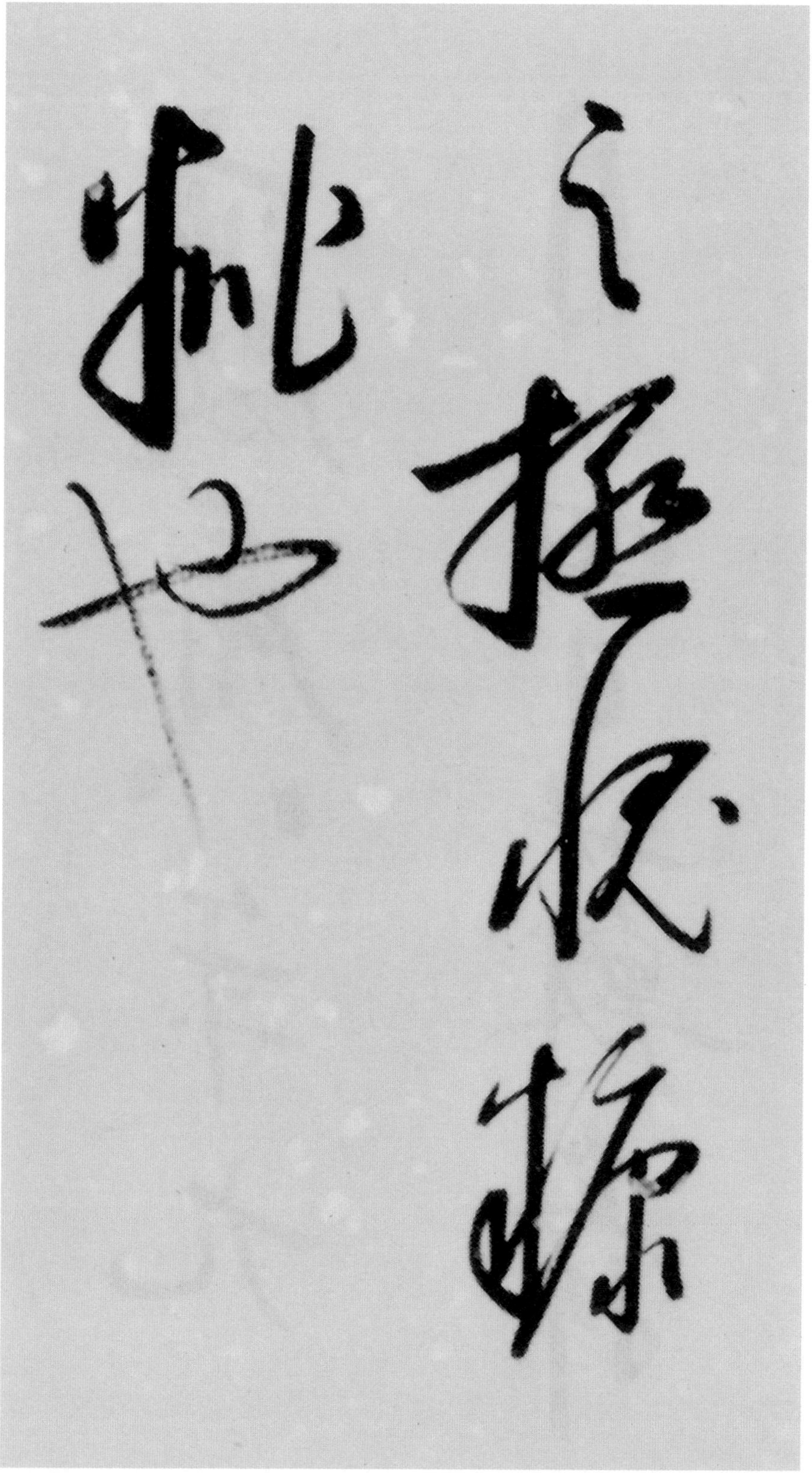

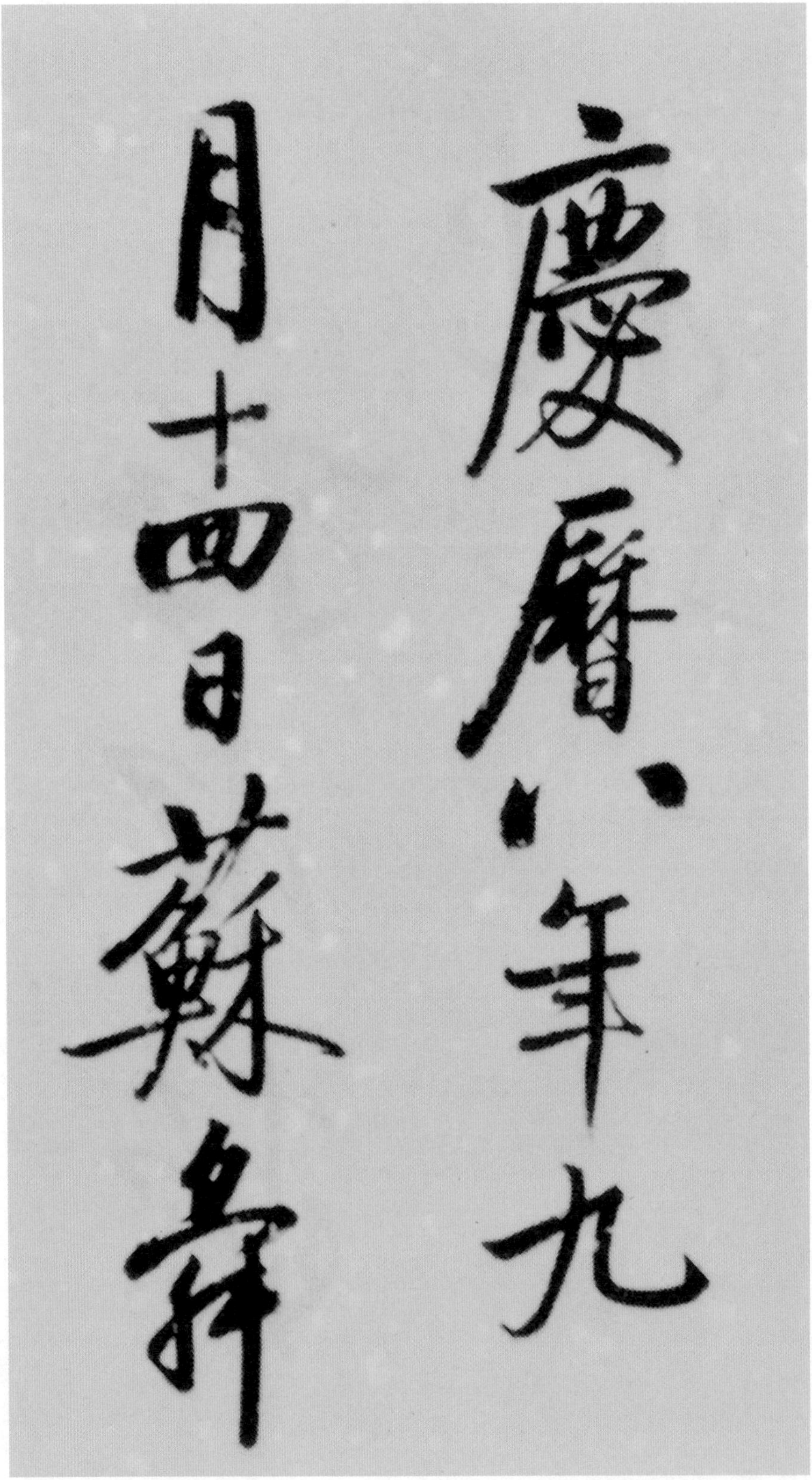
慶曆八年九
月十四日蘇舜

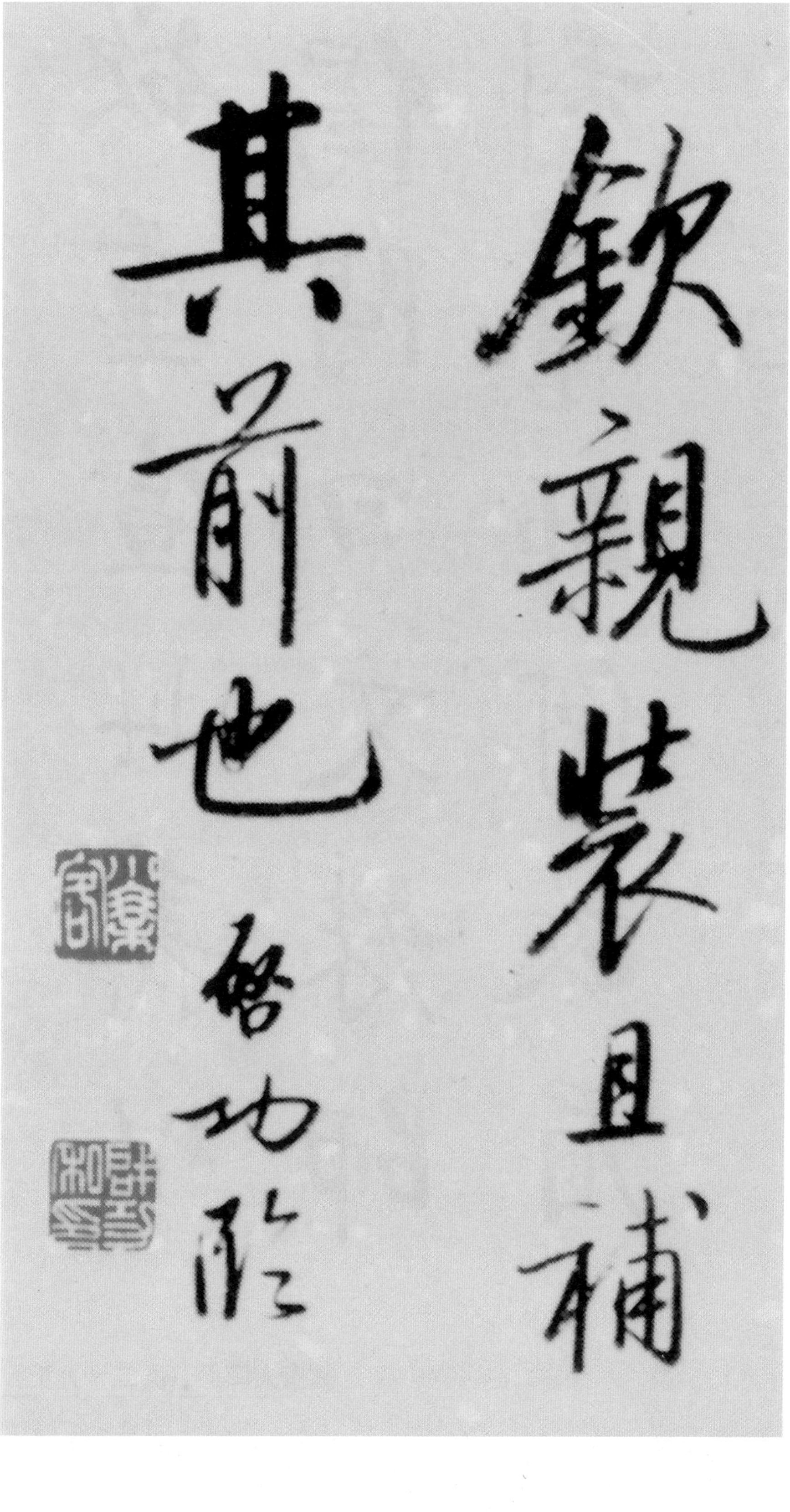
欽覲裝且補
其前也
啟功臨

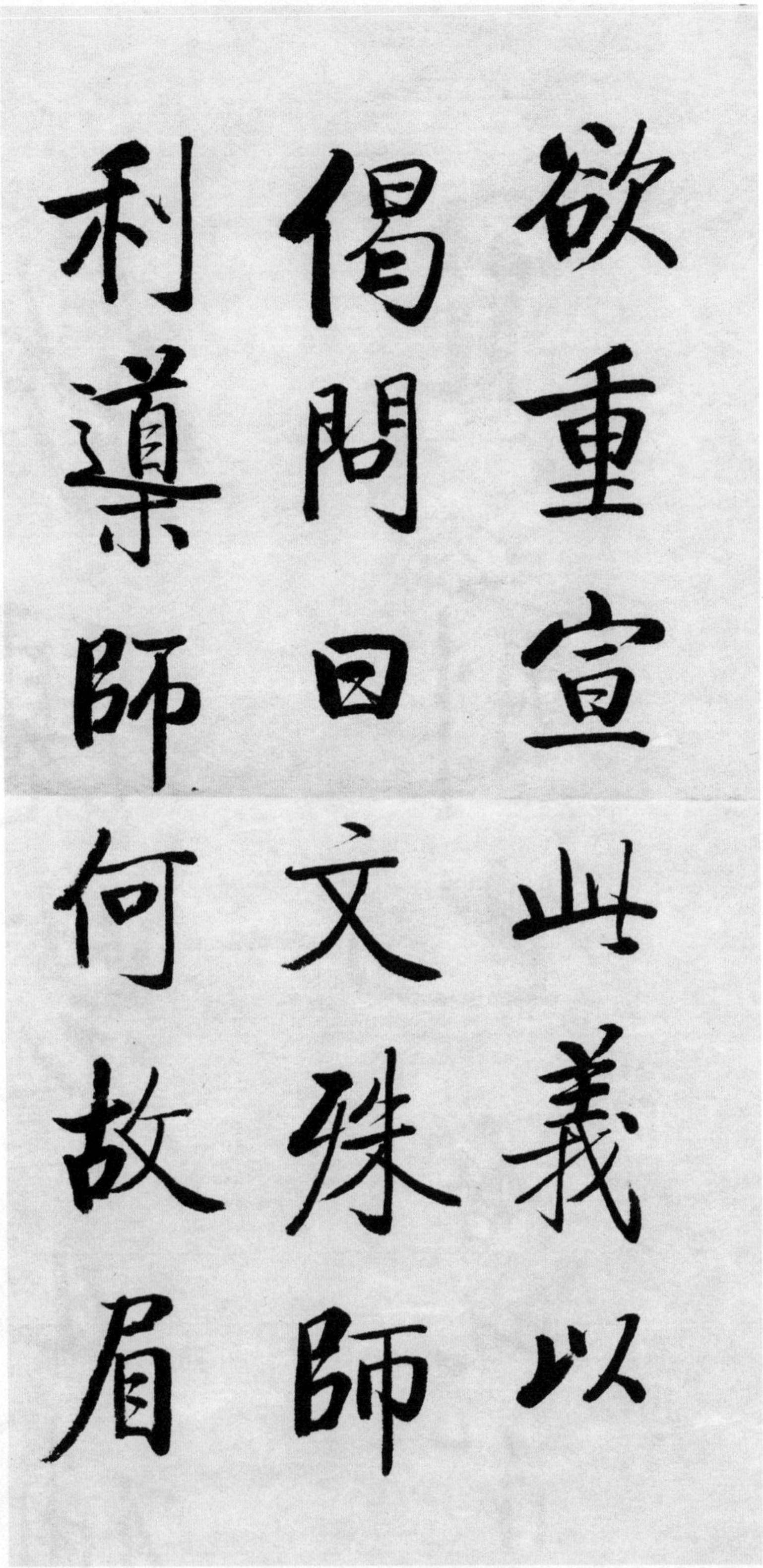
欲重宣此義以
偈問曰文殊師
利導師何故眉

临唐人写经（共二十九页）

一九八八年作　墨笔纸本

間白豪大光普照雨曼陁羅曼殊沙華栴檀香

風悅可衆心以
是目緣地皆嚴
淨而此世界六

種震動時四部
衆咸皆歡喜身
意快然得未曾

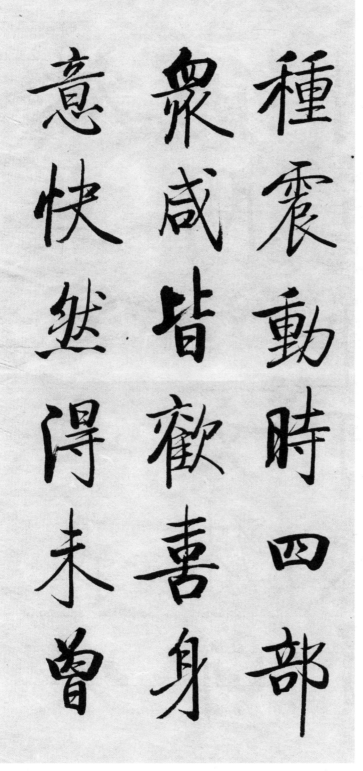

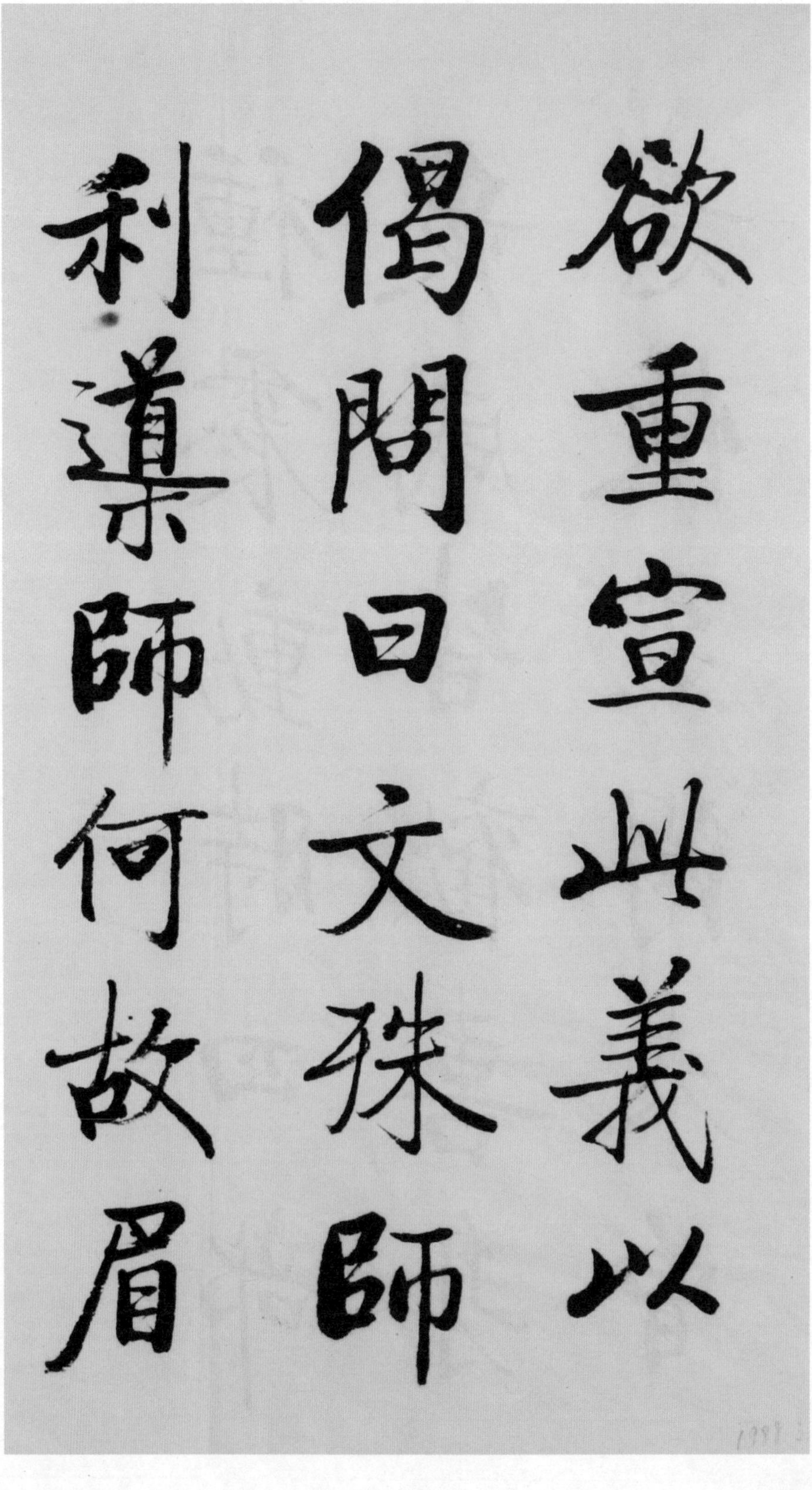
欲重宣此義以
偈問曰文殊師
利導師何故眉

閒白豪大光普
照雨曼陀羅曼
殊沙華栴檀香

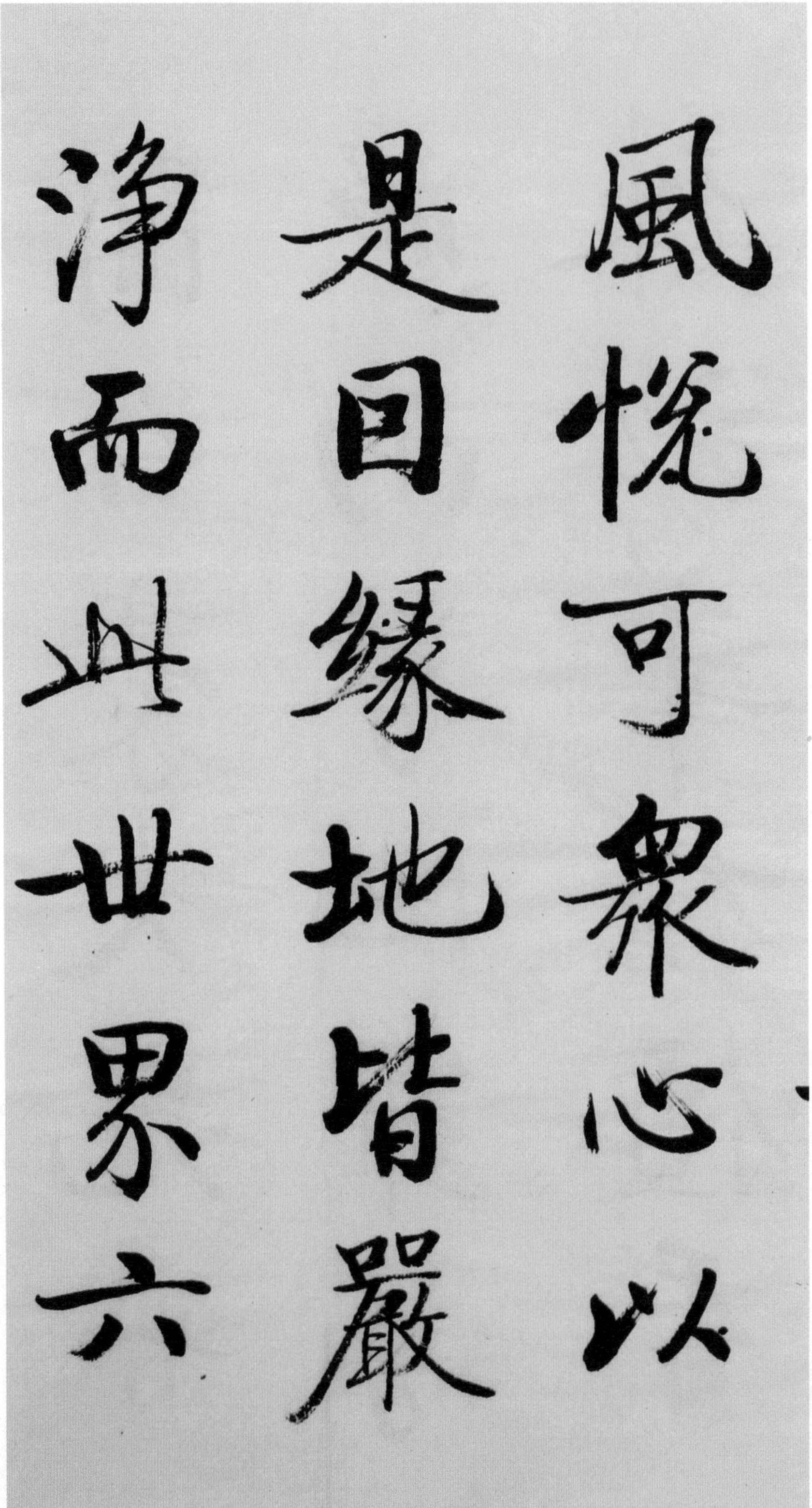
風恍可衆心以
是曰緣地皆嚴
淨而此世界六

種震動時四部
衆咸皆歡喜身
意快然得未曾

有眉間光明照
于東方万八千
土皆如金色從

阿鼻獄上至有
頂諸世界中六
道衆生生死所

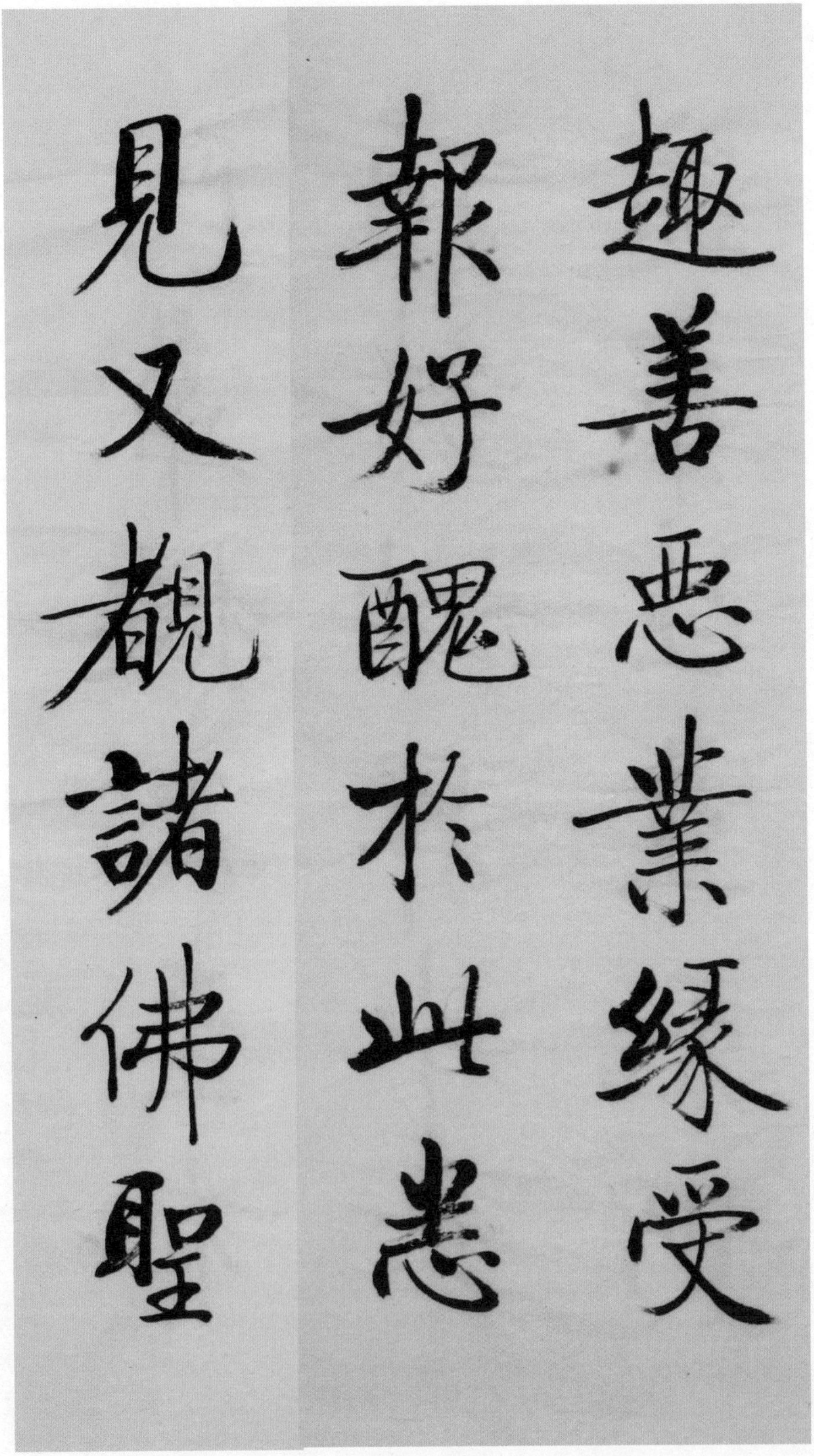
趣善惡業緣受
報好醜於此悲
見又觀諸佛聖

主師子演說經
典微妙第一其
聲清淨出柔軟

音教諸菩薩无
上慧說為淨道
文殊師利我住

於此見聞若斯
及千億事如是
衆多今當略說

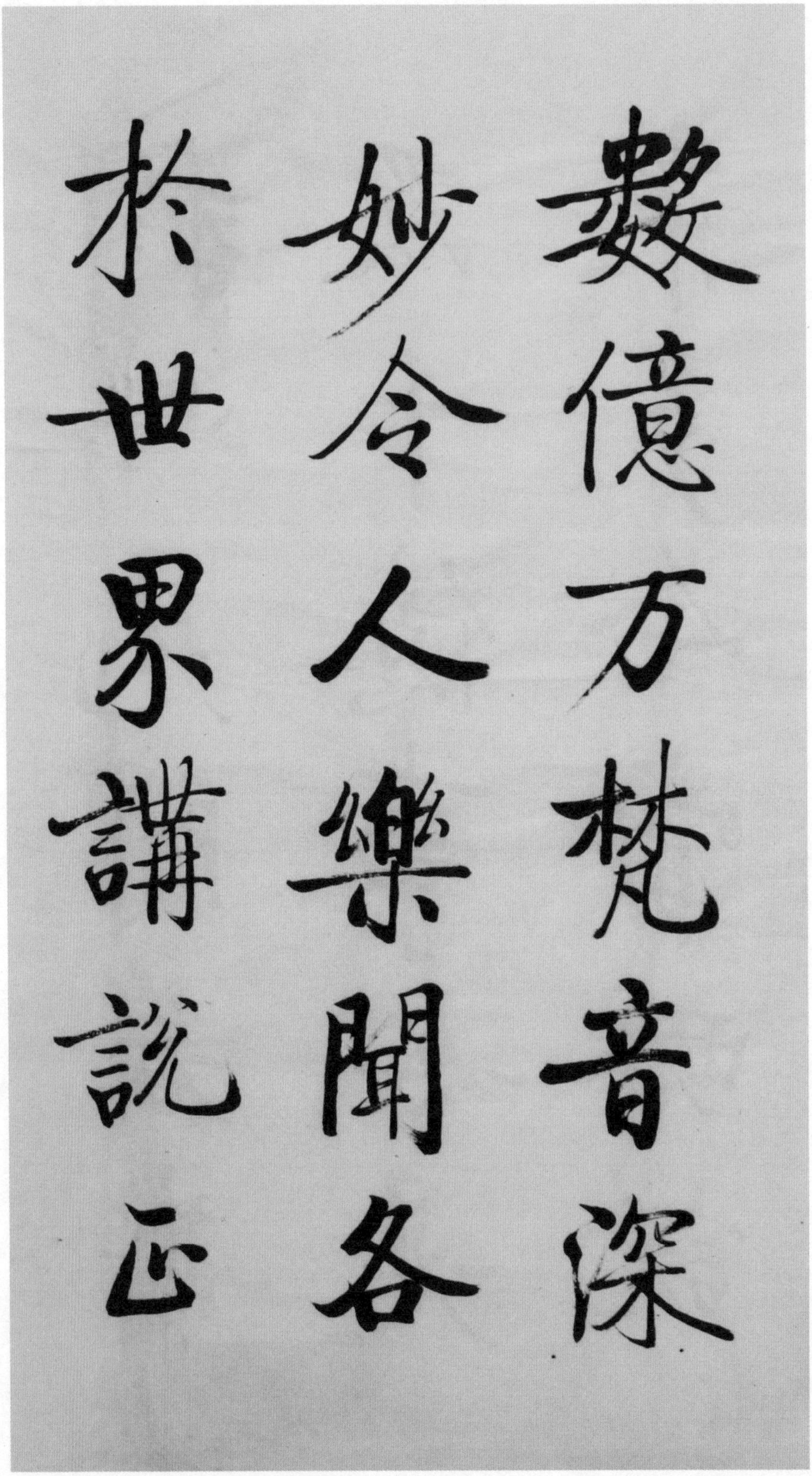
數億万梵音深
妙令人樂聞各
於世界講說正

法種種因緣以
无量喻照明佛
我見彼土恒沙

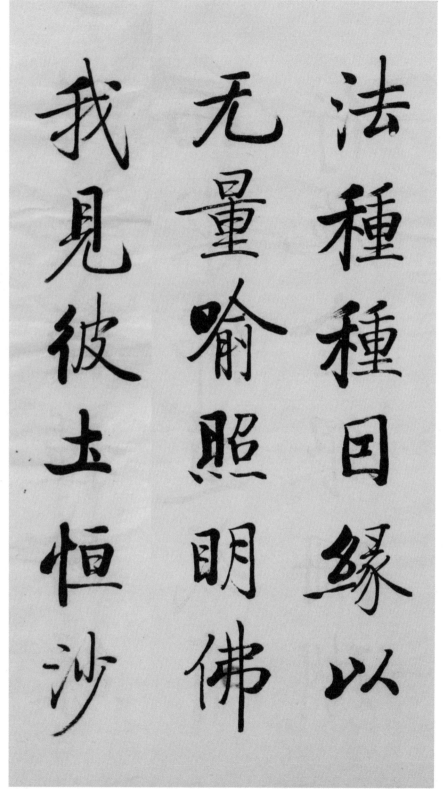

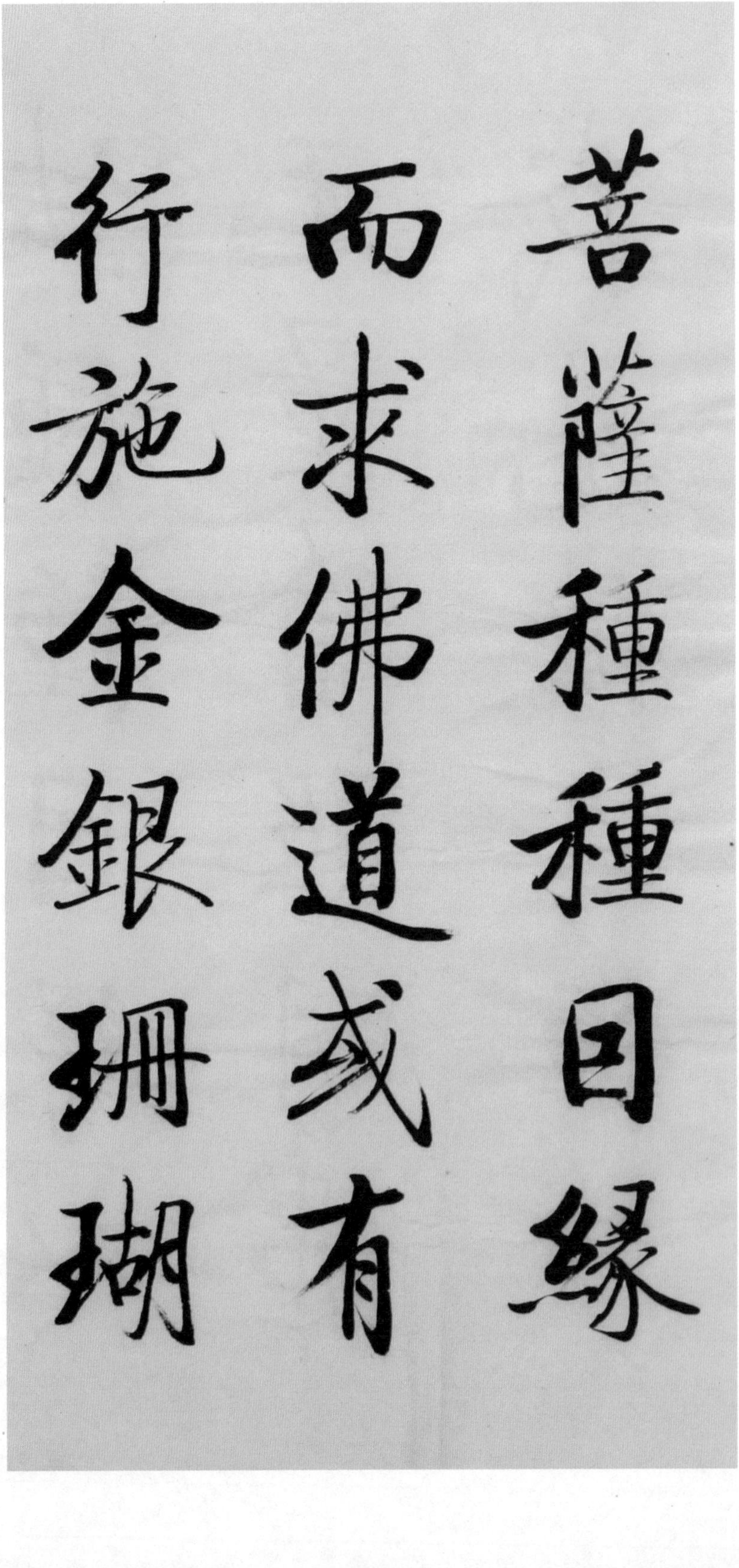
菩薩種種因緣
而求佛道或有
行施金銀珊瑚

真珠摩尼車渠
馬瑙金剛諸珎
奴婢車乘寶餝

輦輿歡喜布施
迴向佛道願得
三界第一諸佛

所嘆或有菩薩
身肉手足及妻
子施求无上道

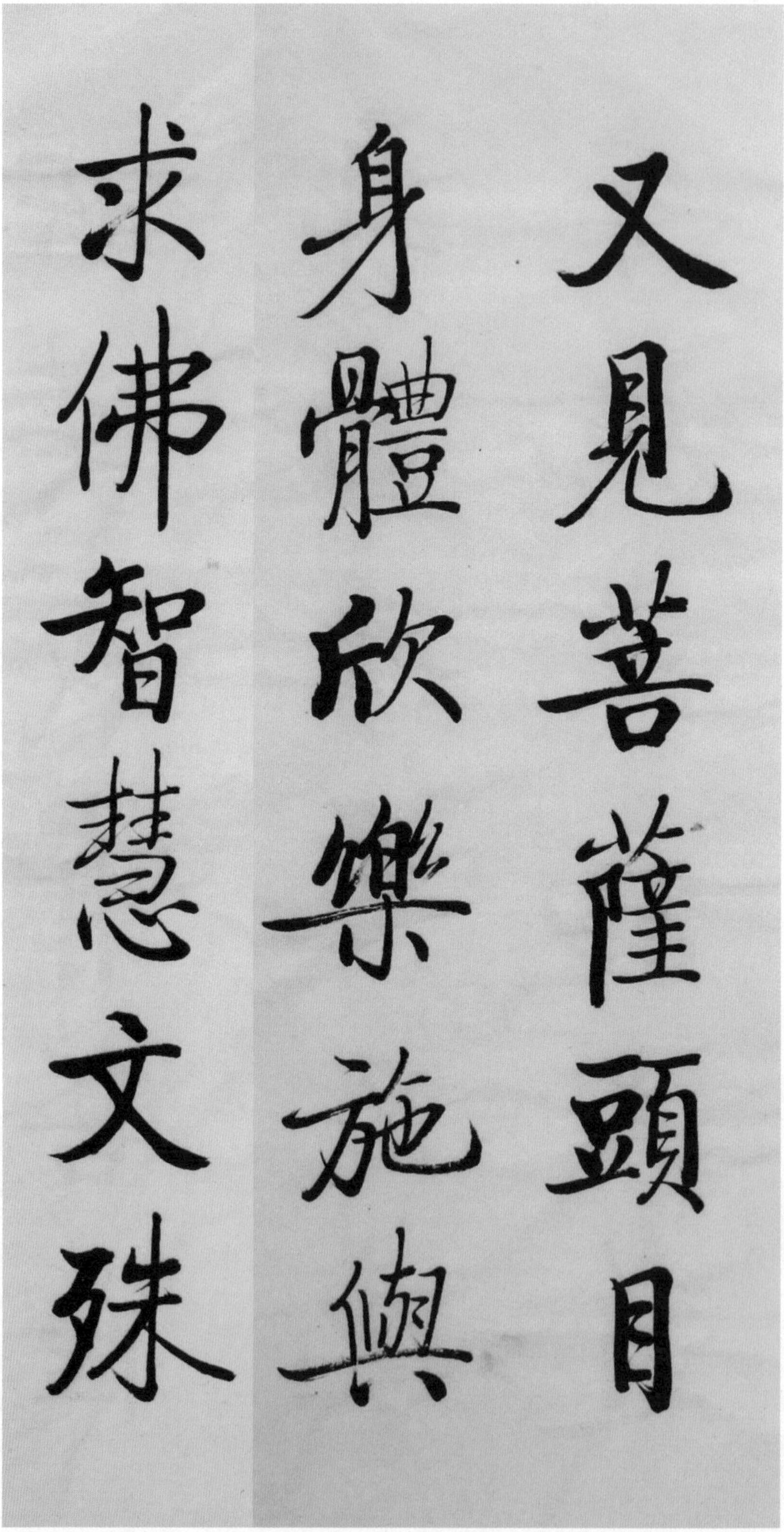
又見菩薩頭目
身體欣樂施與
求佛智慧文殊

師刹我見諸王
往詣佛所問无
上道便捨樂土

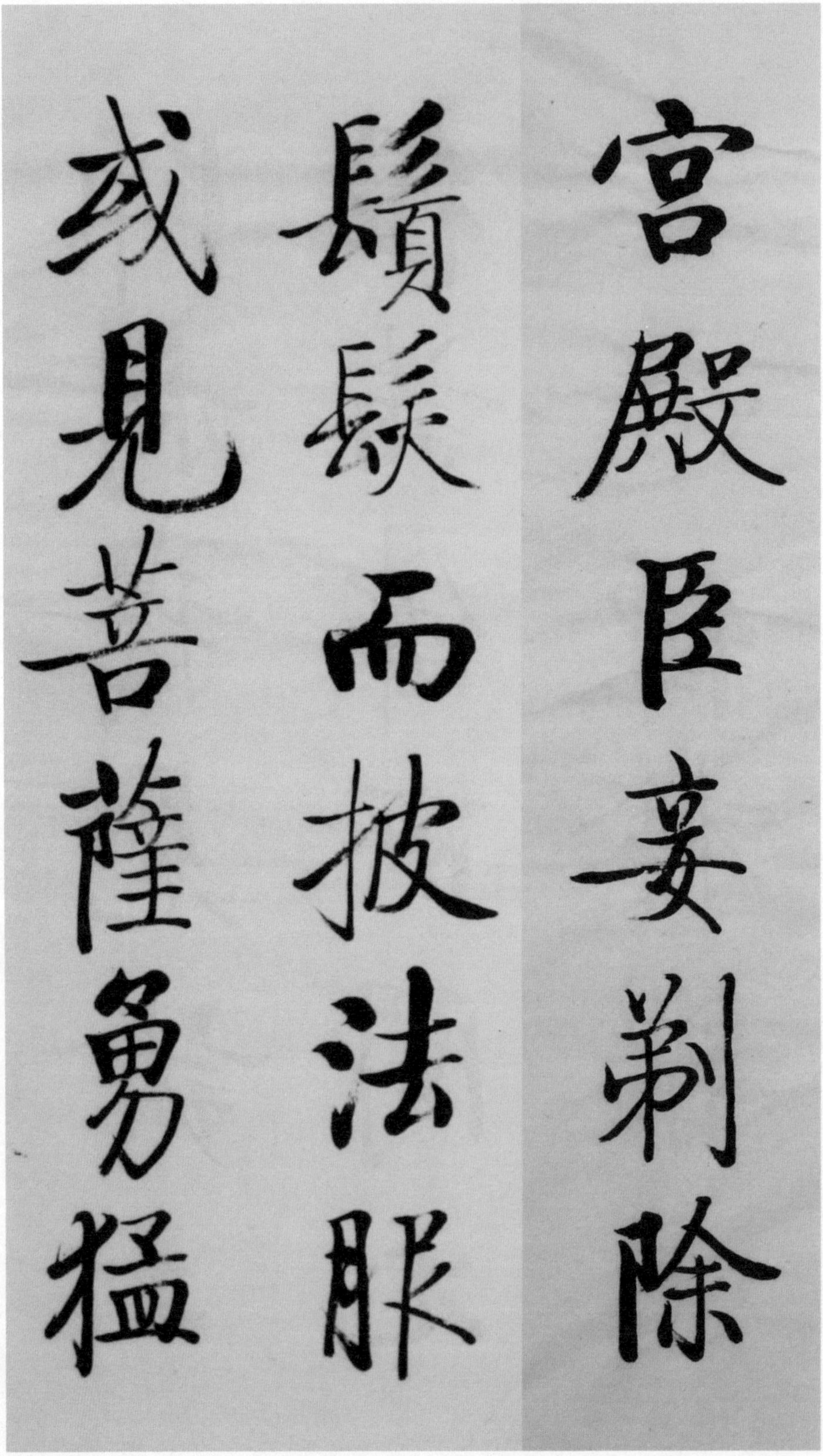
宫殿臣妾剃除
鬚髮而披法服
或見菩薩勇猛

精進入於深山
思惟佛道又見
離欲常處空閑

深脩禪定得五
神通又見菩薩
安禪合掌以千

万偈讚諸法王
復見菩薩智深
志固能問諸佛

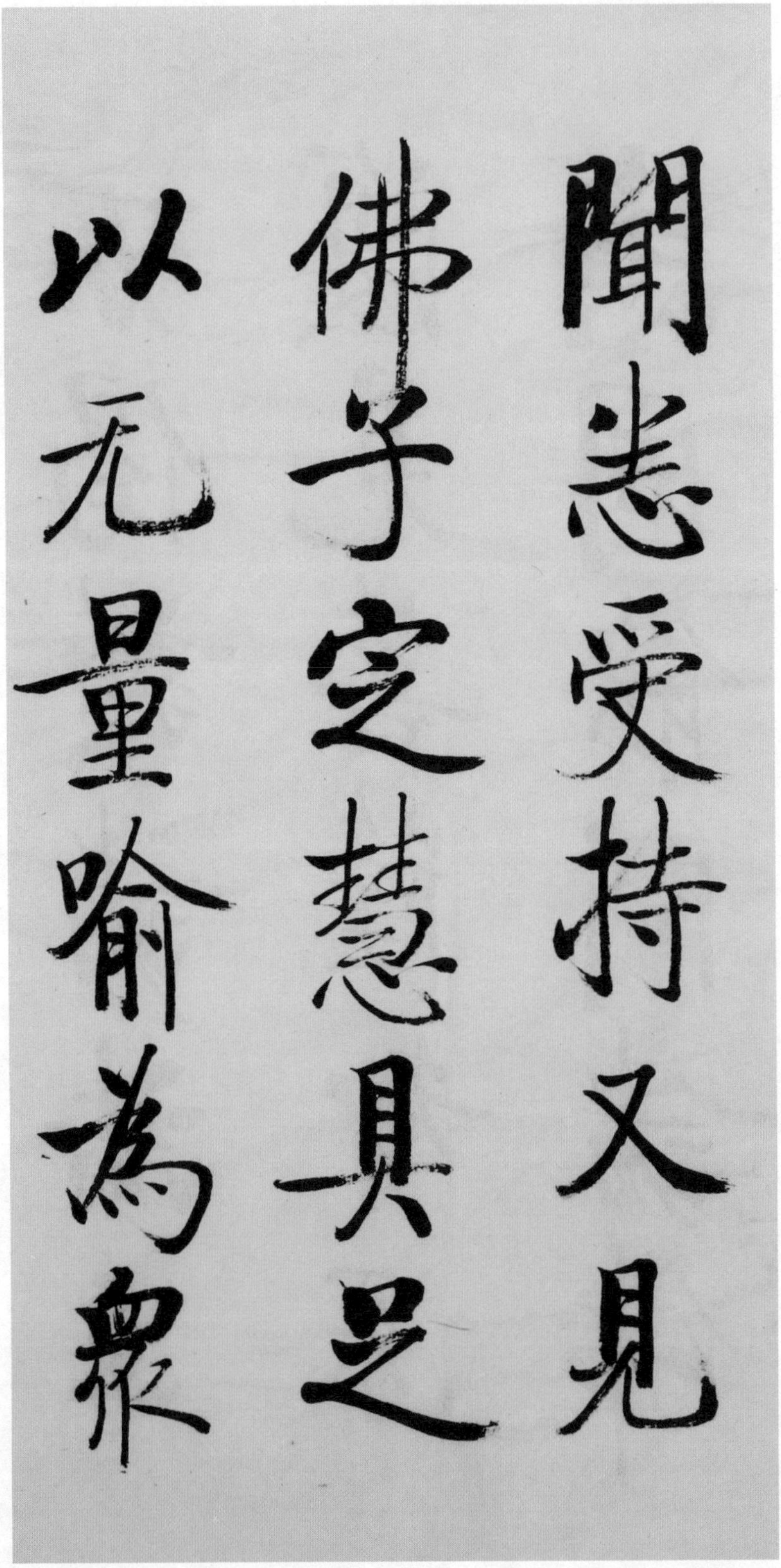
聞悲受持又見
佛子空慧具足
以无量喻為衆

講法欣樂說法
化諸菩薩破魔
兵眾而擊法鼓

又見菩薩寂然
宴嘿天龍恭敬
不以為喜又見

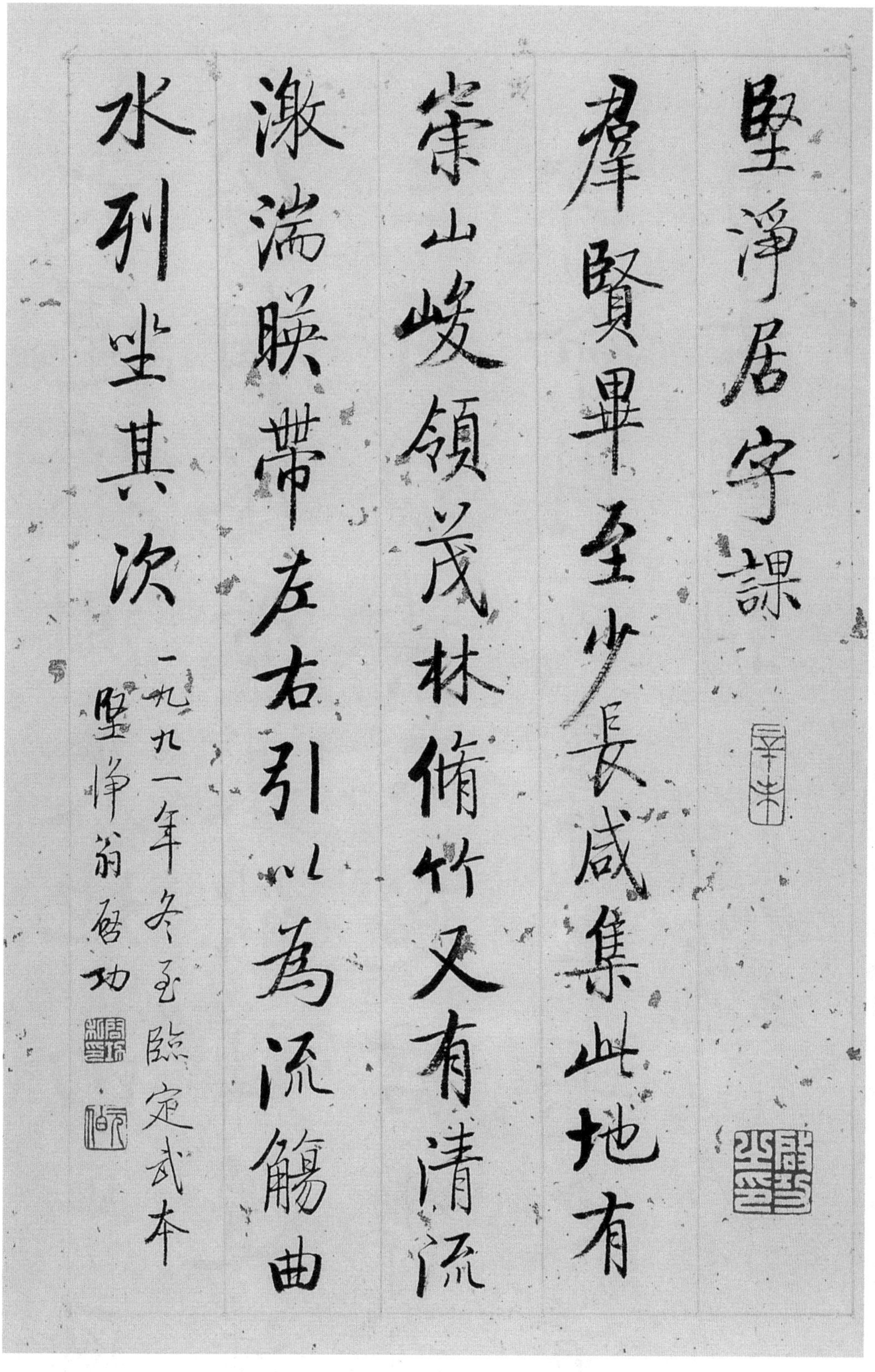
堅淨居字課
羣賢畢至少長咸集此地有
崇山峻領茂林脩竹又有清流
激湍暎帶左右引以為流觴曲
水列坐其次
一九九一年冬至臨定武本
堅淨翁啟功

坚净居字课（共二十七页）

一九九一年作　彩纸墨笔

大運不測天地兩平風
俗相承帝基能厚道清
三百鴻業六超君壽九
霄命周成筭玄無之道
自古興明

大觀帖節撫廟堂碑
故有諱字闕筆

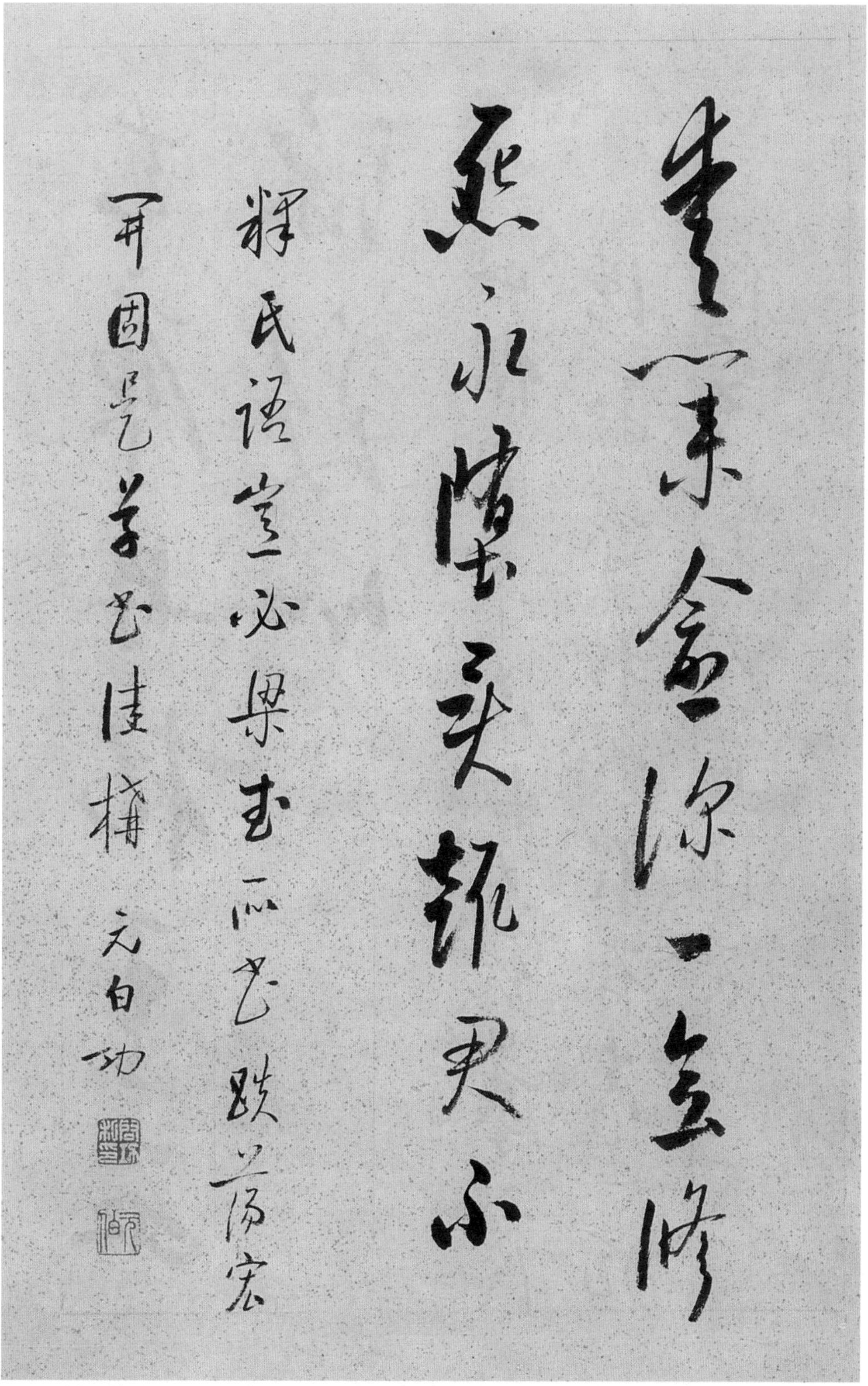

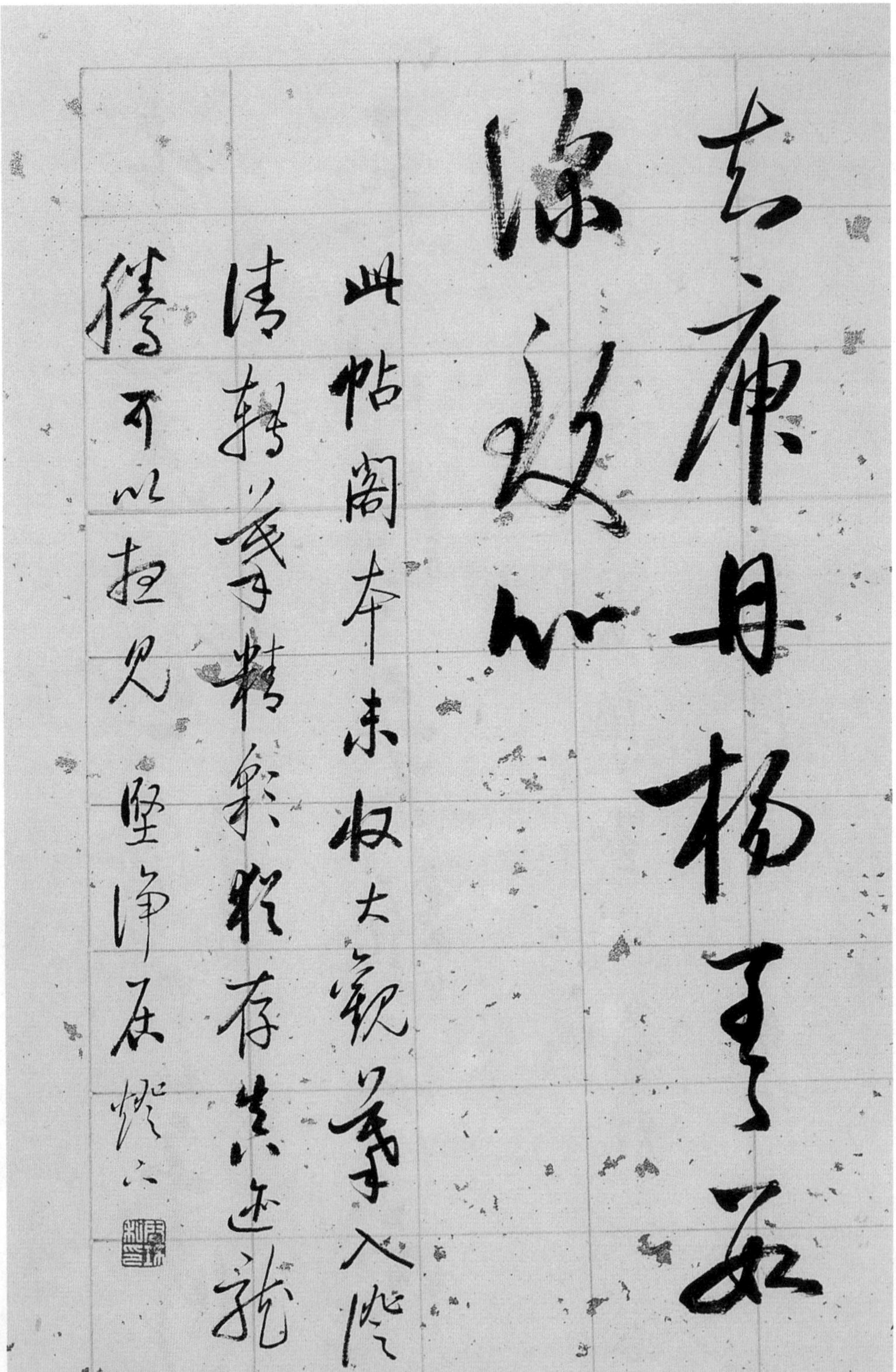
此帖閣本未收
可以想見
堅淨居

秋如上月唯省
一書之不足慰懷
深矣下情素有
臨大觀太清樓本 元白功

書曰爾唯弗矜天下莫與汝爭
功爾唯不伐天下莫與汝爭能以
齊桓公之盛業片言勤王則九
合諸侯一匡天下葵丘之會微
有振矜而叛者九國

功記

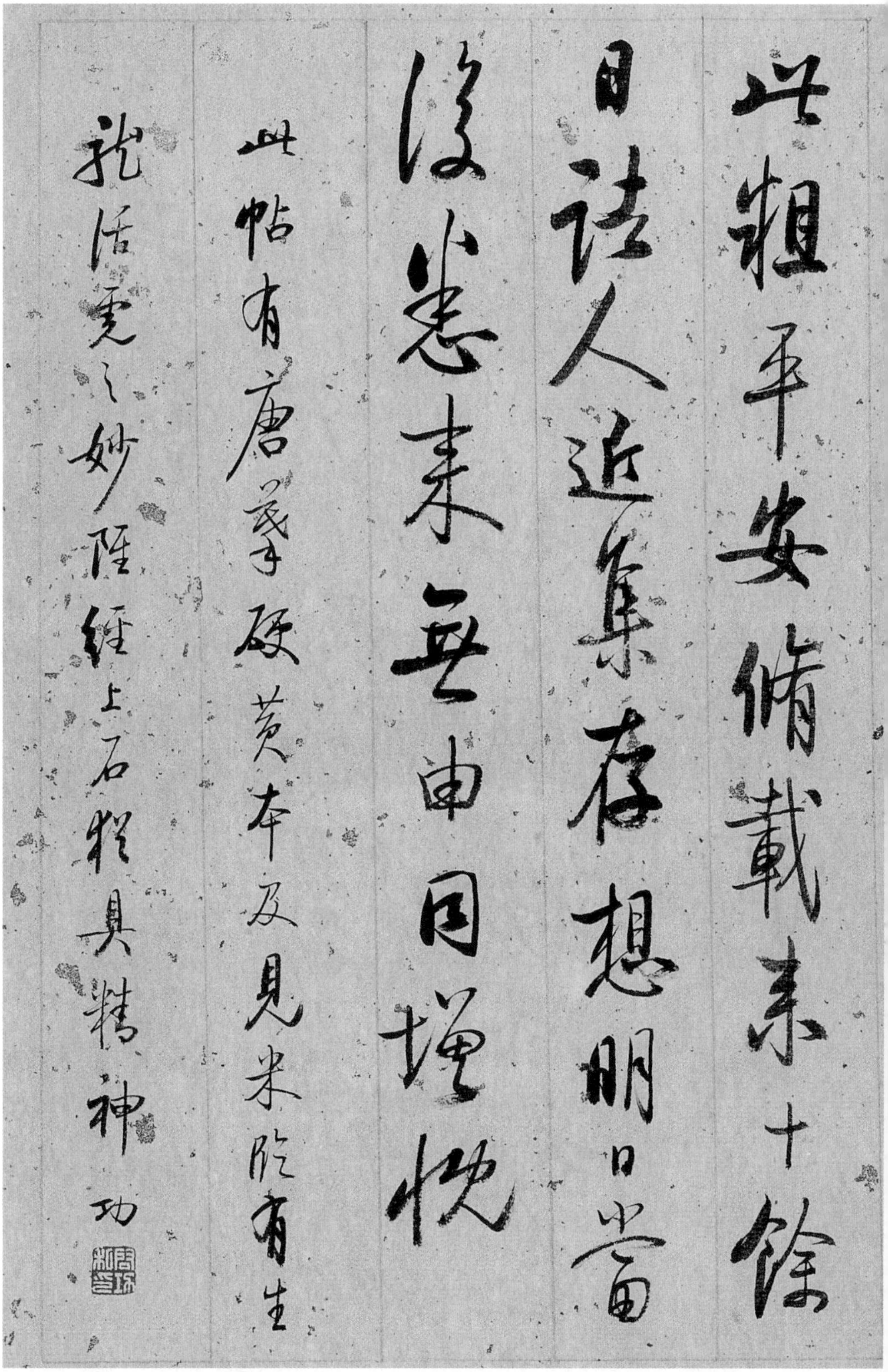
此粗平安脩載來十餘
日諸人近集存想明日當
復悉來無由同增慨
此帖有唐摹跋黄本及見米臨有生
龍活虎之妙隆經上石粗具精神功

近奉阿姑告為平安
極慰人意數工以遂不
堪暑氣力恒惙想是惡
風大都將息近似小都

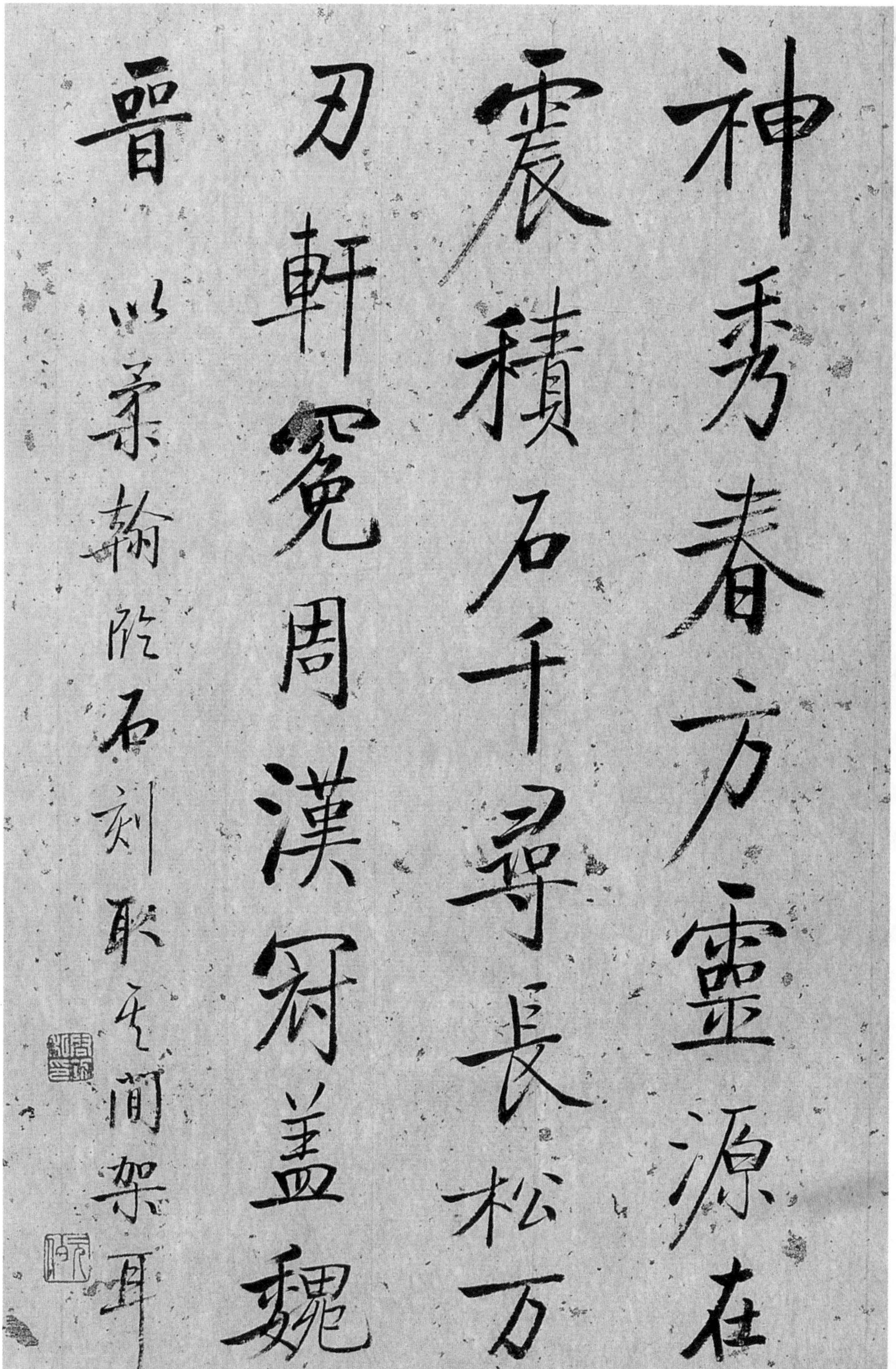
神秀春方靈源在
震積石千尋長松万
刃軒冕周漢冠蓋魏
晋
以柔翰臨石刻聊充間架耳

以知見為妙門寂淨為
正味慈忍為甲盾慧斷
為劍矛破內魔之高壘
陷外賊之堅陣鎮撫邪
雜解釋縲籠

臨裴休書
啓功

盧浩然隱君嵩山十志盧本
名鴻高士也能八分書善製山
水樹石隱于嵩山盧開元初徵拜
諫議大夫不受賜楊凝式書

歲次辛未臘月習字廿四紙啓功

或謂子列子曰子奚貴虛列子曰虛者
無貴也子列子曰非其名也莫如靜莫
如虛靜也虛也得其居矣取也與也
失其所事之破碼而後有舞仁義者
弗能復也

大觀帖刻蕭子雲書　啓功臨

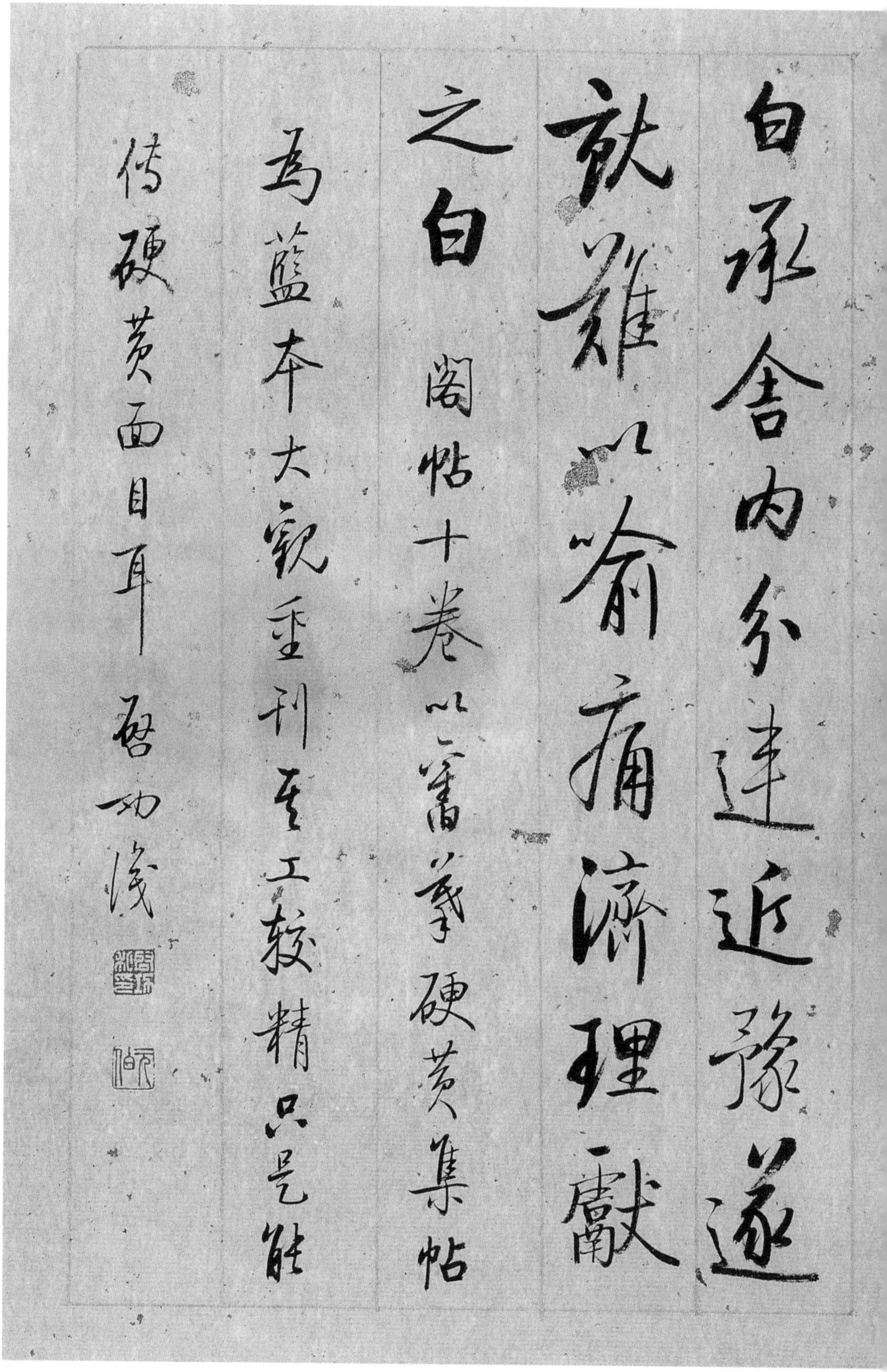
自承舍內分違逆豫遂
就難以喻痛濟理獻
之白
閣帖十卷以當年硬黃集帖
為藍本大觀重刊至工較精只是能
傳硬黃面目耳 啟功

并州地處叅墟城臨晉水作固同於西蜀設險類於東泰寔山河之要衝信蕃服之襟帶授并州揔管府司馬

碑文泰為秦之誤　啓功臨并識

天潢疏潤圓折浮夜光之采若木分暉穠華照朝陽之色故能聰穎外發閑明內映訓範生知尚觀箴於女史言容成則猶習禮於公宮

汝南誌墨迹本雖出鉤摹神彩猶在

五月二日濟白正及羗帝白
不見慌奴主隆不李岳之而
夜夏日隆却乎至豆何敢初
不李音道

樓蘭出土晉人殘箋宜呢証西岳走觀

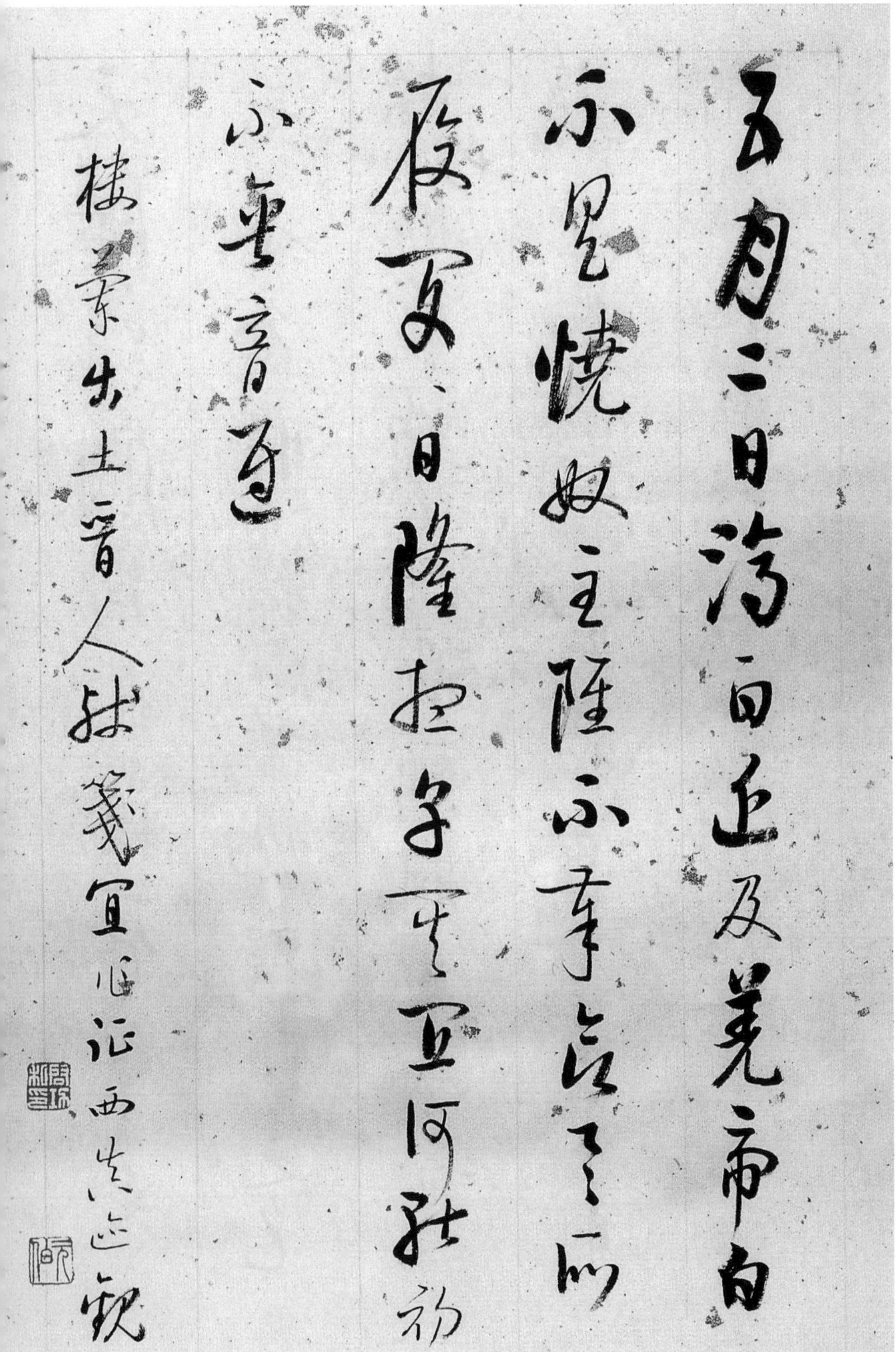

仁慈隱惻造次弗離節
義廉退顛沛匪虧性靜
情逸心動神疲守真志
滿逐物意移堅持雅操
好爵自縻

臨永師真迹 元白功

在局及汉二美常

佳乃の逸朱修素之

绢本两川带名先生邑人自

今当弟之本季

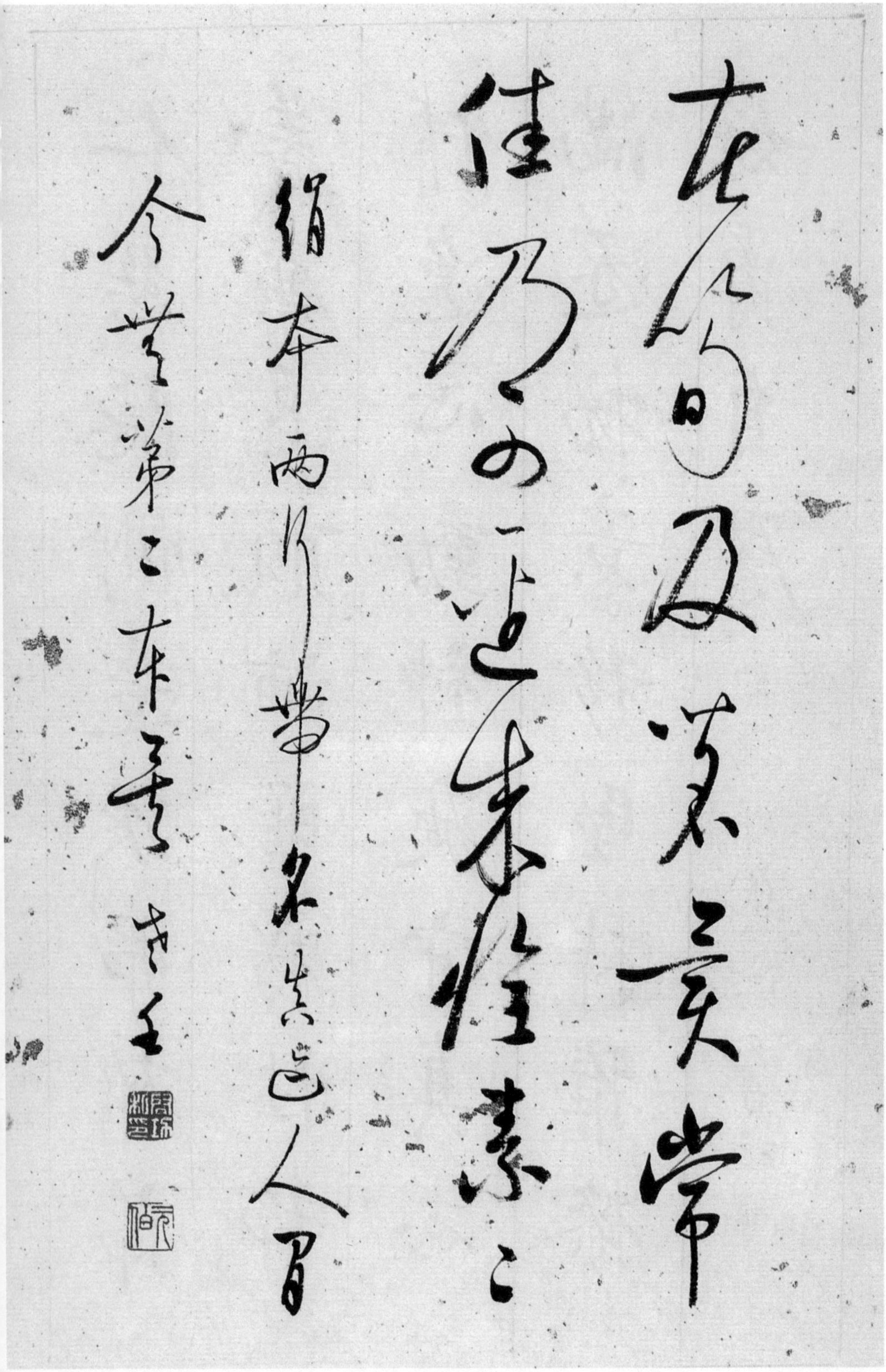

相與胎禽浮亦
唯髣髴事亦微
扉土惟空後蕩
洪流前固重

啓功臨崔鉊
殘字

趣真則滯涉俗則
流象狂猿輕鉤檻
莫收柅制刀斷尚
生瘡疣

僧端甫塔銘

堅淨翁臨

幼懷貞敏早悟三空之心長
契神情先苞四忍之行松風
水月未足比其清華仙露明
珠詎能方其朗潤故以智通
無累神測未形

啟功臨

所自极热救惟府君此月
内秋油口力更北停啖麵
只五咨自停也不主孤新丰如
六明啖必采担子日少有你
担惶　大令书堕净弟位

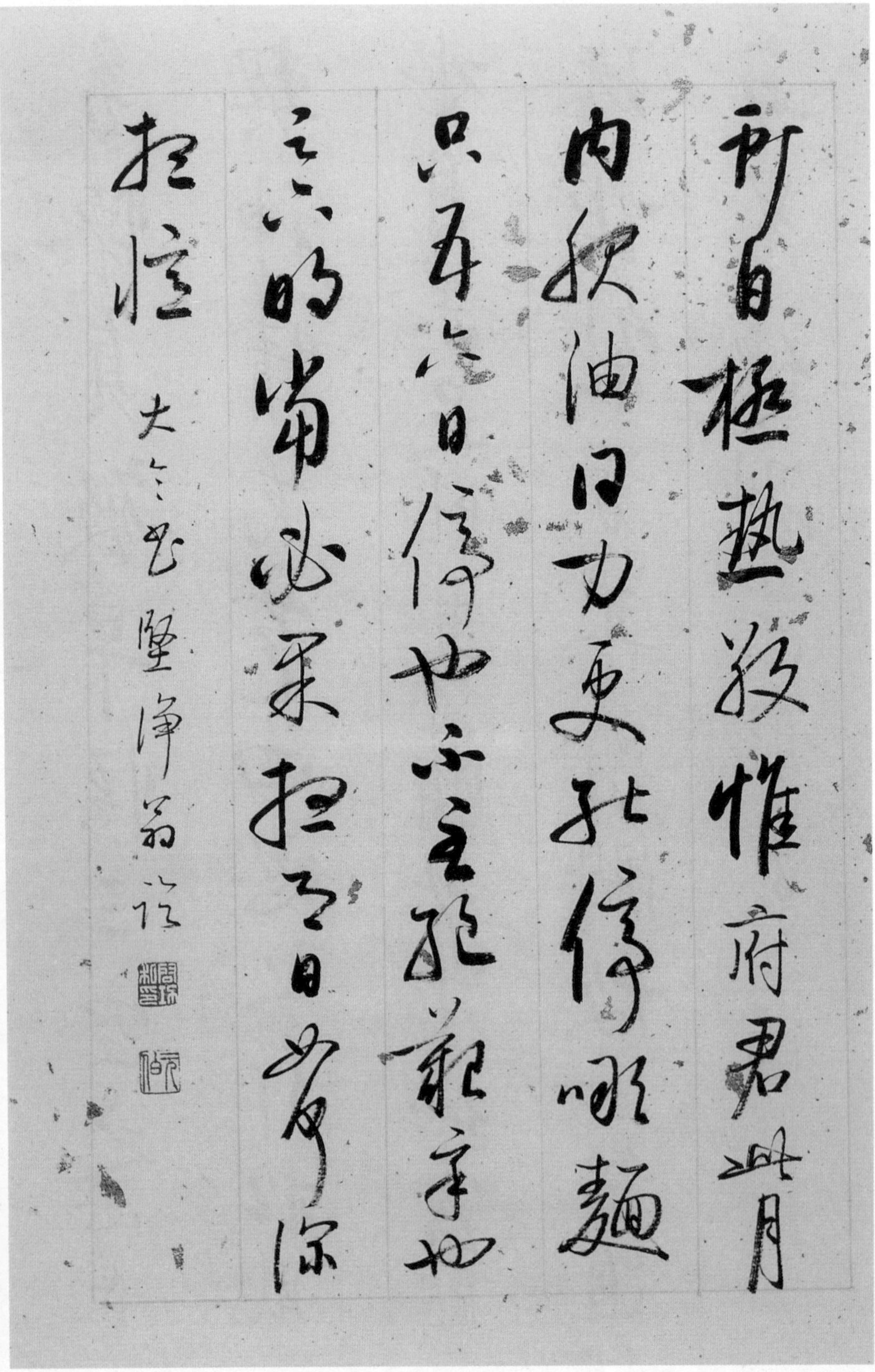

四月廿三日羲之白昨中

不至君可不睡劇憂之

力患不

大觀帖卷六川飞数帖昔人賞为

季襄琢厘者挺笔作之濁不可之

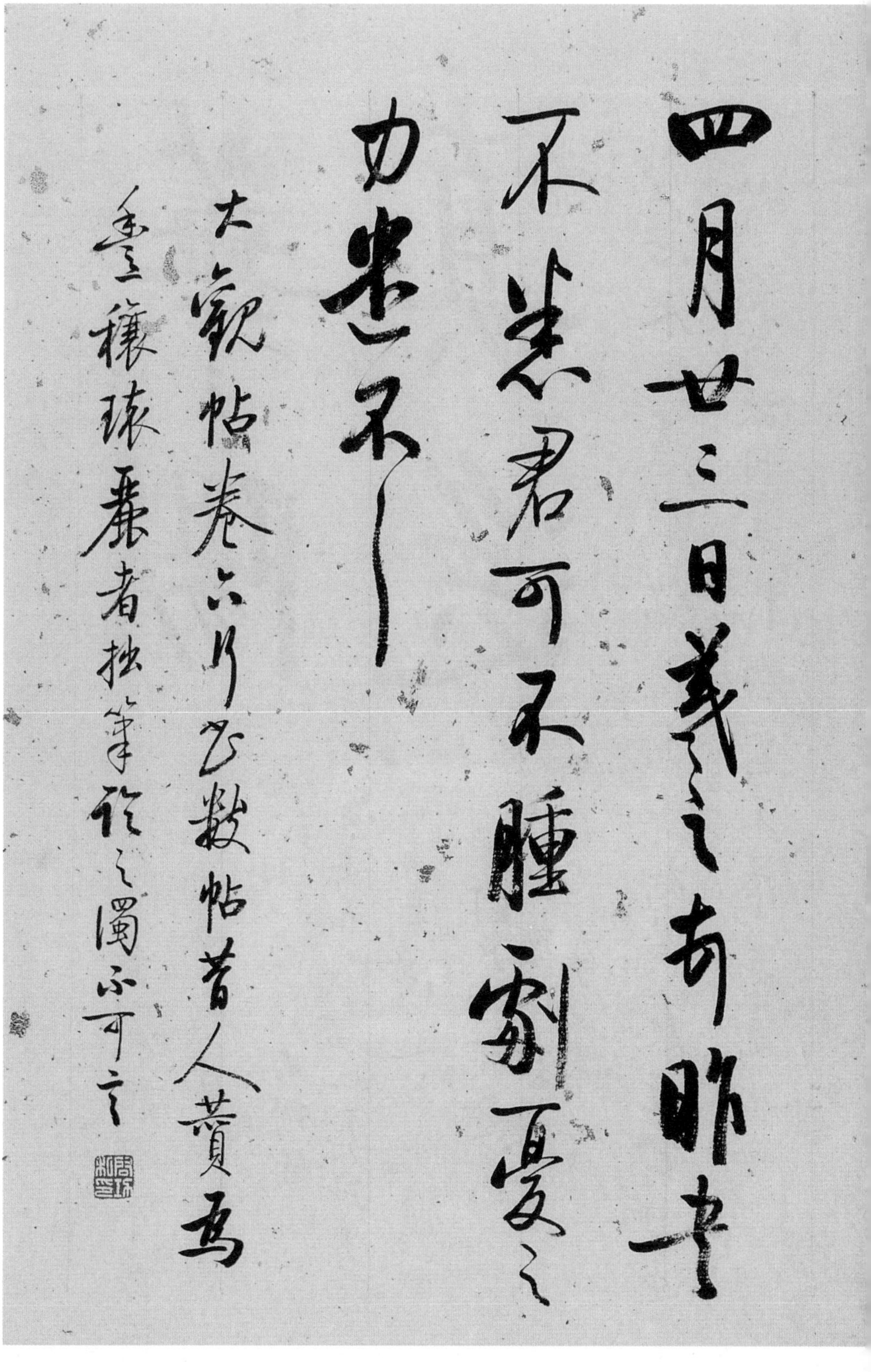

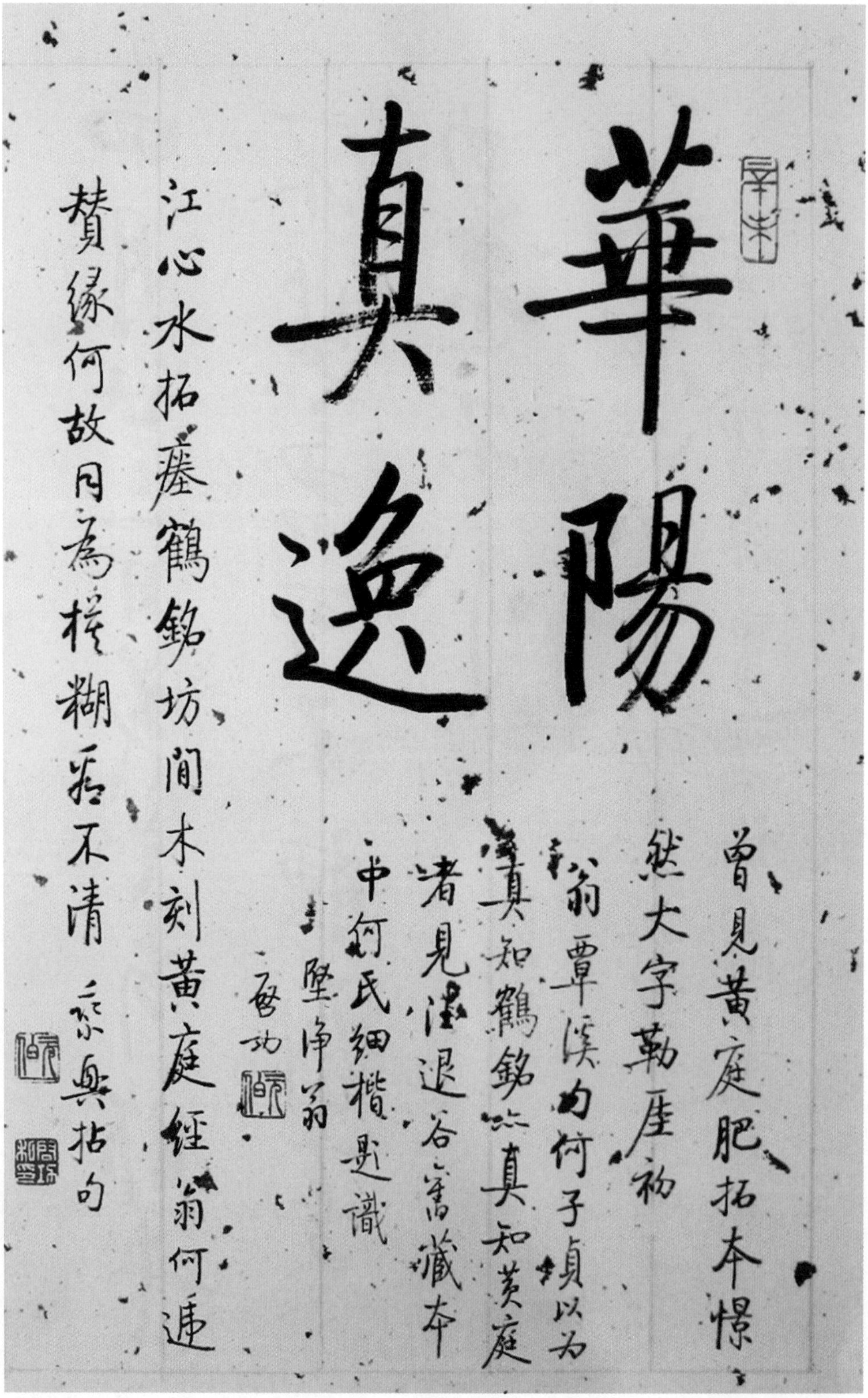
華陽真逸
曾見黃庭肥拓本
憬然大字勒崖初
翁覃溪及何子貞以為
真知鶴銘亦真知黃庭
者見漫退谷舊藏本
中何氏細楷題識
堅淨翁
啓功
江心水拓瘞鶴銘坊間木刻黃庭經翁何遞
贊緣何故同為模糊兩不清
元白拈句

七月廿六日墨出諸白隆。

如弘示矧勇備信至好出

喜虚云亮及什来東言農

勇躬素諸白

征西生述臮此五

十月像未予信

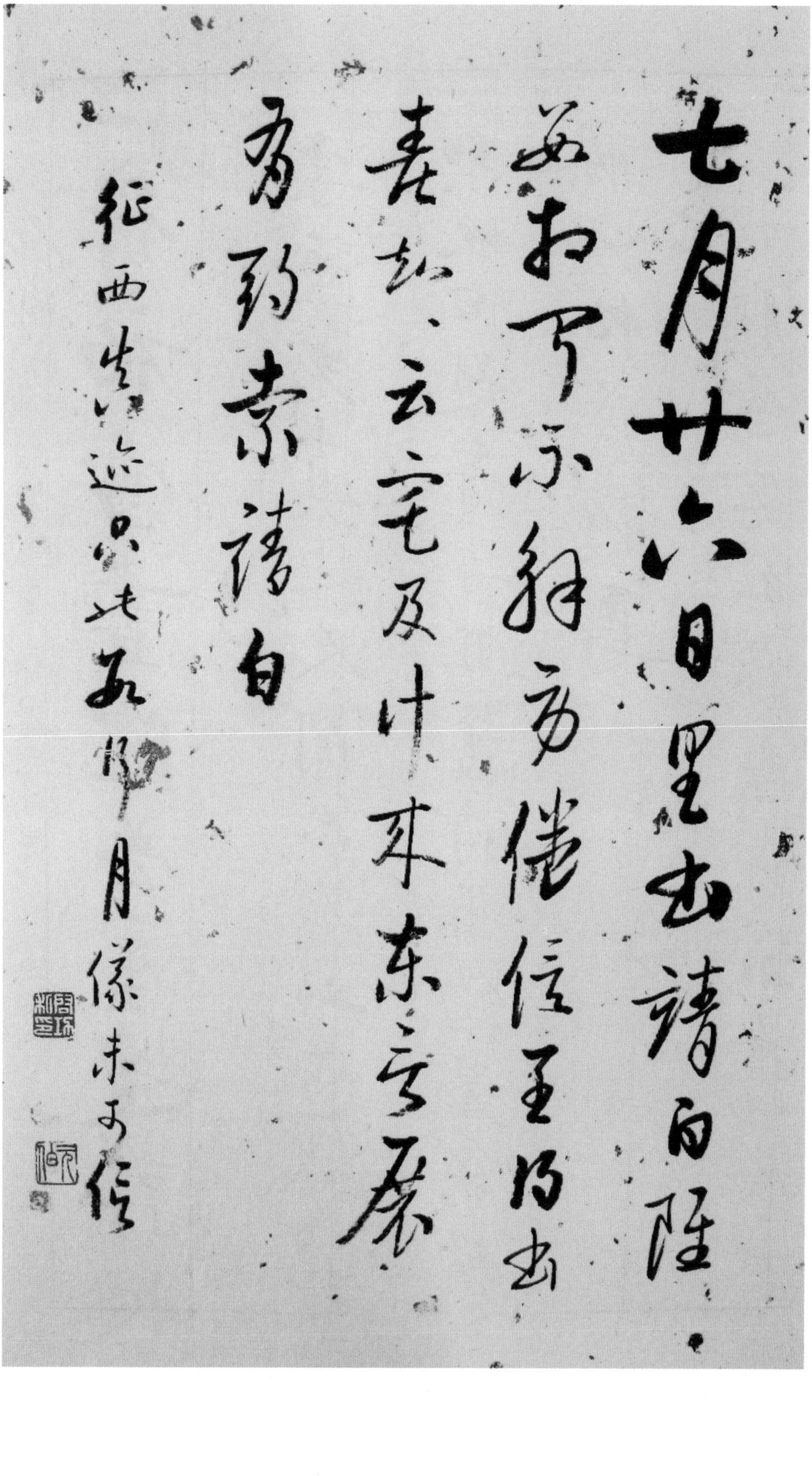

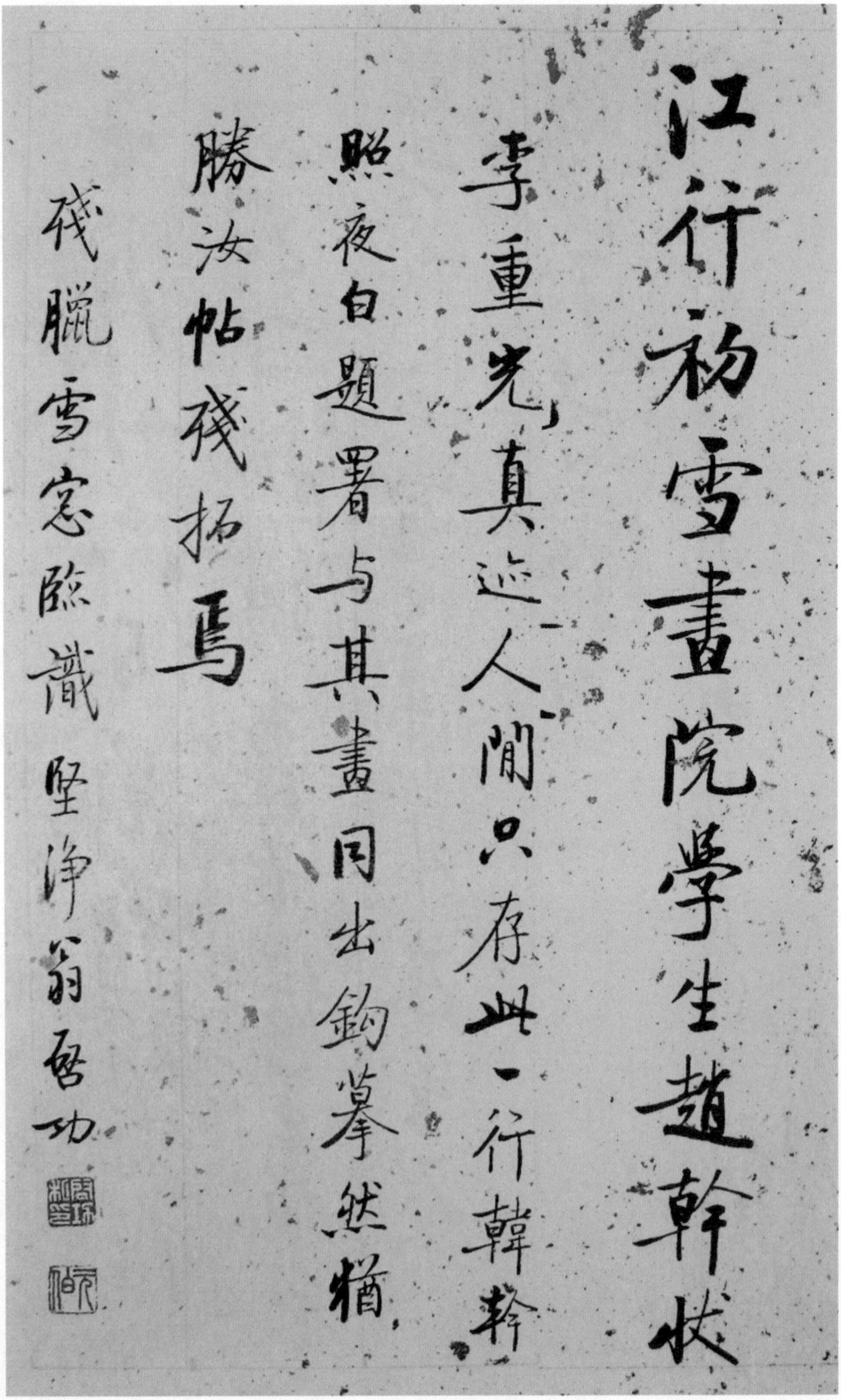
江行初雪畫院學生趙幹狀
李重光真迹人間只存此一行韓幹
照夜白題署与其畫同出鈎摹然猶
勝汝帖殘拓焉
殘臘雪窓臨識堅淨翁啓功

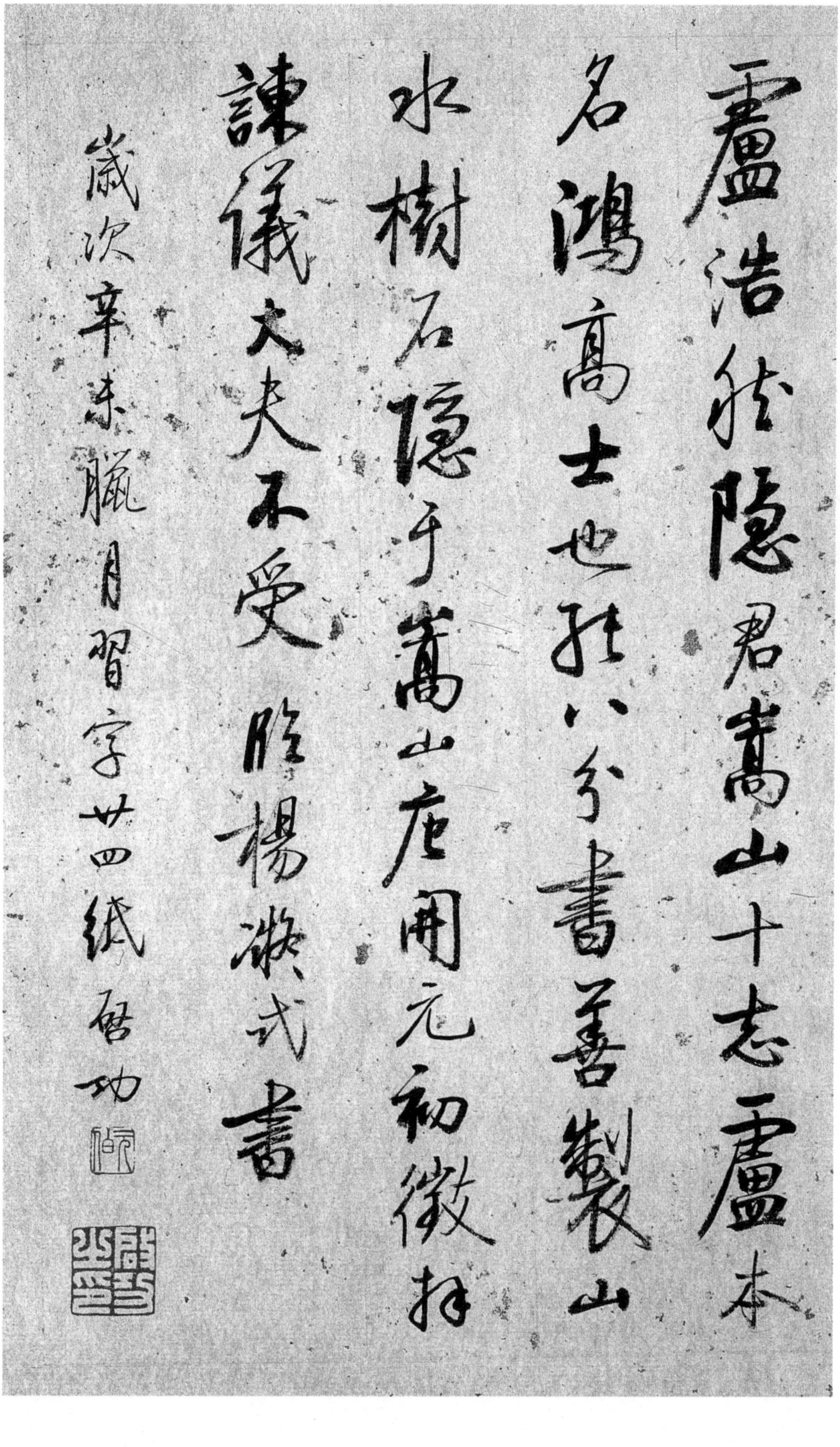
盧浩然隱君嵩山十志盧本
名鴻高士也能八分書善製山
水樹石隱于嵩山唐開元初徵拜
諫議大夫不受臨楊凝式書
歲次辛未臘月習字廿四紙 啓功

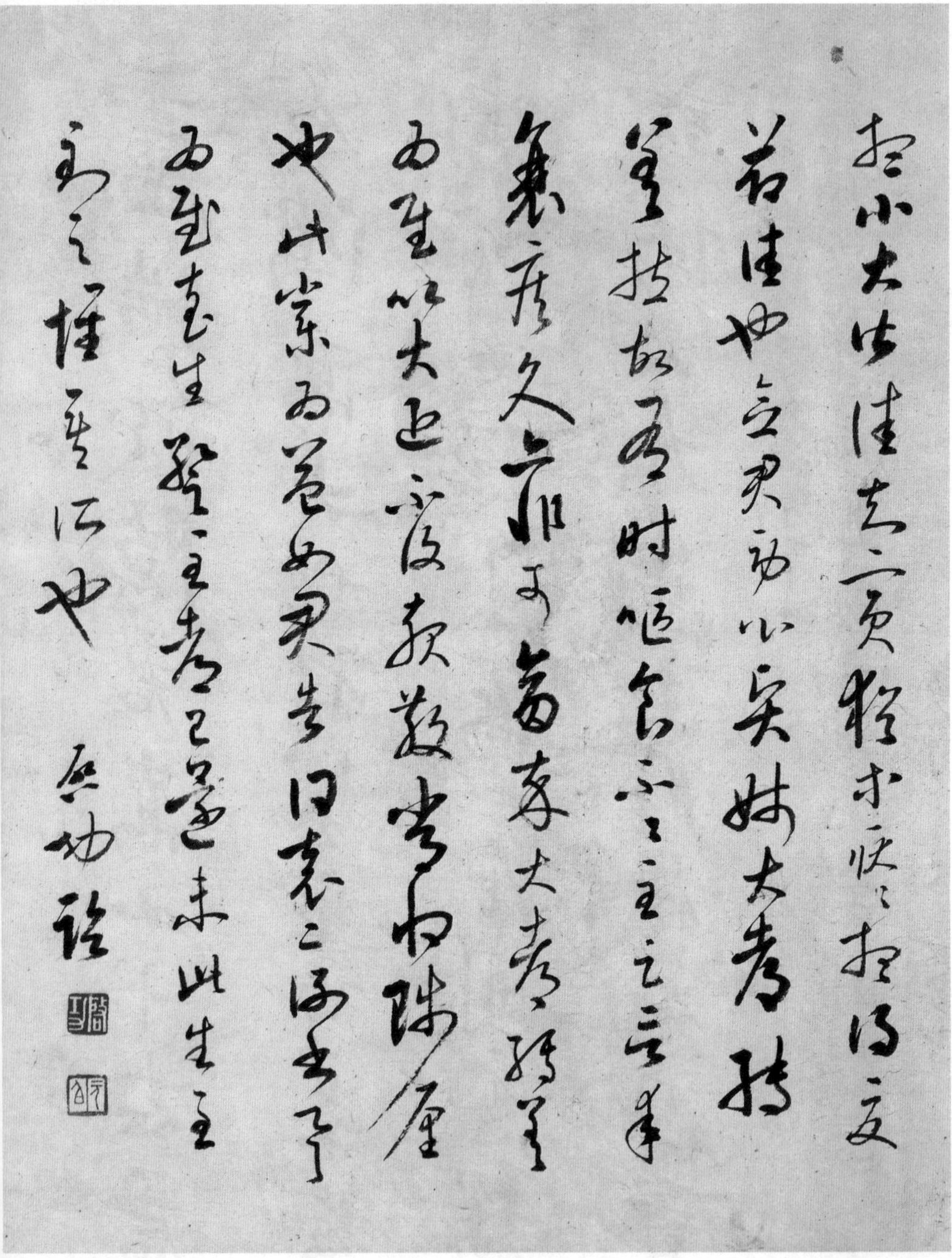

临王羲之帖

墨笔纸本

临急救章

成扇

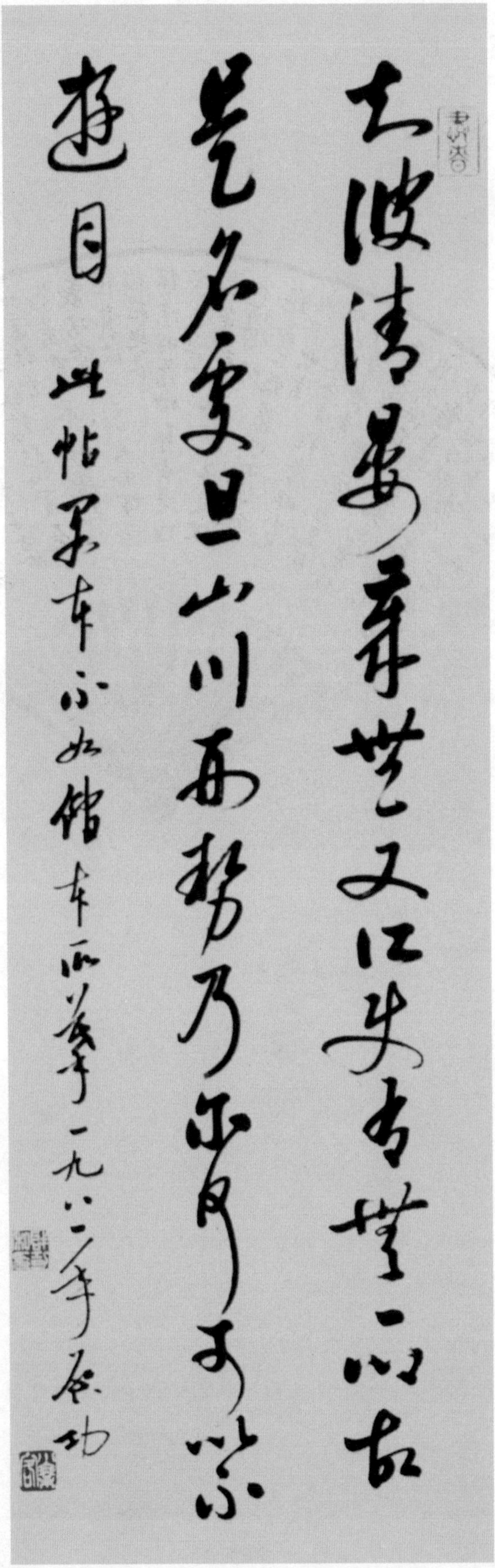

临阁帖参以馆本

一九八一年作　墨笔纸本

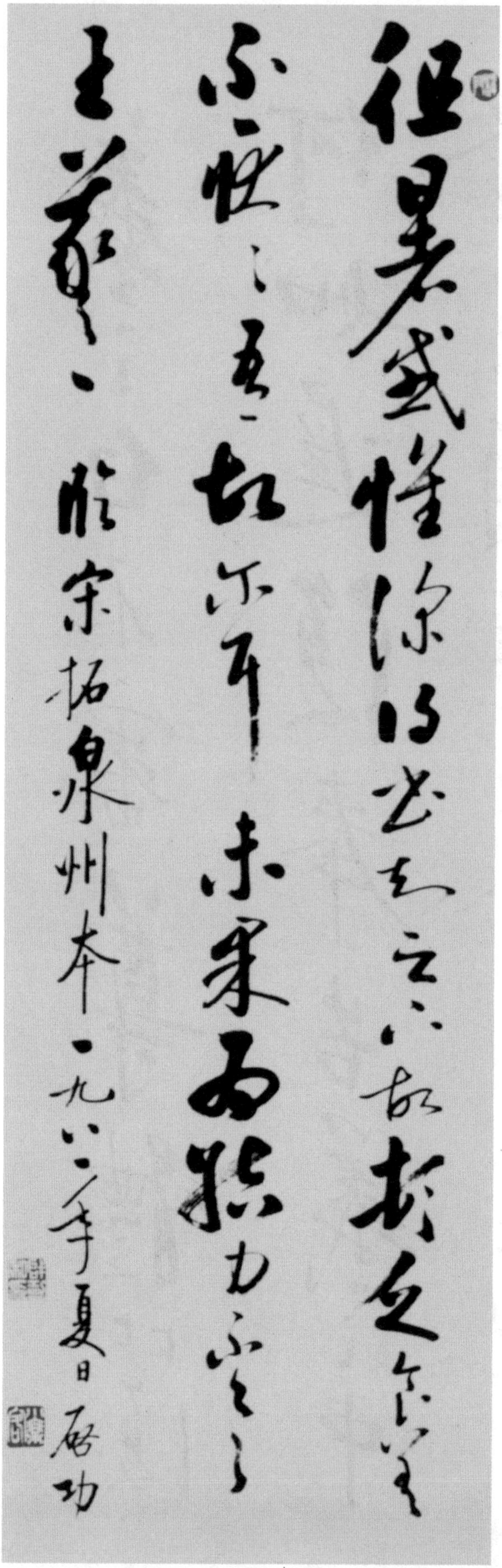
临宋拓泉州本
一九八一年夏日
启功

临泉州本阁帖

一九八一年作　墨笔纸本

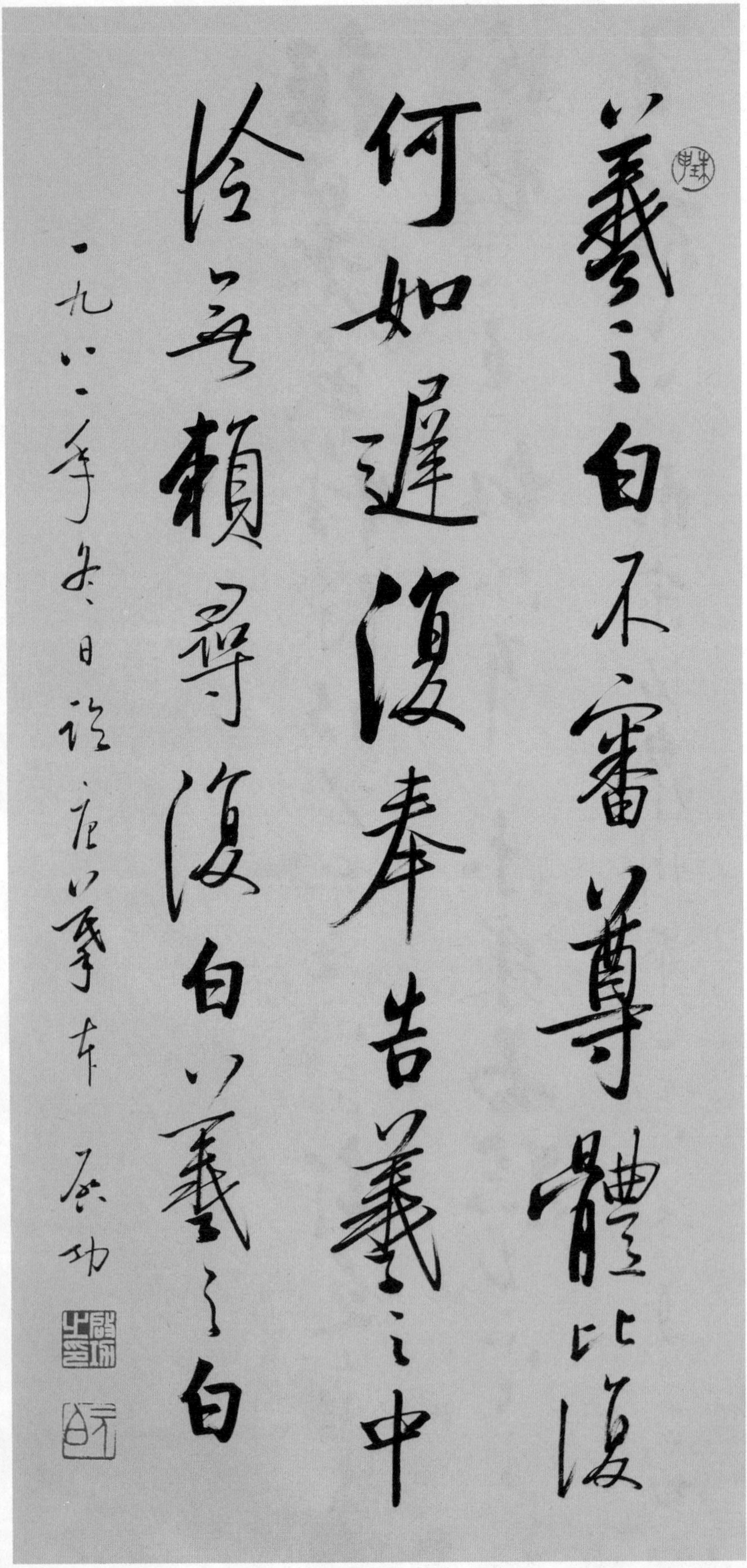

临王羲之（一）

一九八一年作　墨笔纸本

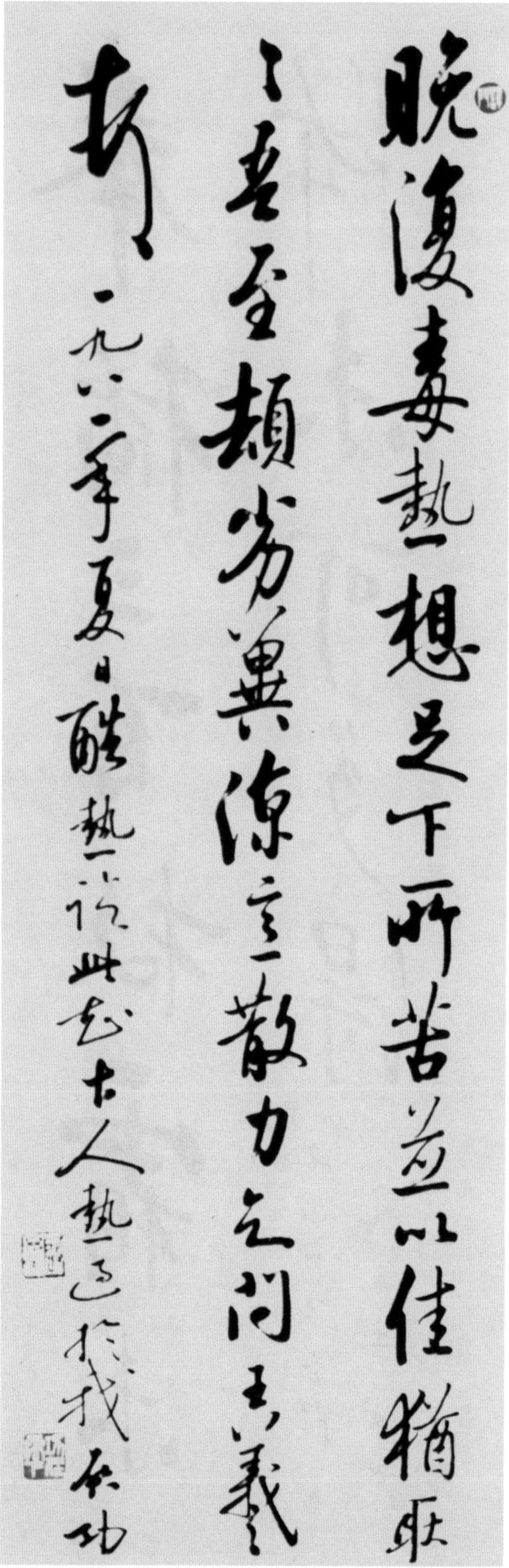

临王羲之（二）

一九八一年作　墨笔纸本

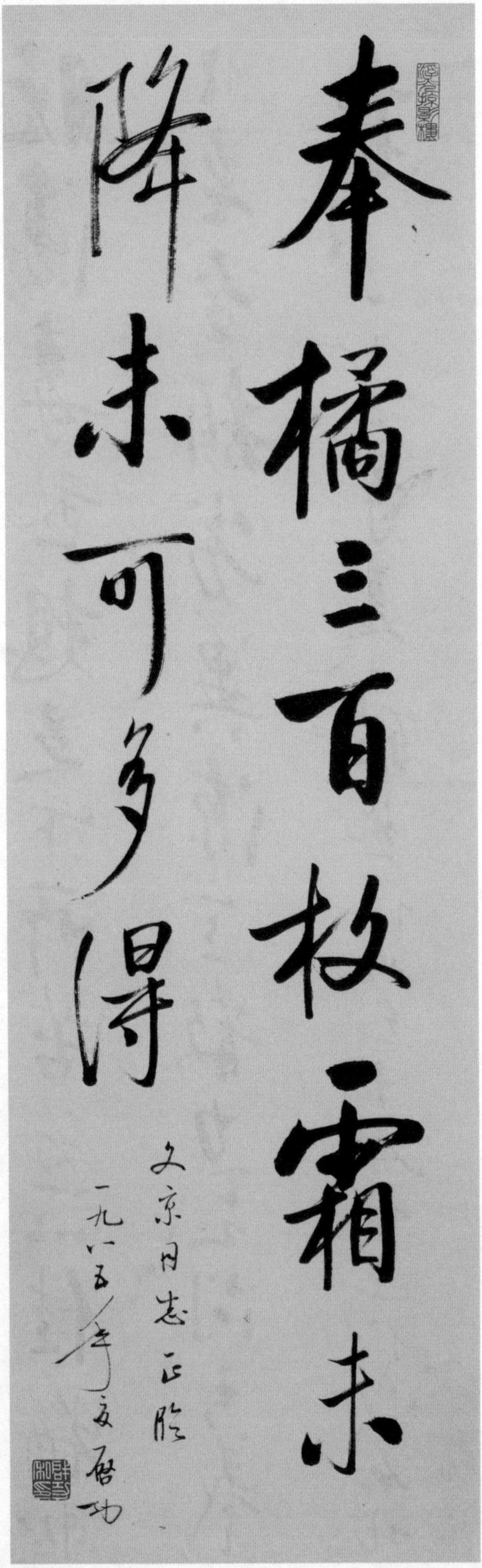
奉橘三百枚霜未降未可多得
文京同志正腕
一九八五年启功

临王羲之（三）

一九八五年作 墨笔纸本

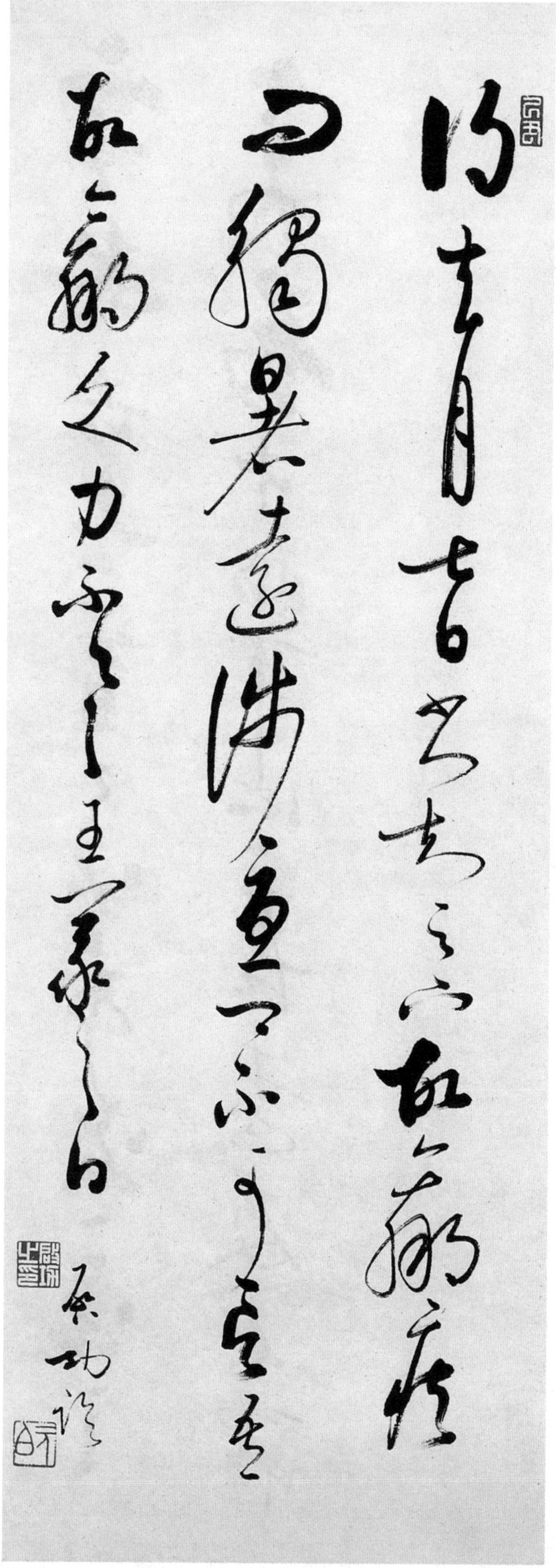

临王羲之（四）

一九八五年作　墨笔纸本

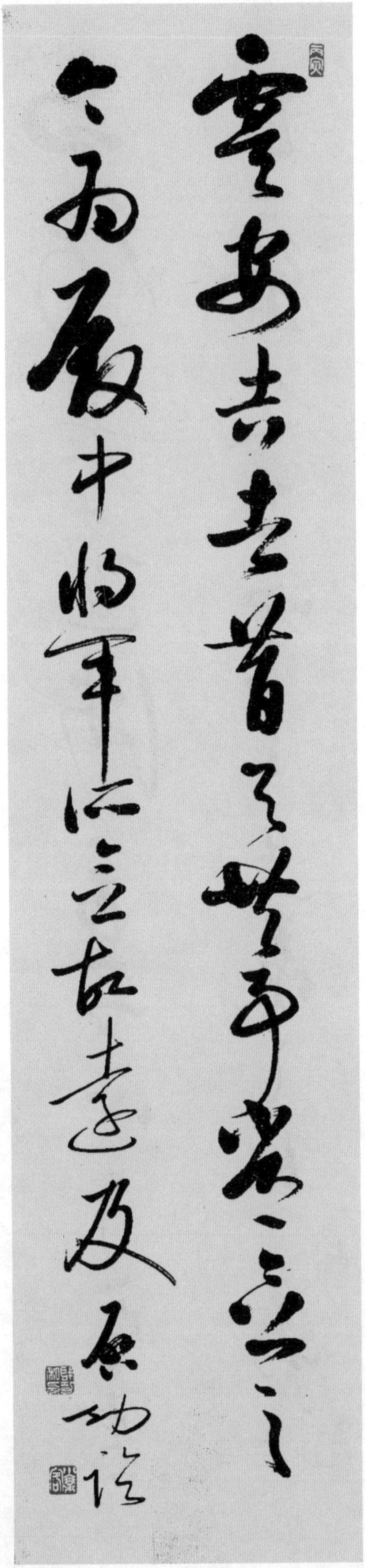

临王羲之（五）
一九八六年作　墨笔纸本

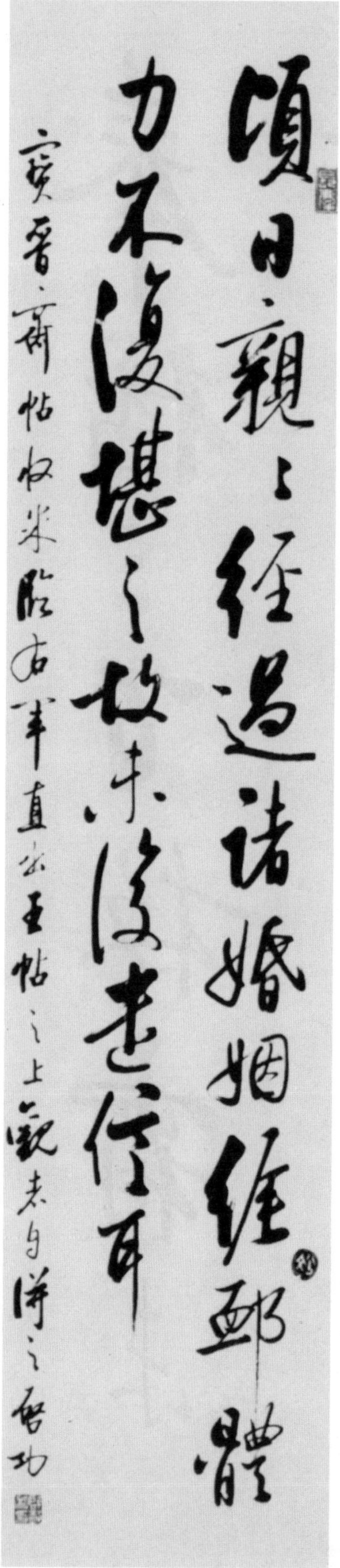

临王羲之（六）

二十世纪八十年代作　墨笔纸本

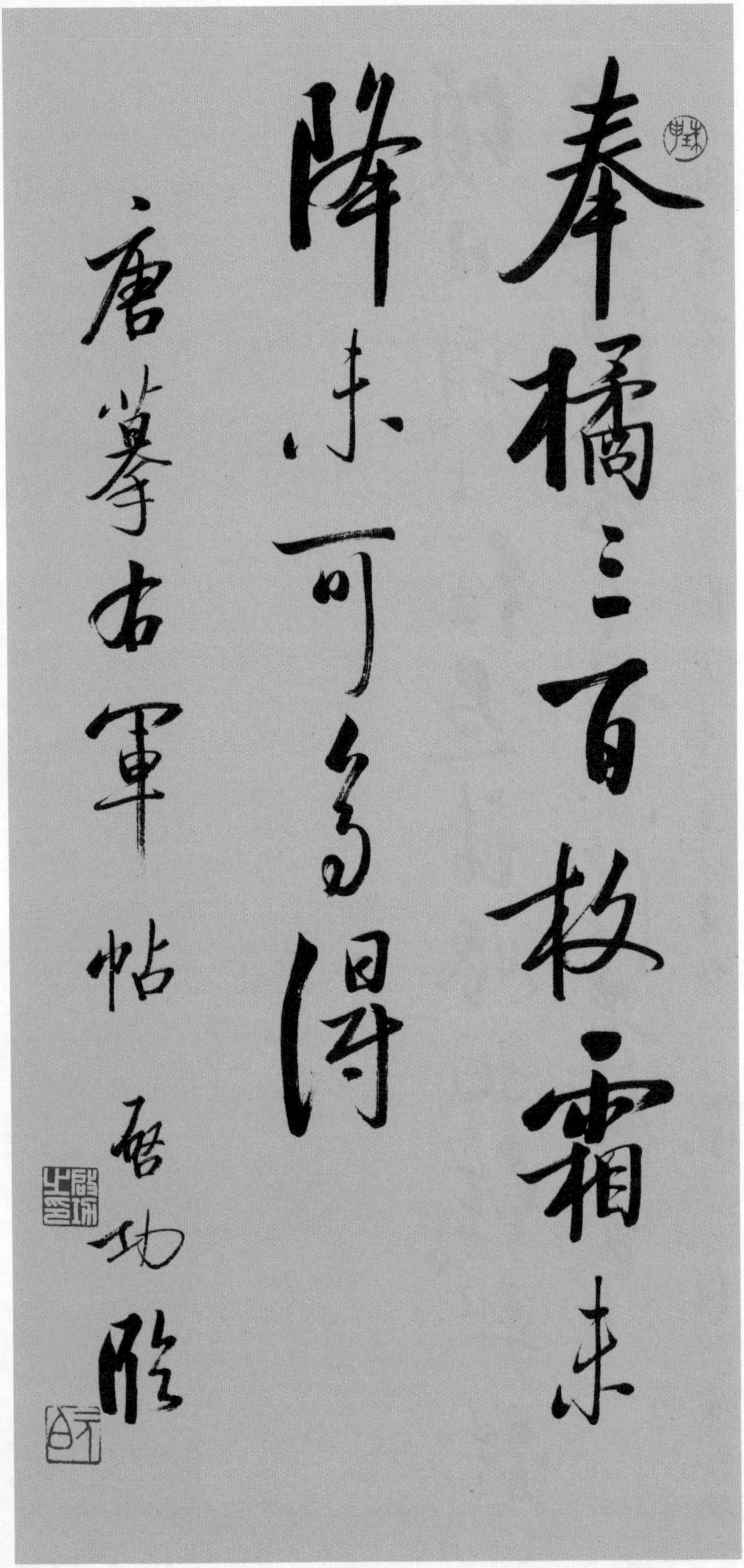
奉橘三百枚霜未
降未可多得
唐摹右軍帖 啓功臨

临王羲之（七）
墨笔纸本

時溝堂在光浄月角
時立光宜三星五半以末原功

临王羲之（八）

墨笔纸本

临

写

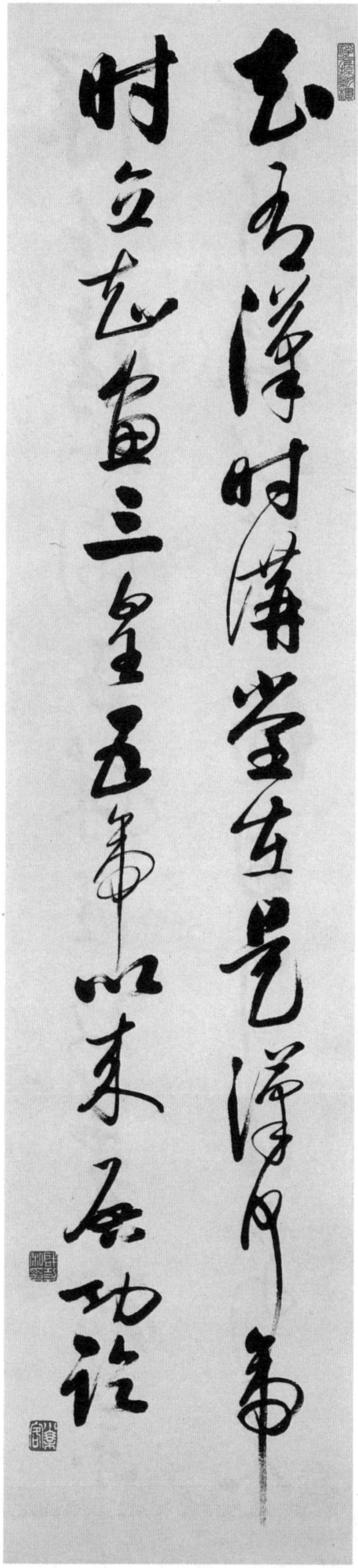

深远腾凌围子殊佳故罗雅崇

深于放惶也僮囚儿住我见

修雯

启功临

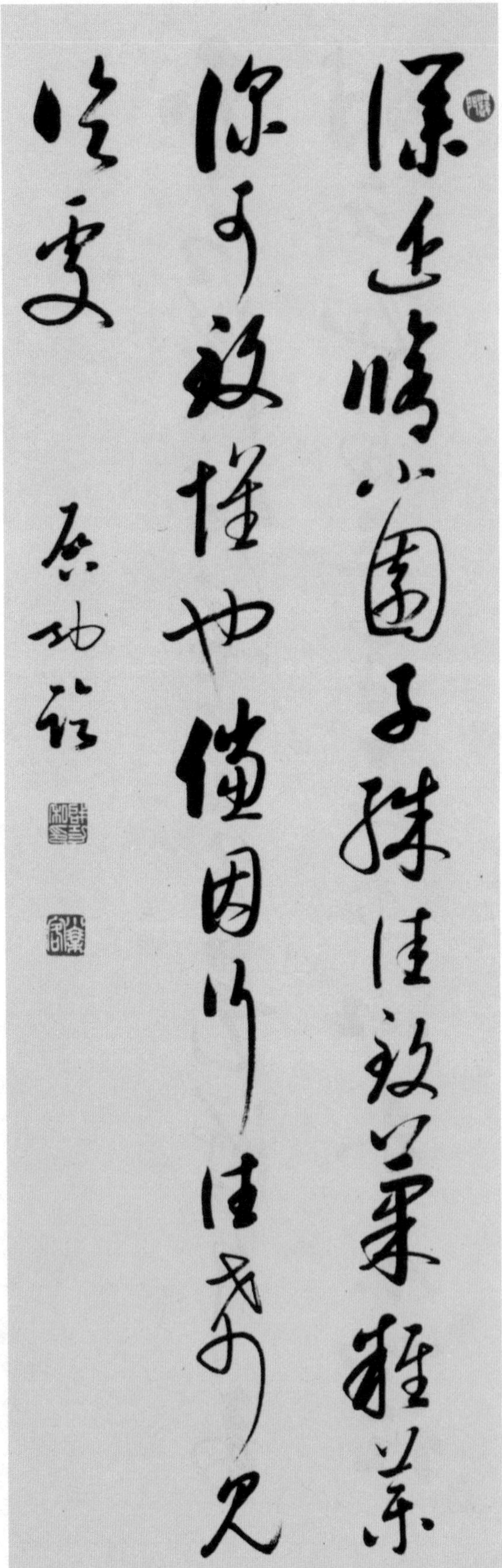

临王羲之（九）

墨笔纸本

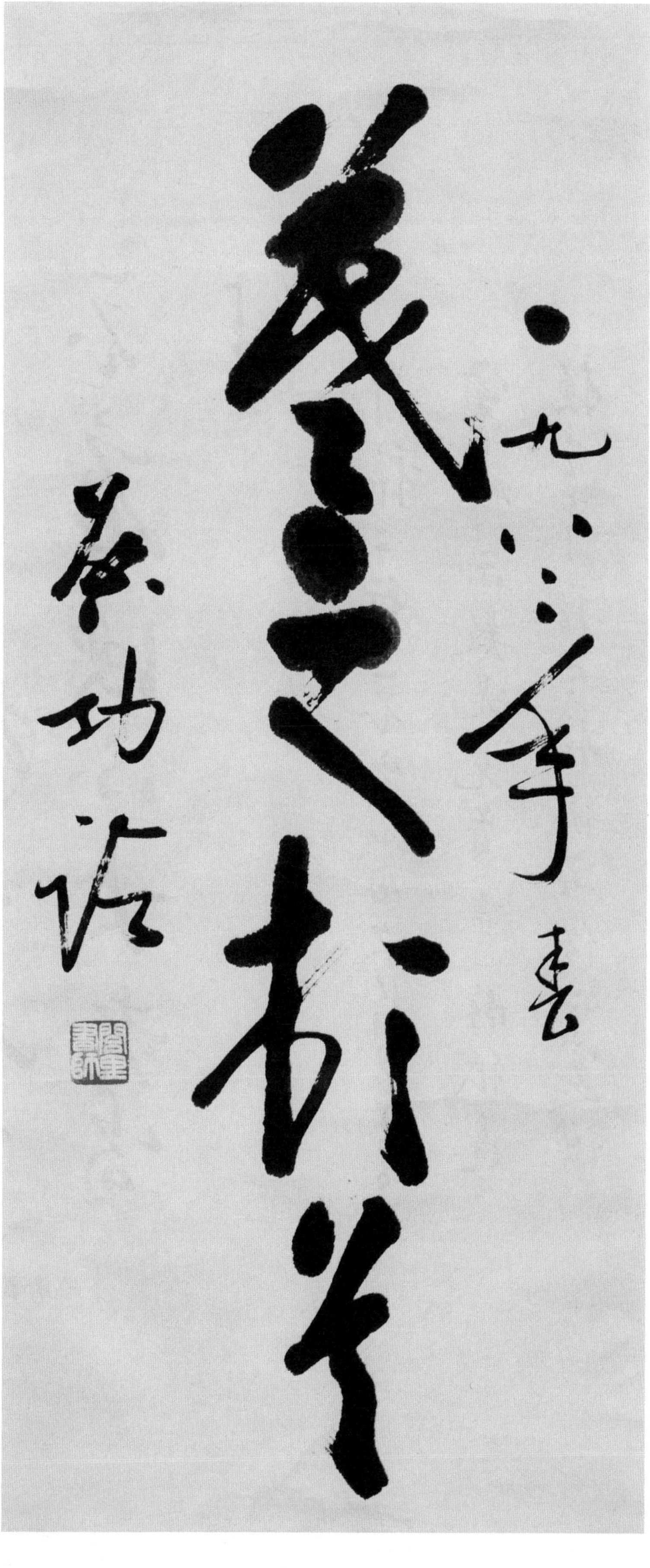

羲之顿首

一九八二年作　墨笔纸本

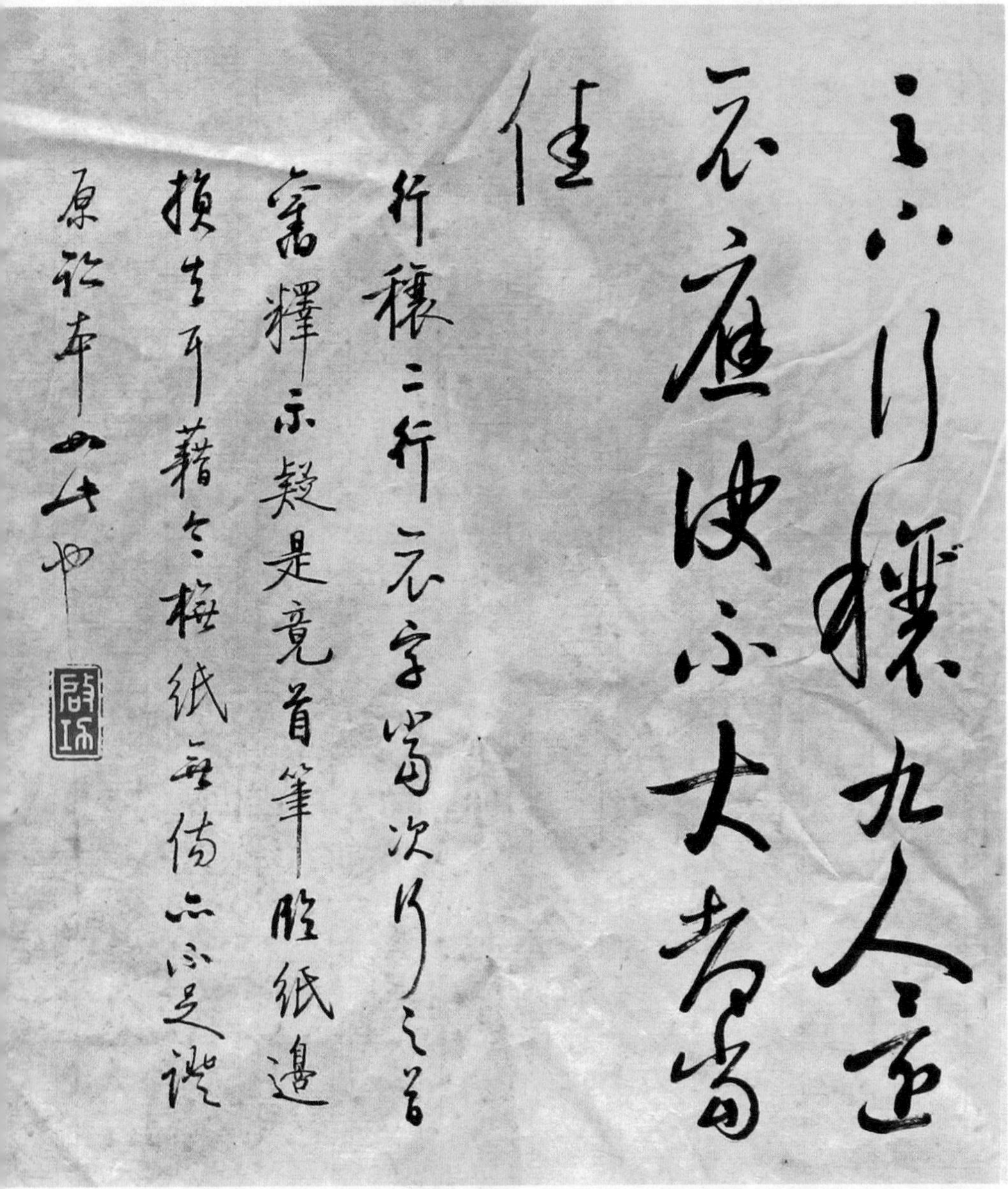

临唐摹本参以阁帖

墨笔纸本

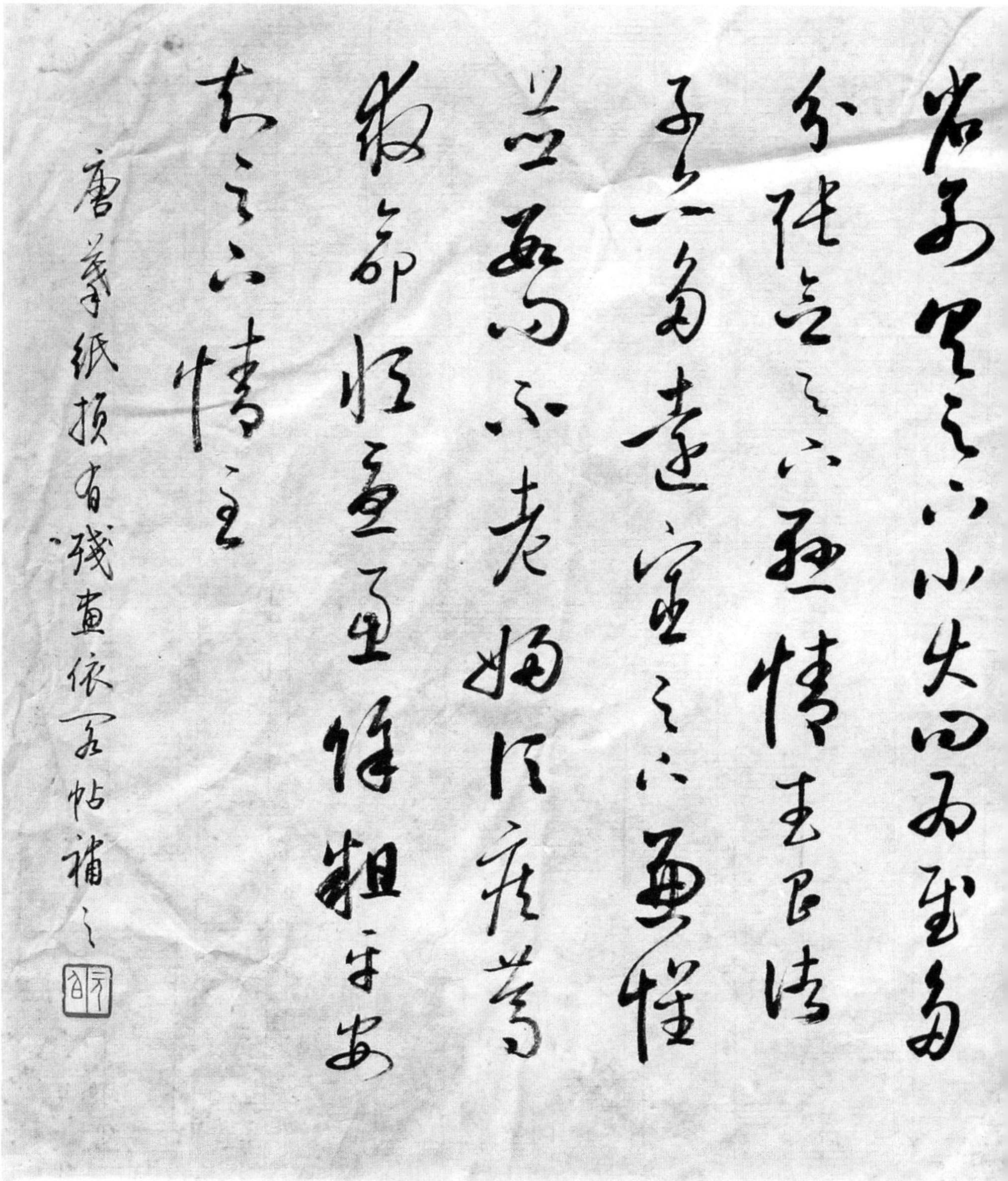

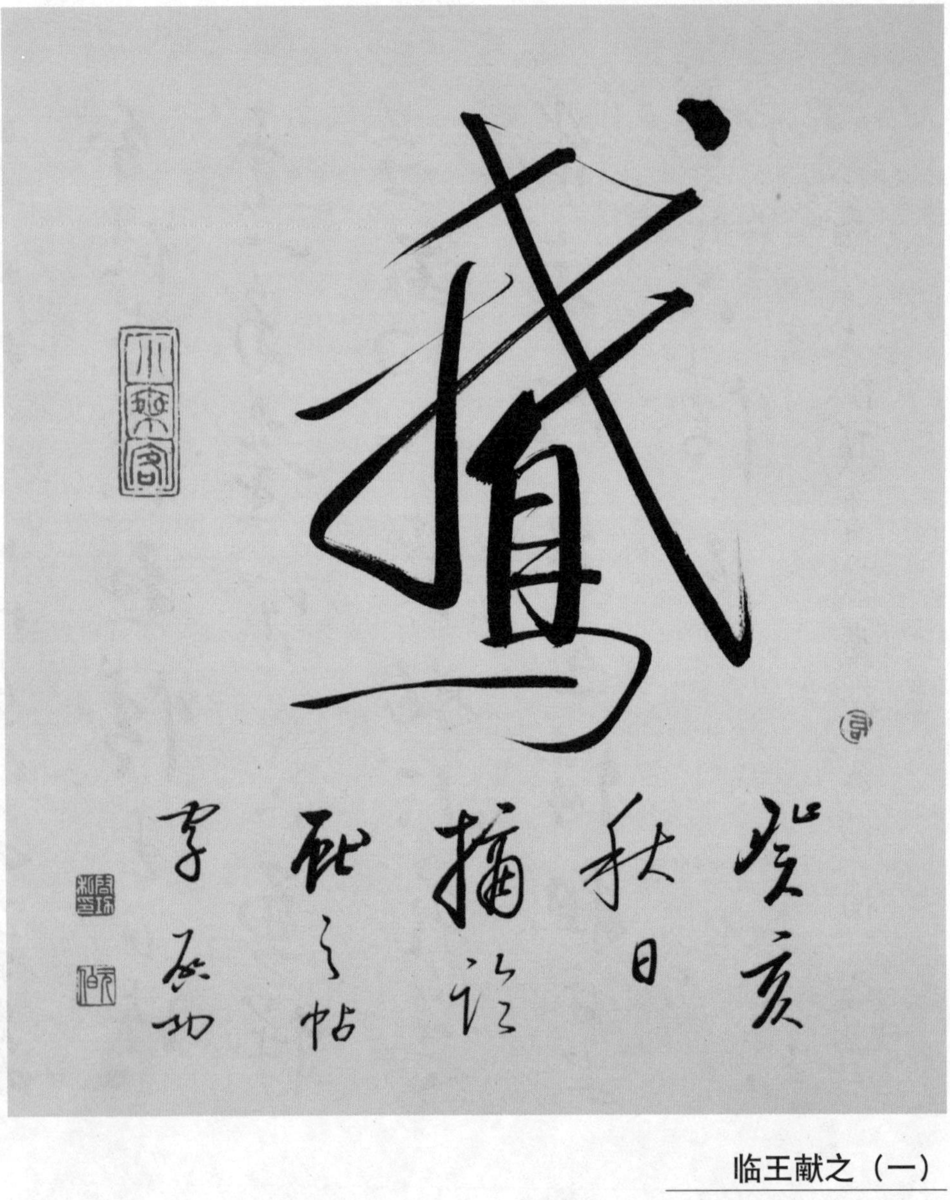

临王献之（一）

一九八三年作　日本卡纸

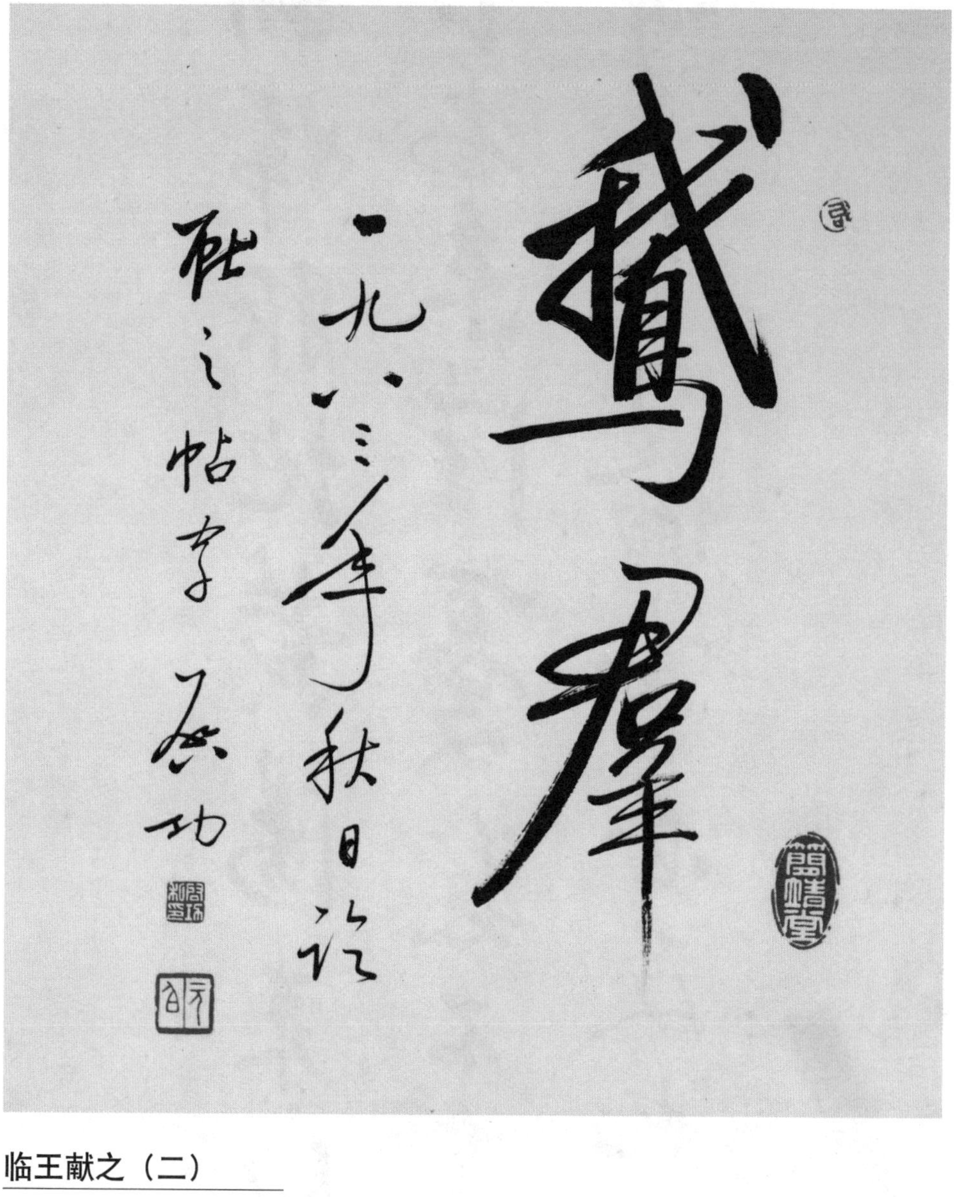

临王献之（二）

一九八三年作　日本卡纸

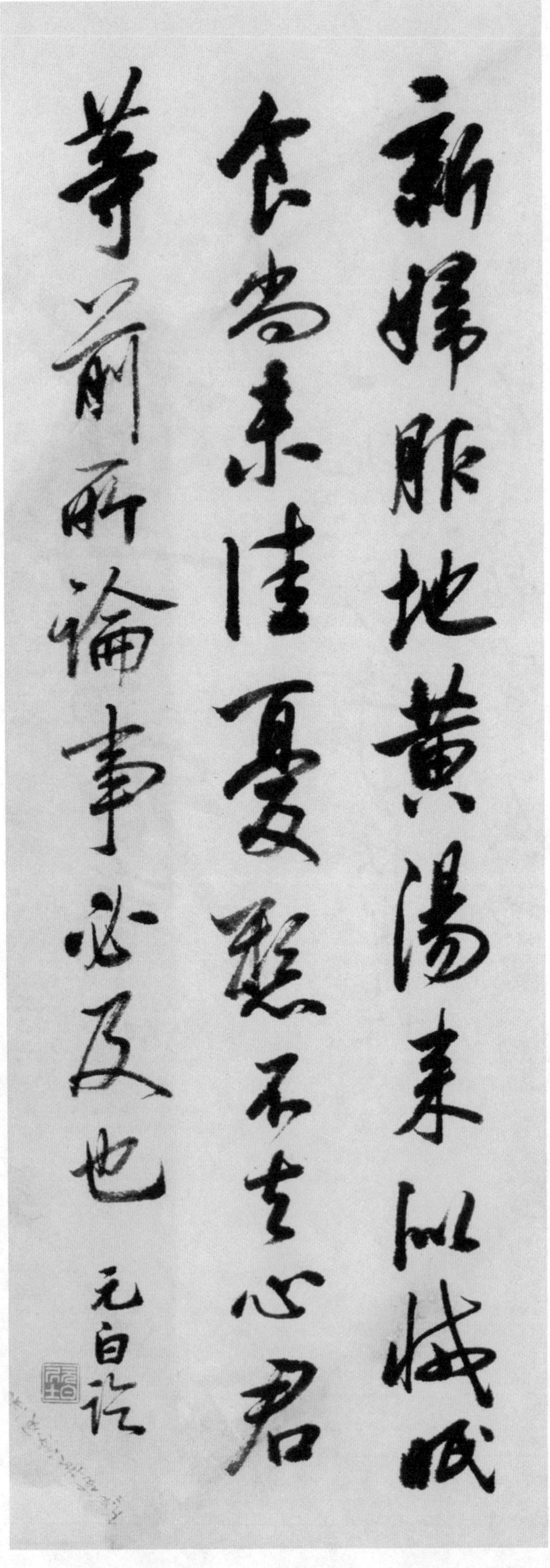

临王献之（三）

墨笔纸本

秋气等再拜 不审海盐诸舍上下动
静比复常 夏气姊生无地事当省
刘道士鹅 群并复归也社之不再川 启功识

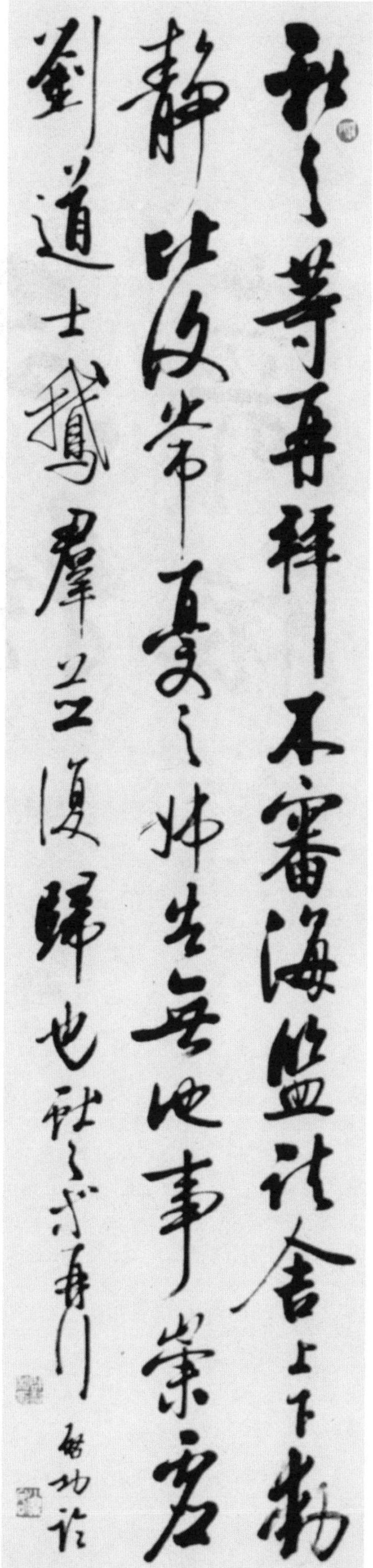

临王献之（四）

墨笔纸本

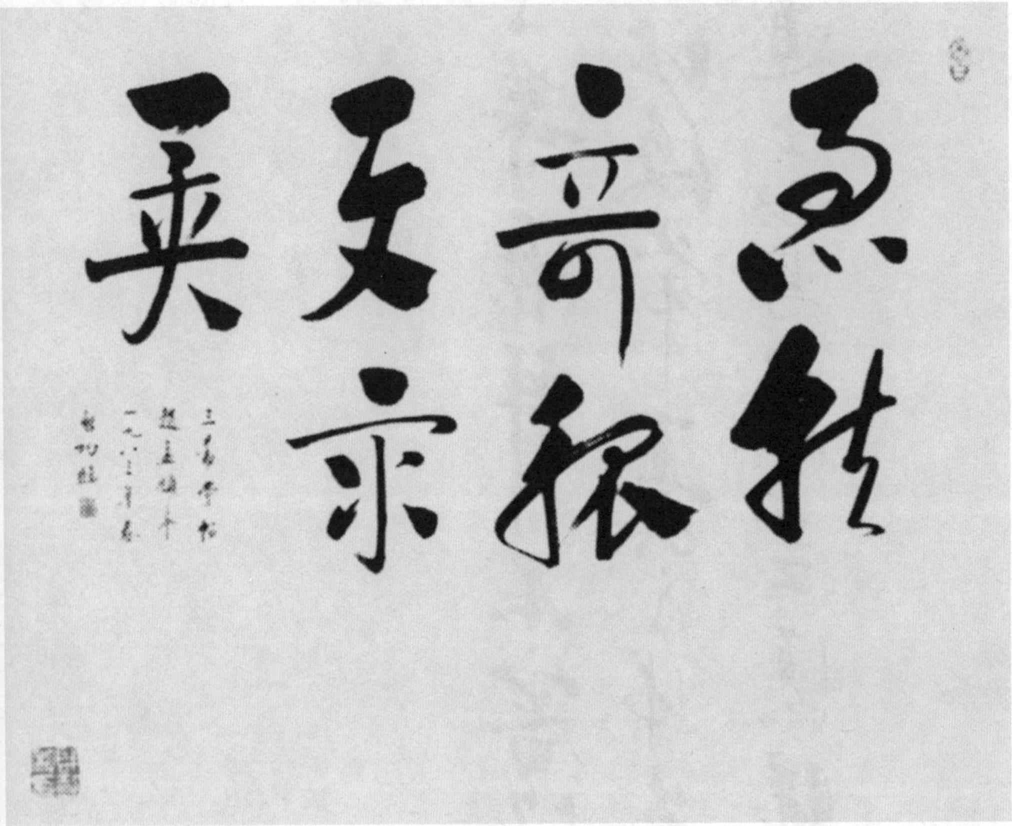

临急就赵孟頫本

一九八三年作　墨笔纸本

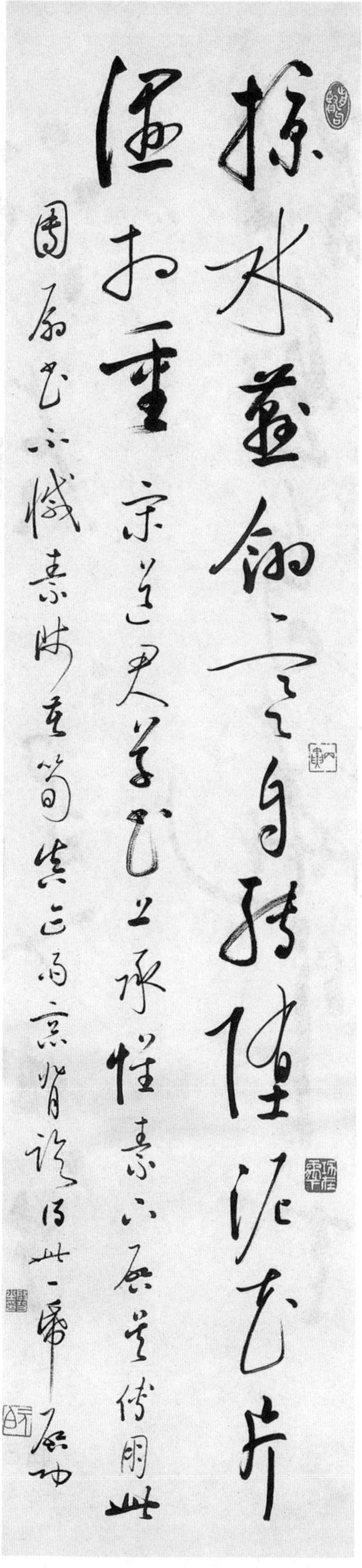

背临宋徽宗

一九八六年作　墨笔纸本

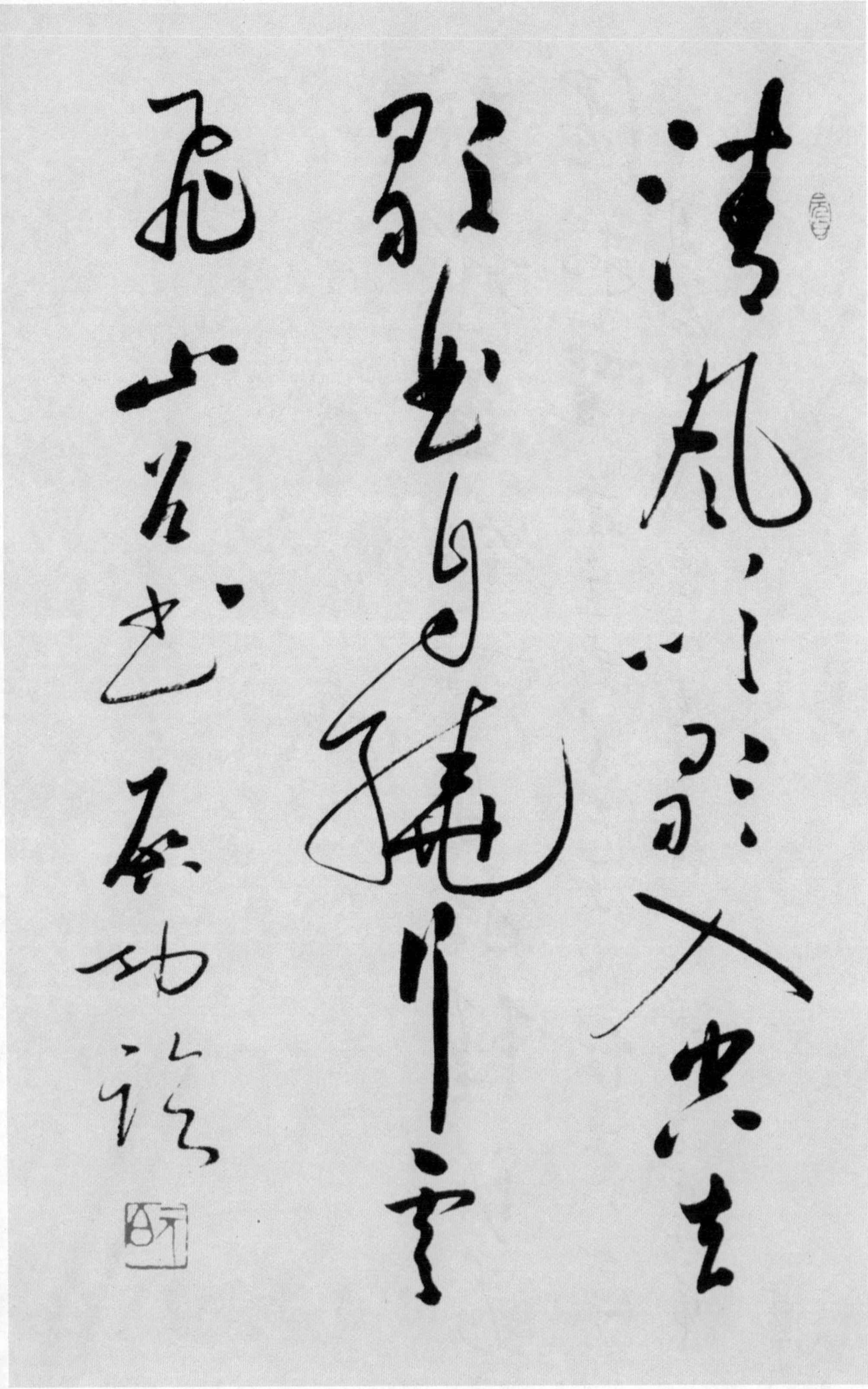

临黄山谷（一）

二十世纪八十年代作　墨笔纸本

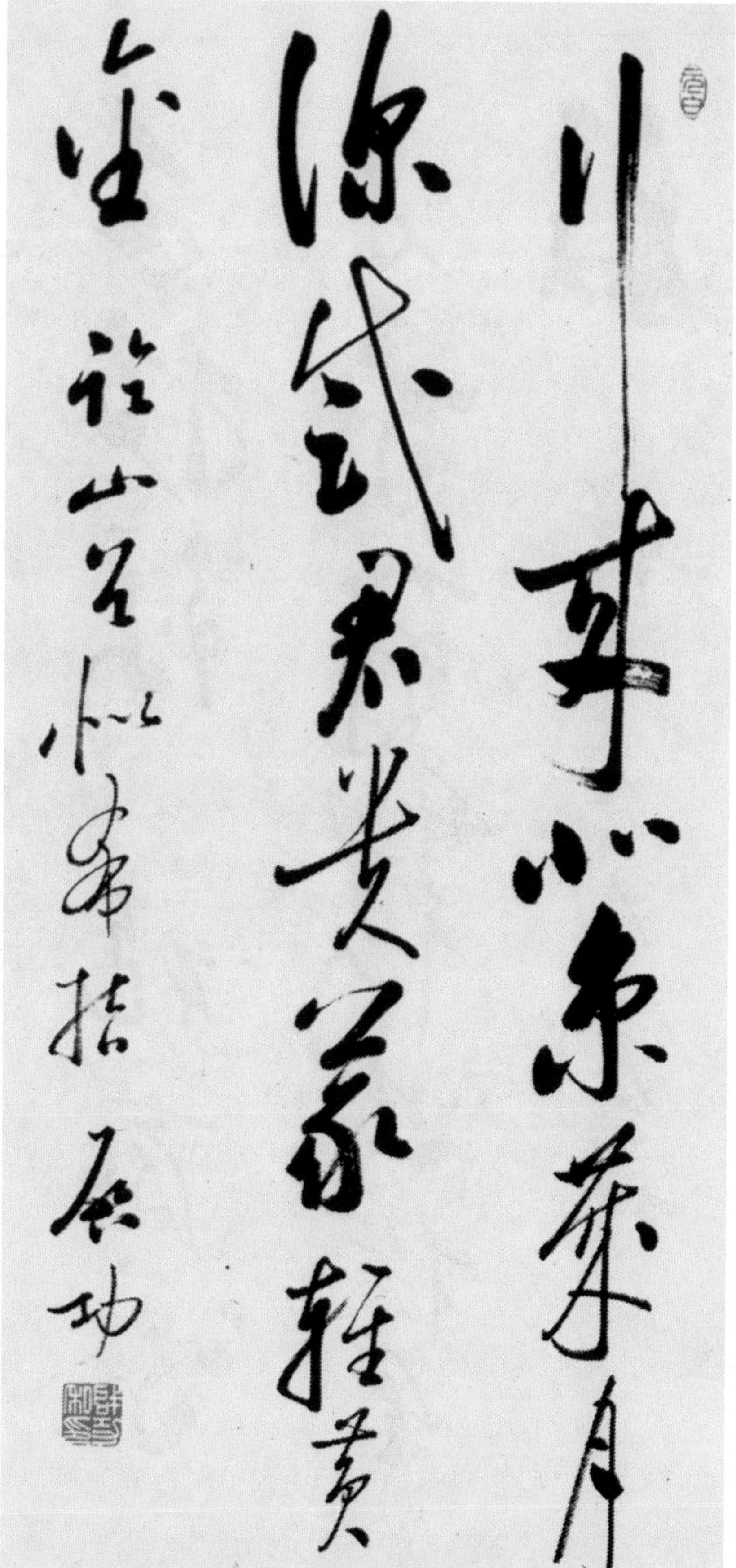

临黄山谷（二）

二十世纪八十年代作　墨笔纸本

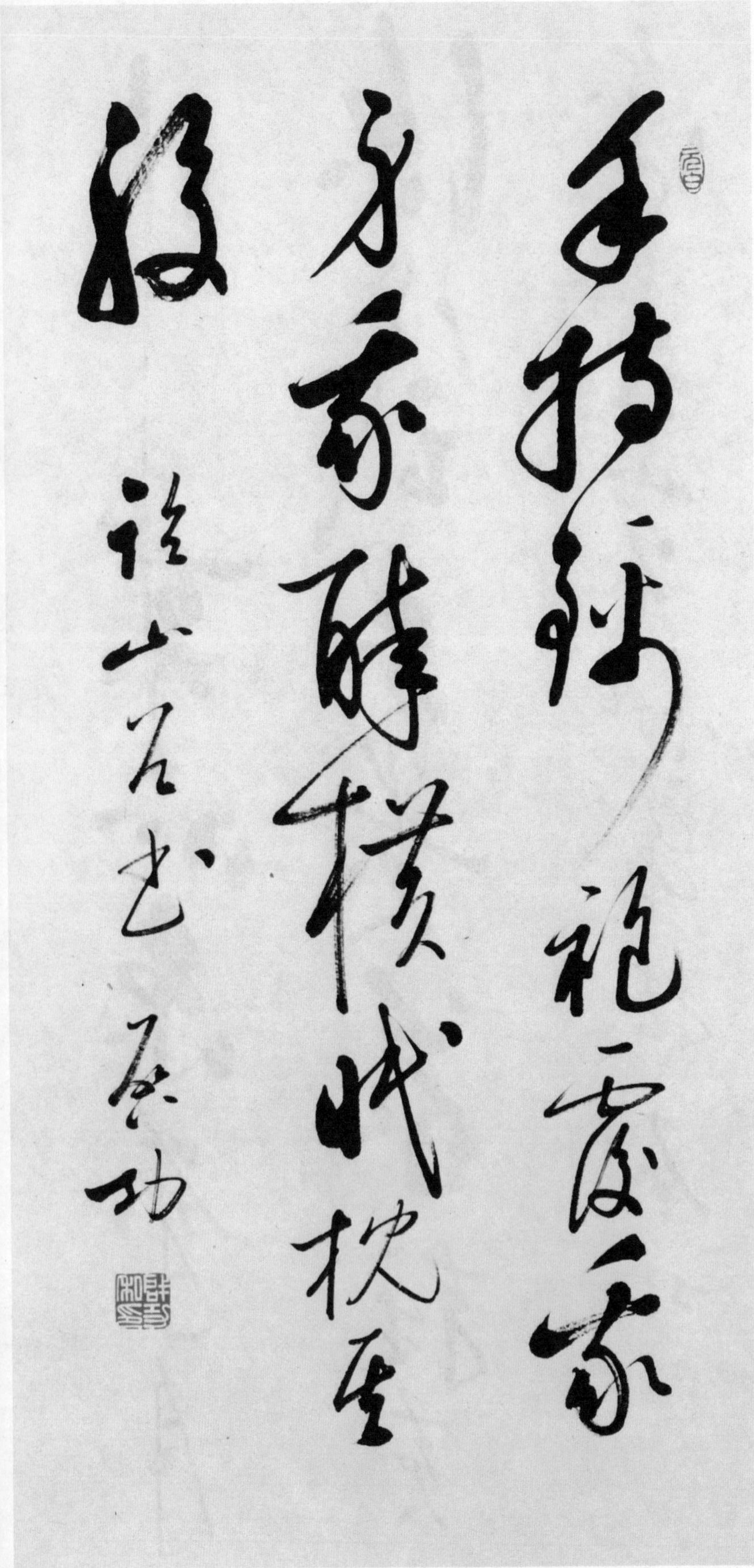

临黄山谷（三）

二十世纪八十年代作 墨笔纸本

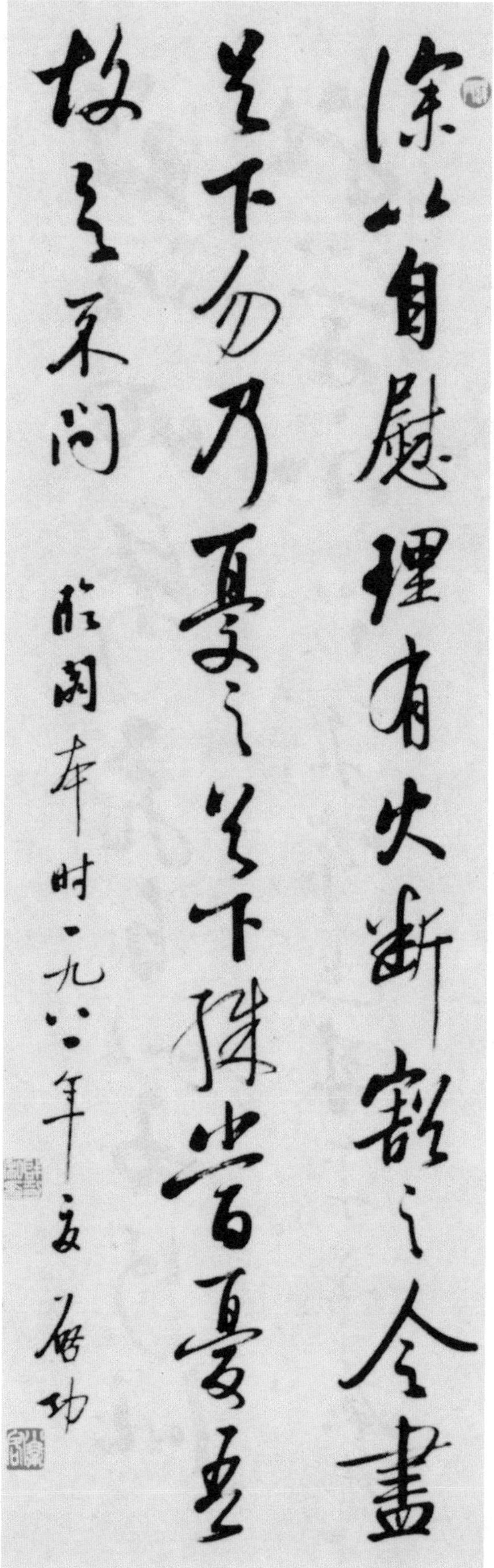

临阁帖（一）

一九八一年作　墨笔纸本

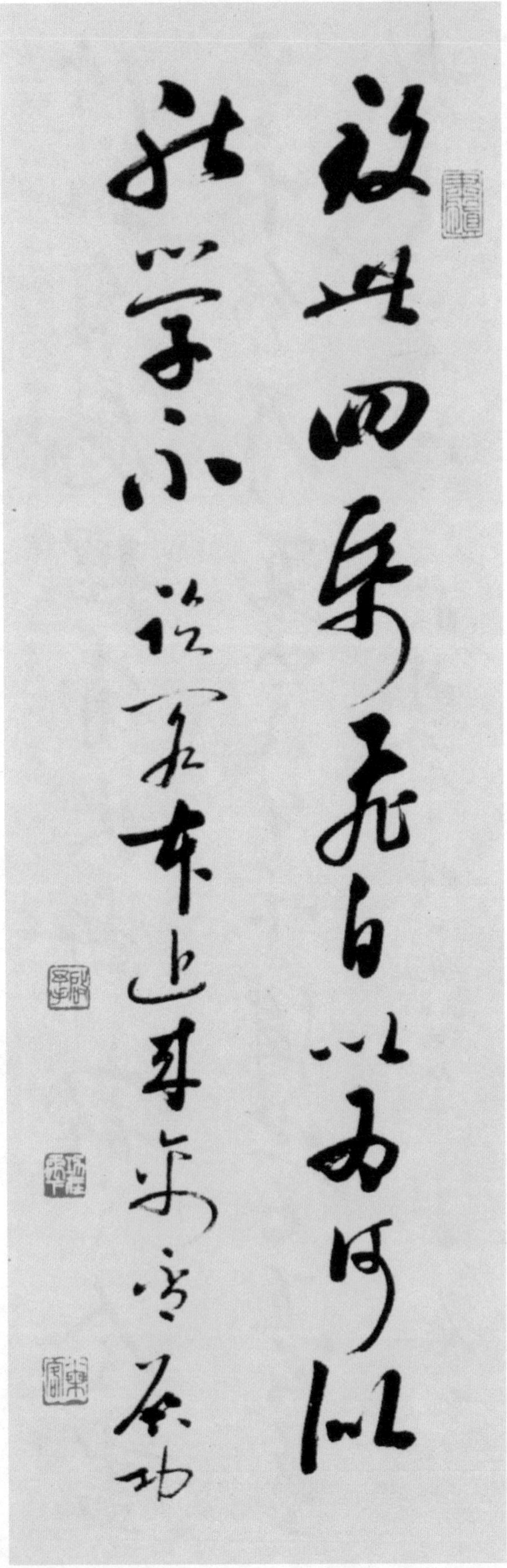

临阁帖（二）

二十世纪八十年代作 墨笔纸本

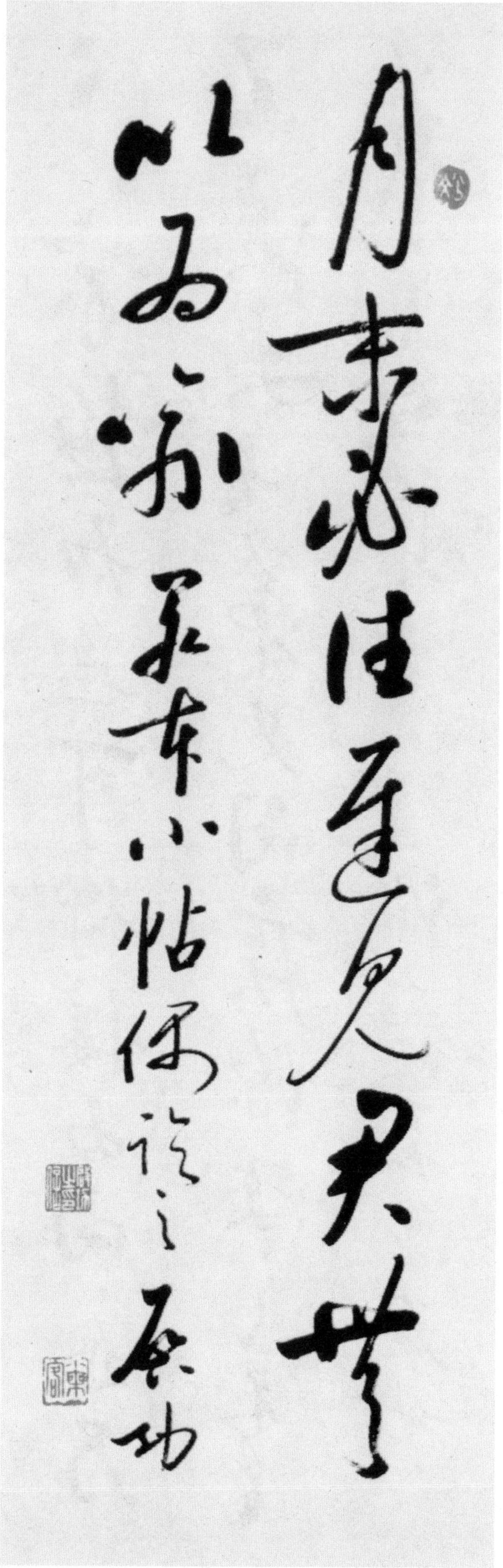

临阁帖（三）

二十世纪八十年代作　墨笔纸本

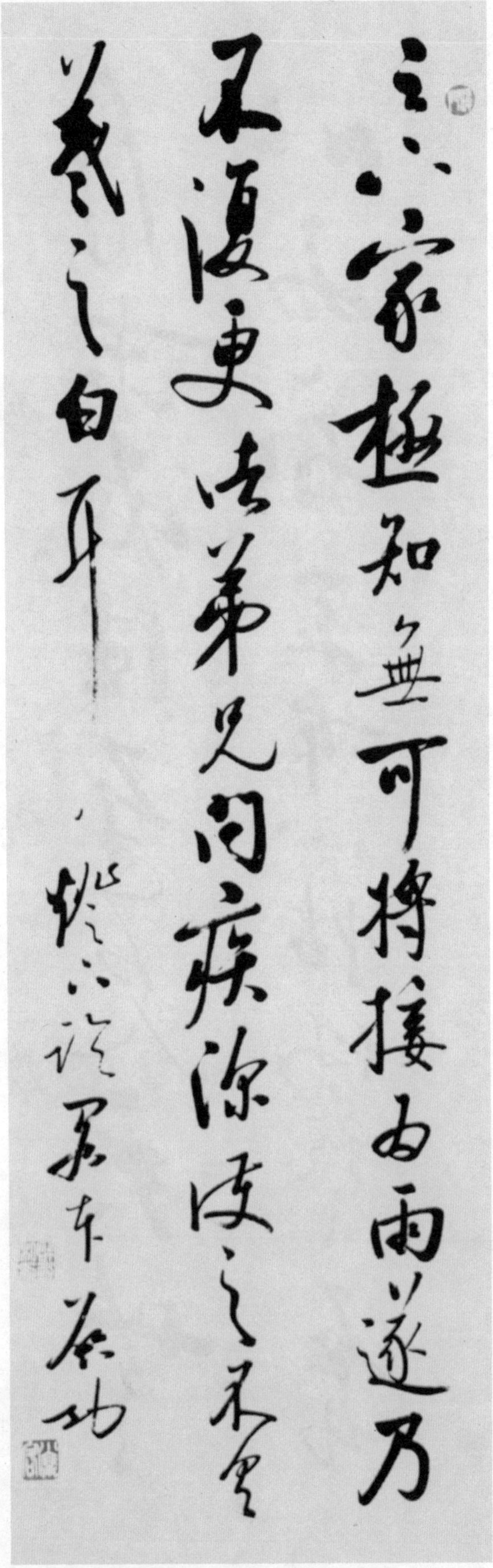

临阁帖（四）

二十世纪八十年代作　墨笔纸本

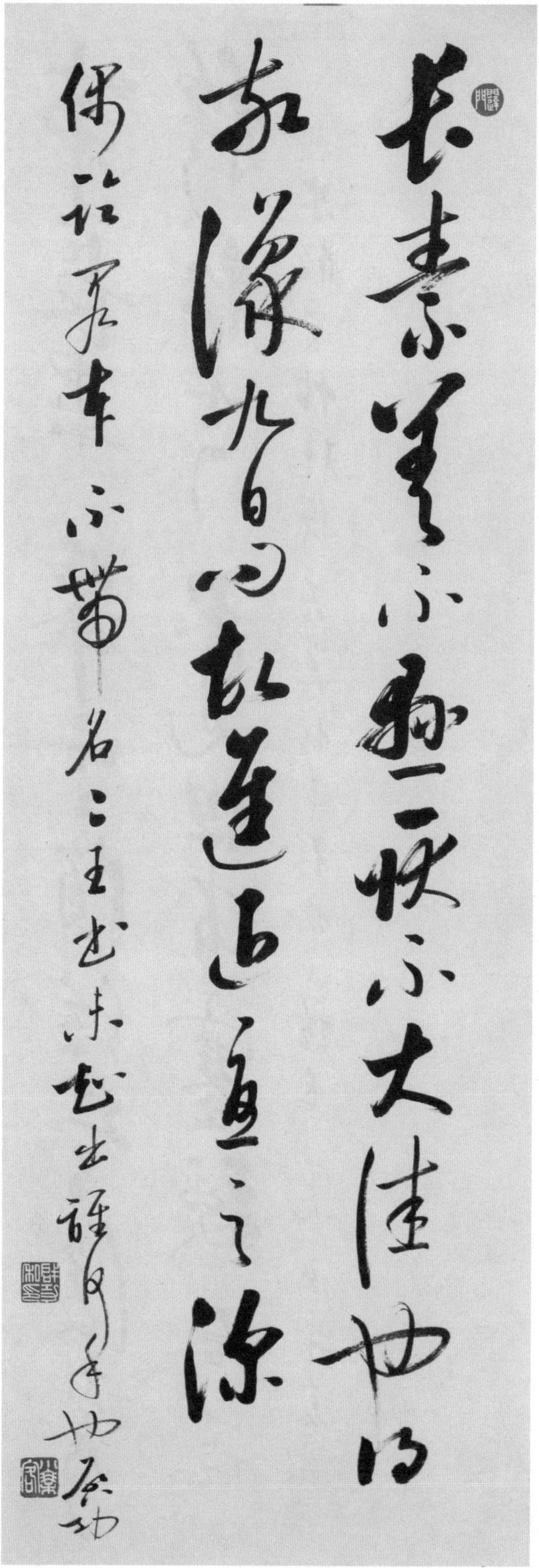

临阁帖（五）

二十世纪八十年代作　墨笔纸本

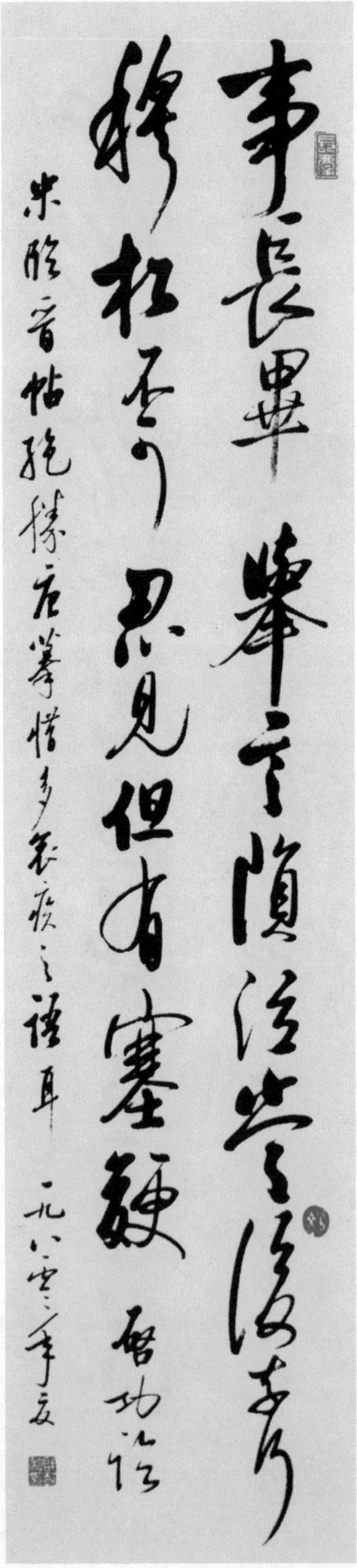

临米芾（二）

一九八〇年作　墨笔纸本

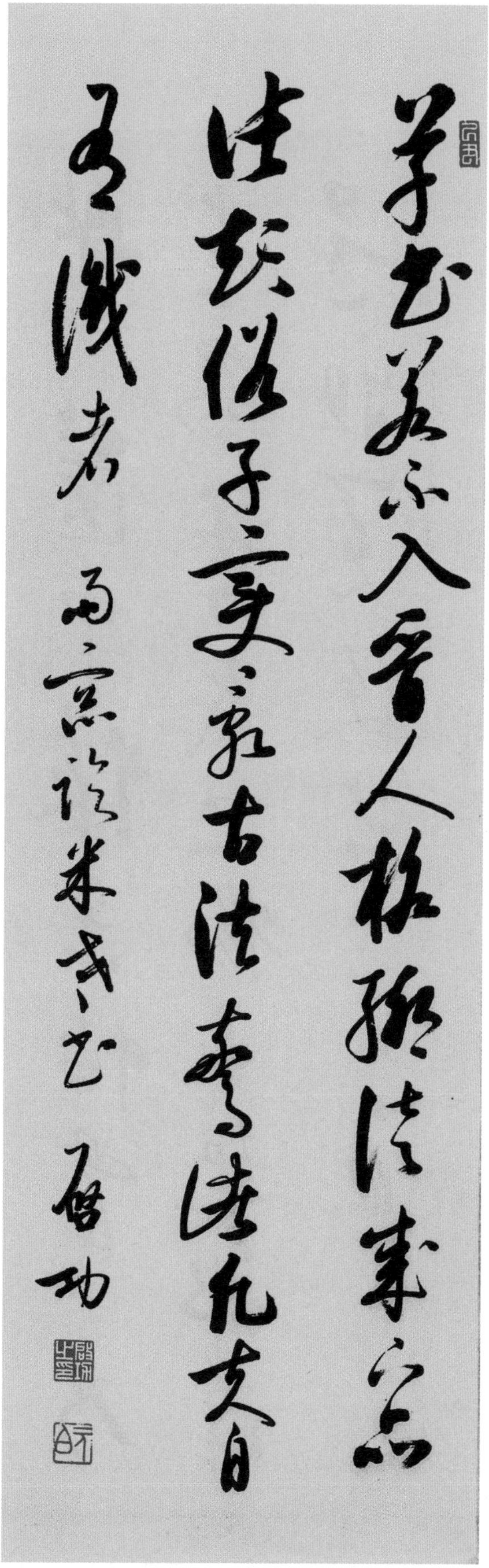

临米芾（二）

一九八五年作　墨笔纸本

芾箧中怀素帖曾乃长安李氏之物王起郎中尝之祖见使蓄

启功临

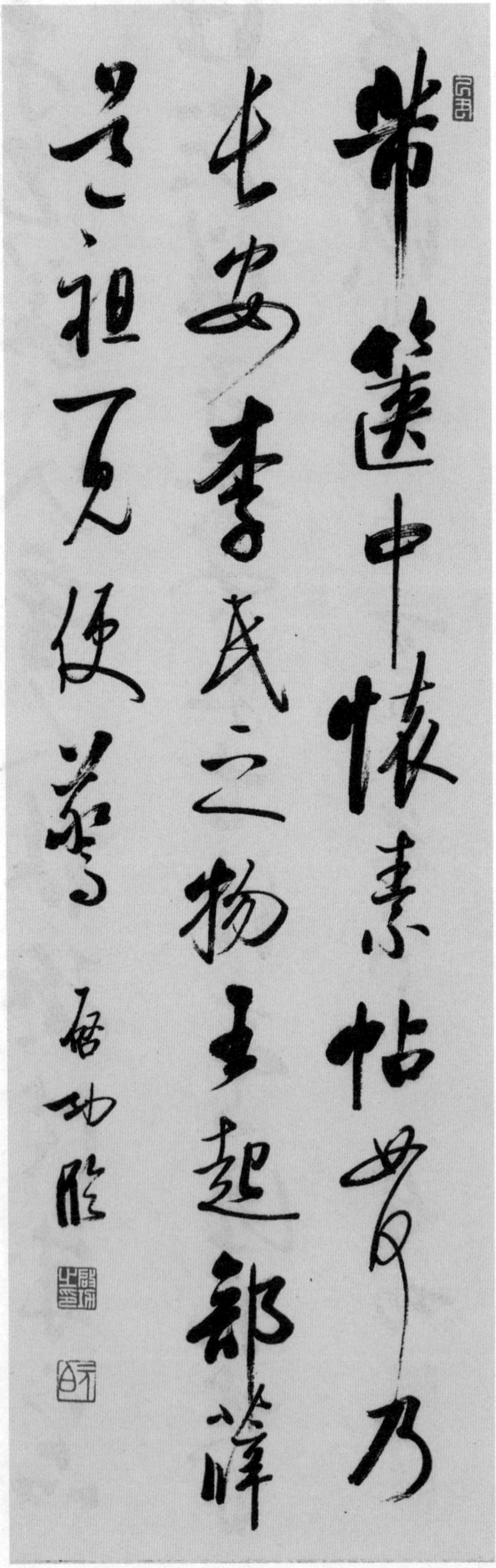

临米芾（三）

墨笔纸本

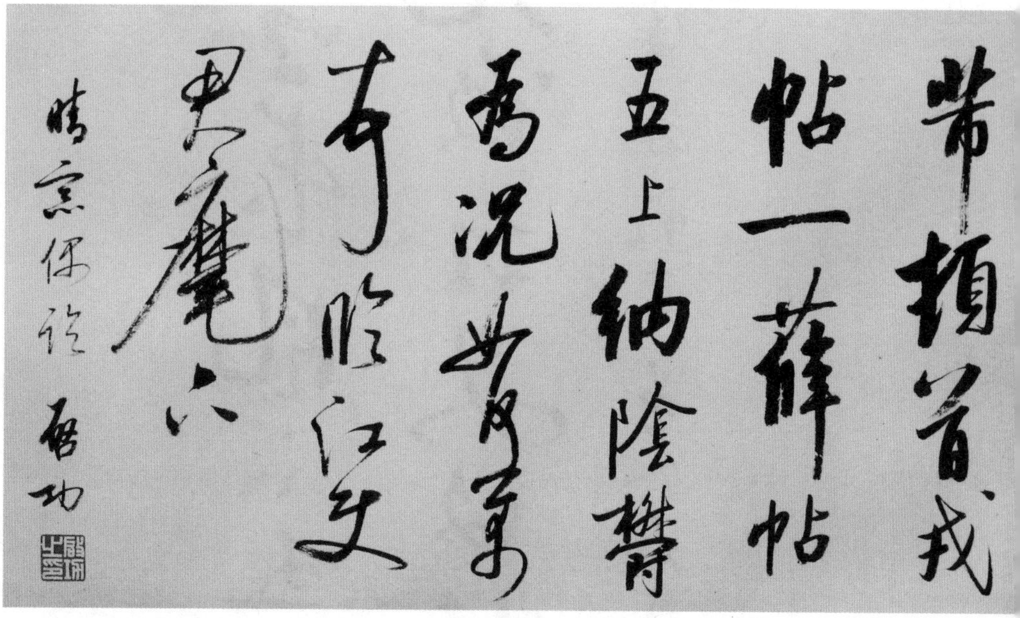

临米芾（四）

墨笔纸本

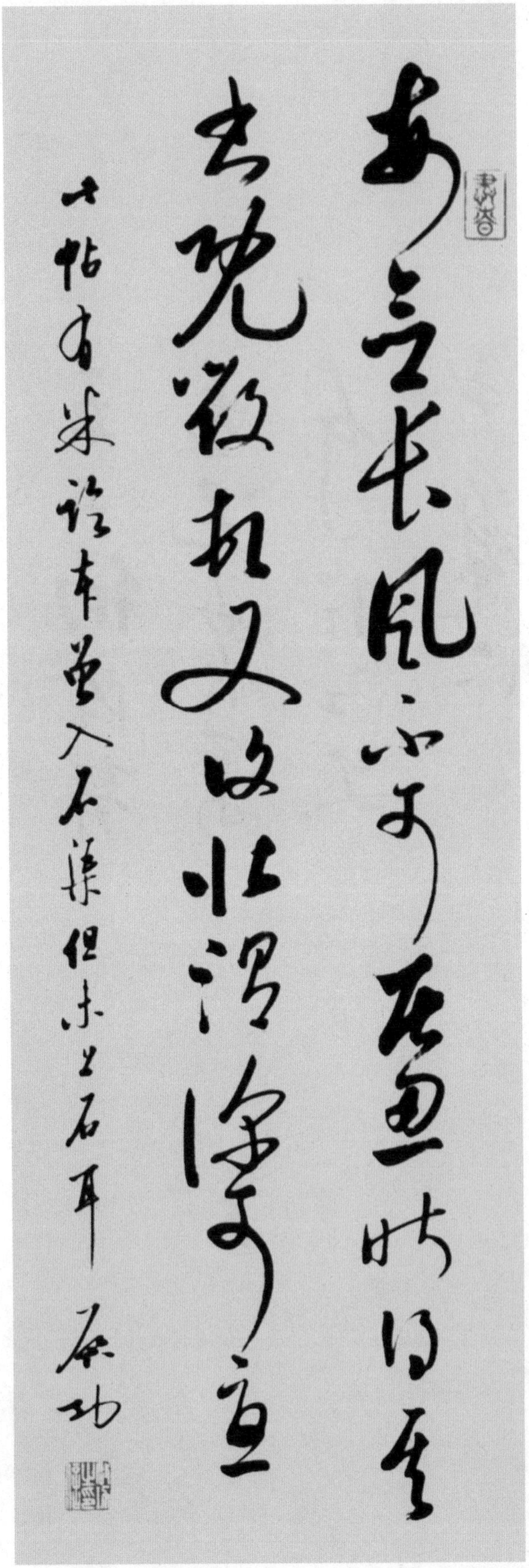

临米芾石渠本

二十世纪八十年代作　墨笔纸本

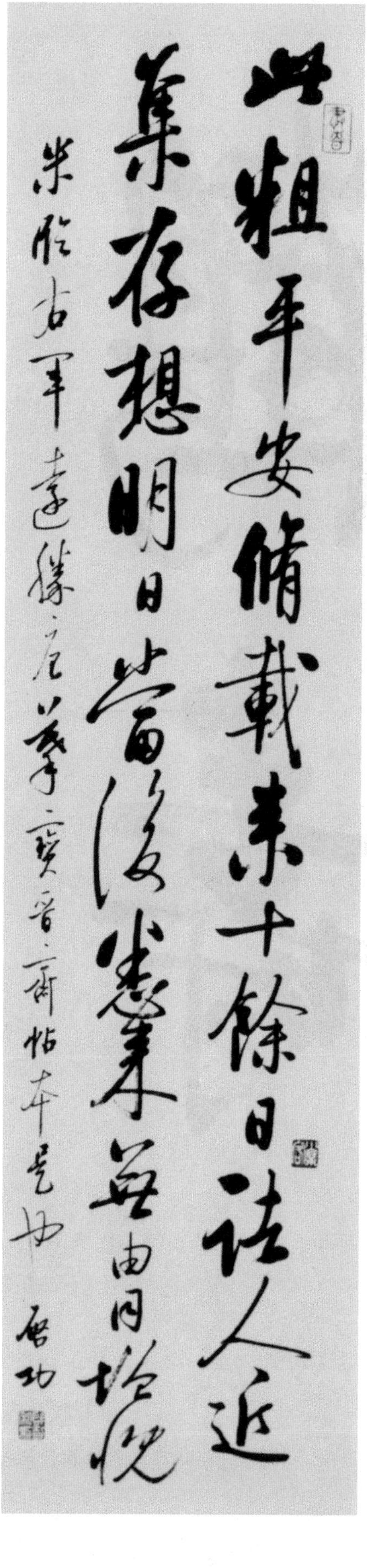

宝晋斋米临羲之本

二十世纪八十年代作　墨笔纸本

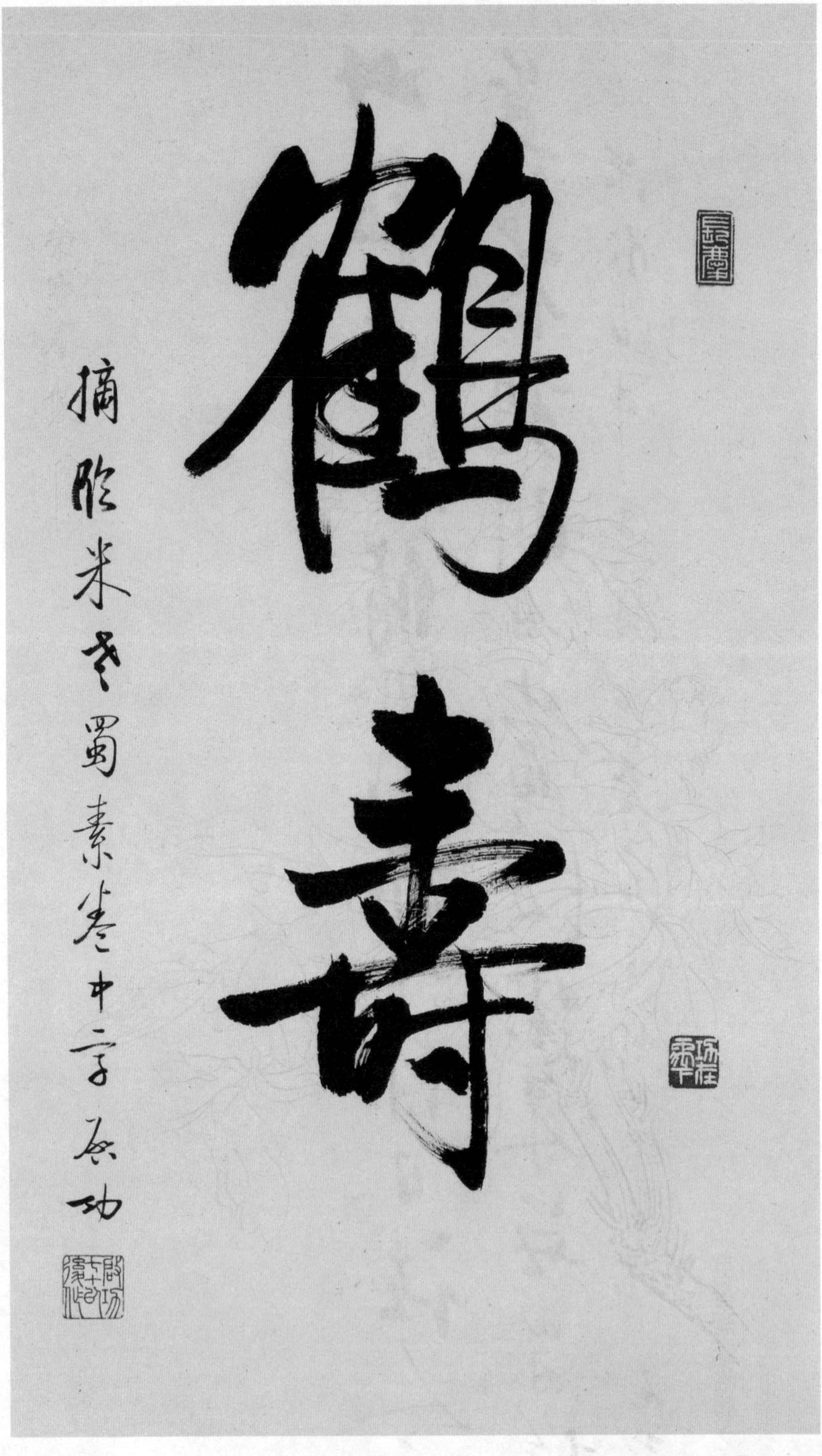

临米芾蜀素帖中字

二十世纪八十年代作　墨笔纸本

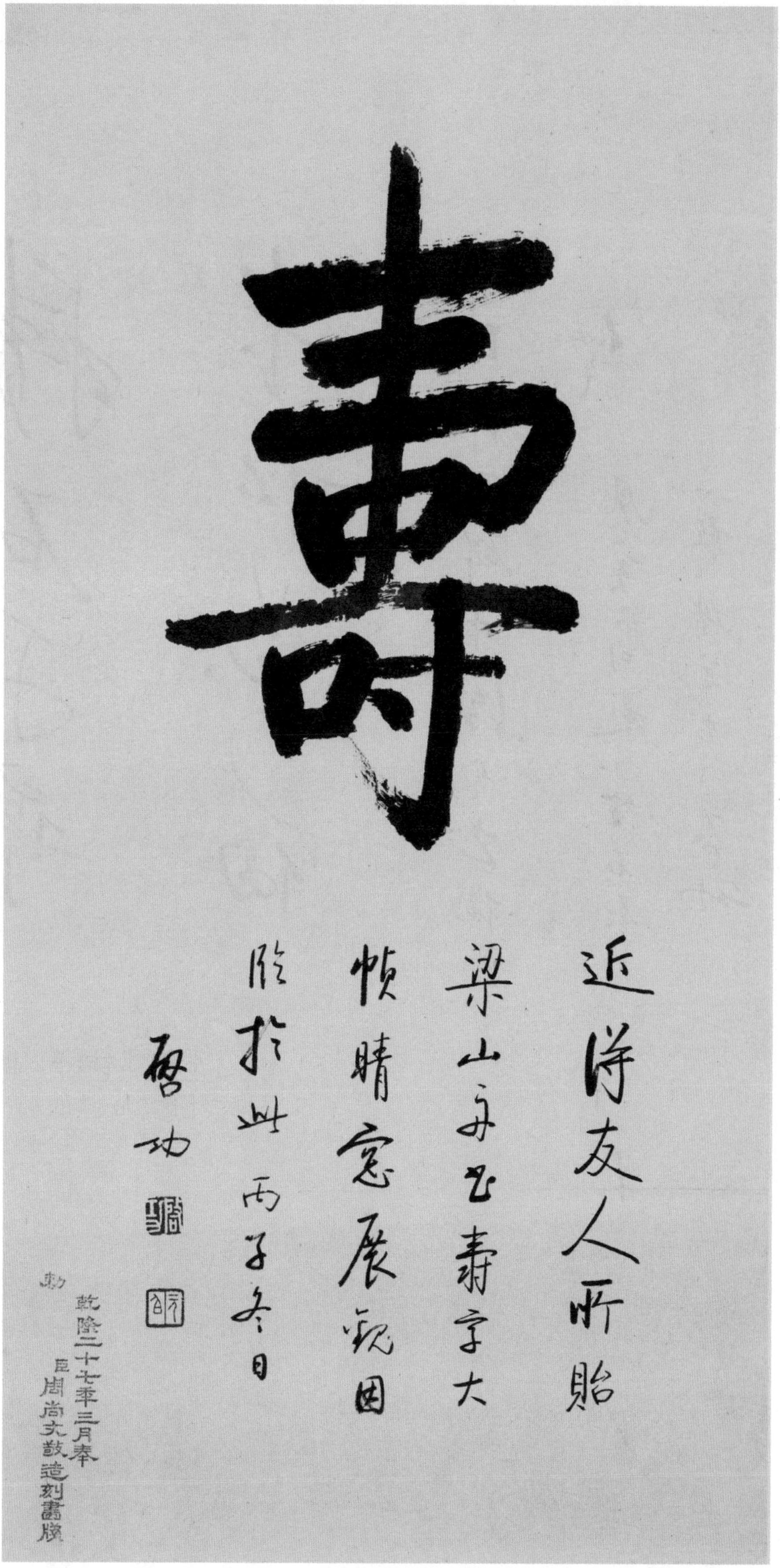
壽
近得友人所贻
梁山舟书寿字大
幀晴窗展玩因
临于此丙子冬日
启功
乾隆二十七年三月奉
敕
臣周尚文敬造刻書版

临梁山舟

一九九六年作　墨笔纸本

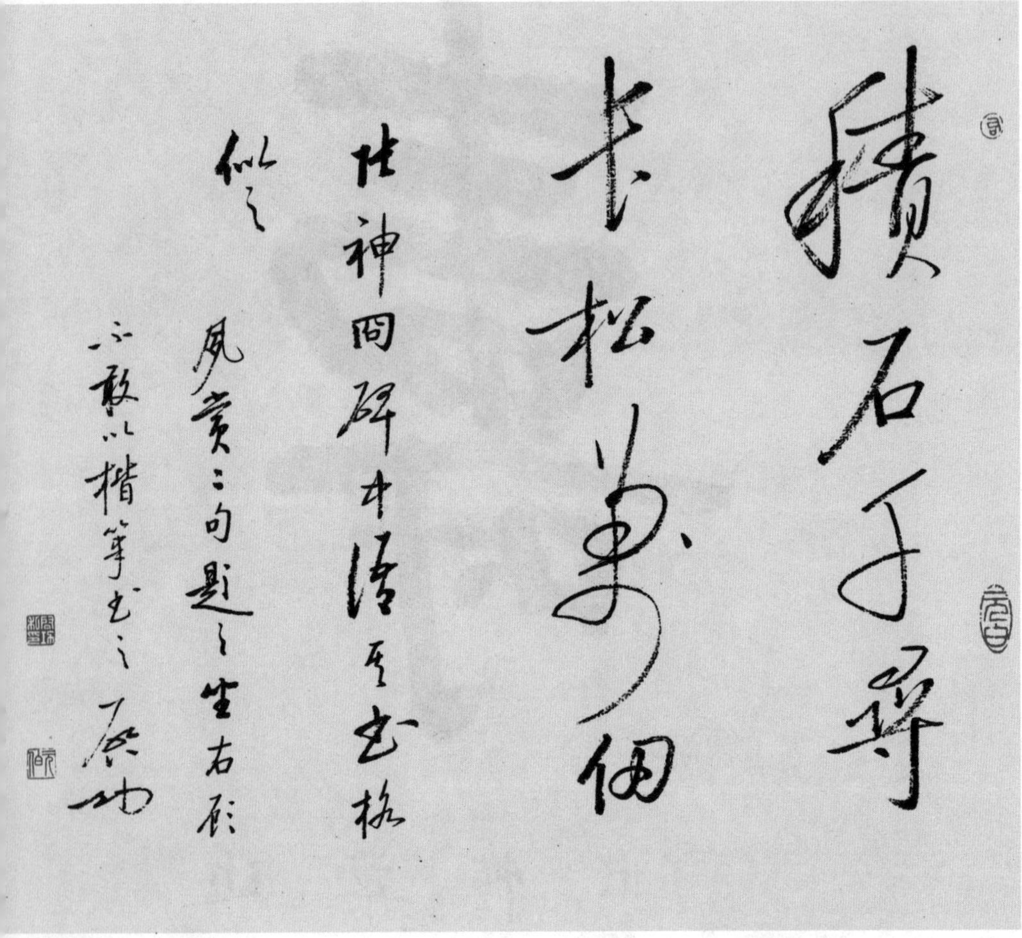

张神冏碑语不以楷笔书之

二十世纪九十年代作　墨笔纸本

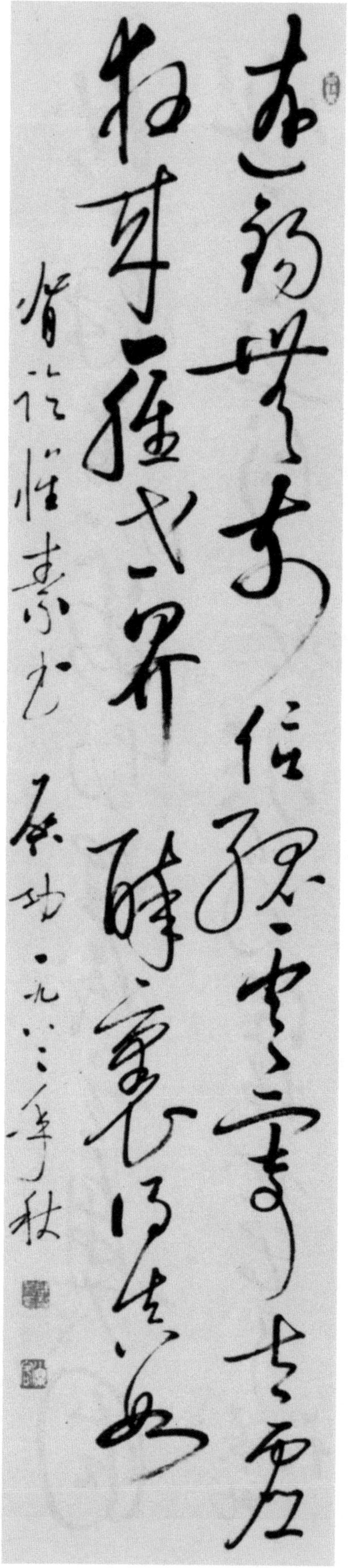

背临怀素

一九八二年作　墨笔纸本

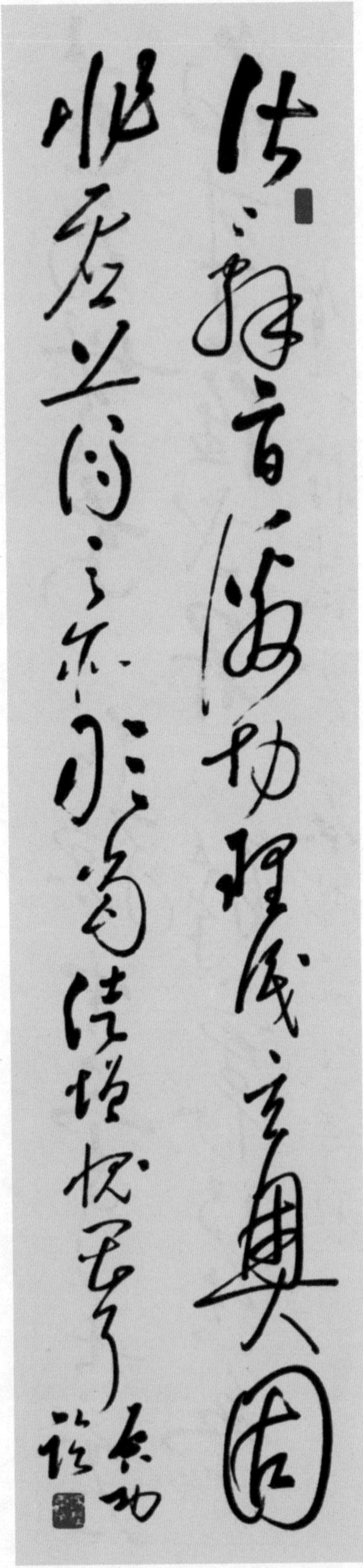

临怀素（二）

墨笔纸本

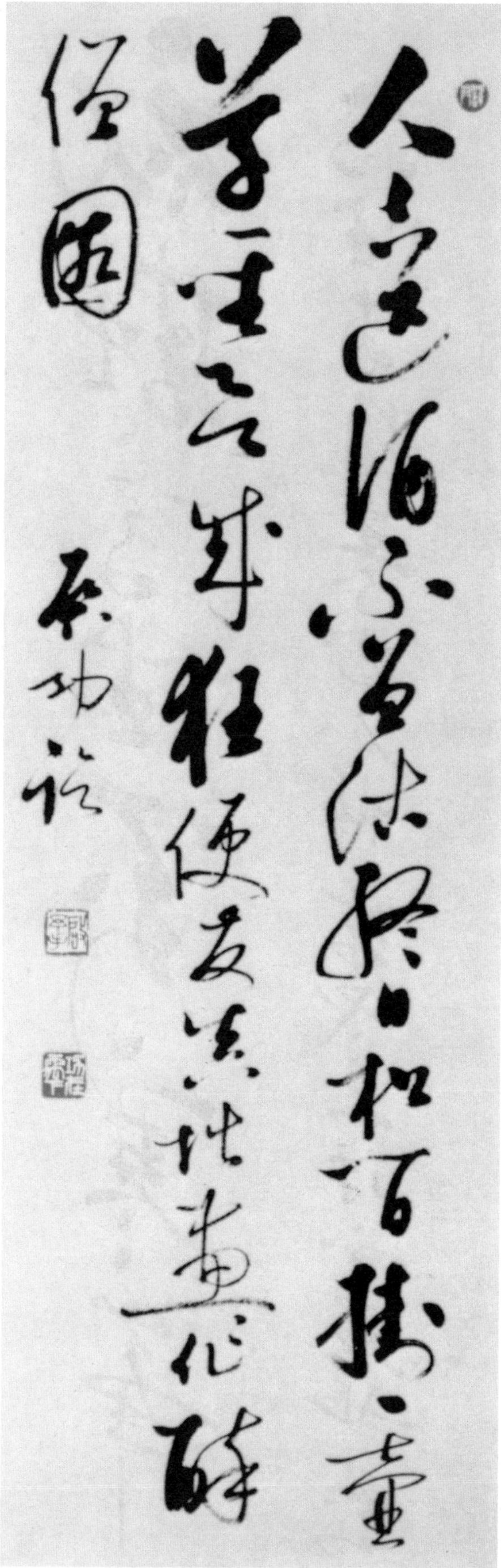

临怀素（二）

墨笔纸本

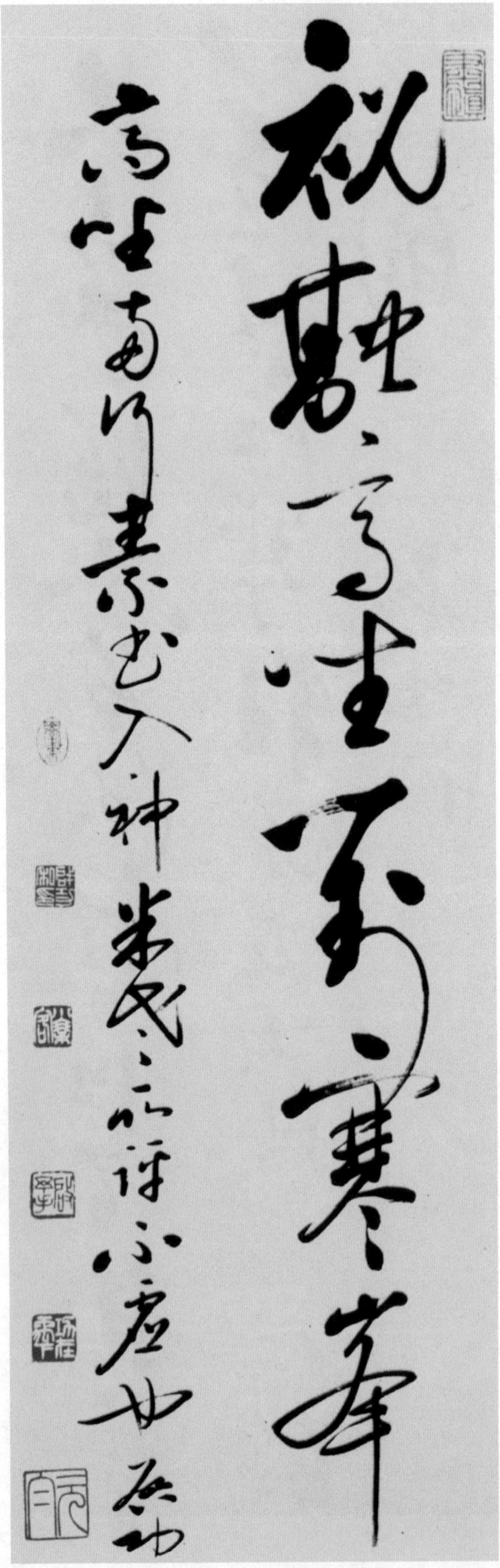

临怀素（三）

墨笔纸本

春風嬈樹頭

丹元傳詩坡翁戲語巾也

启功

181

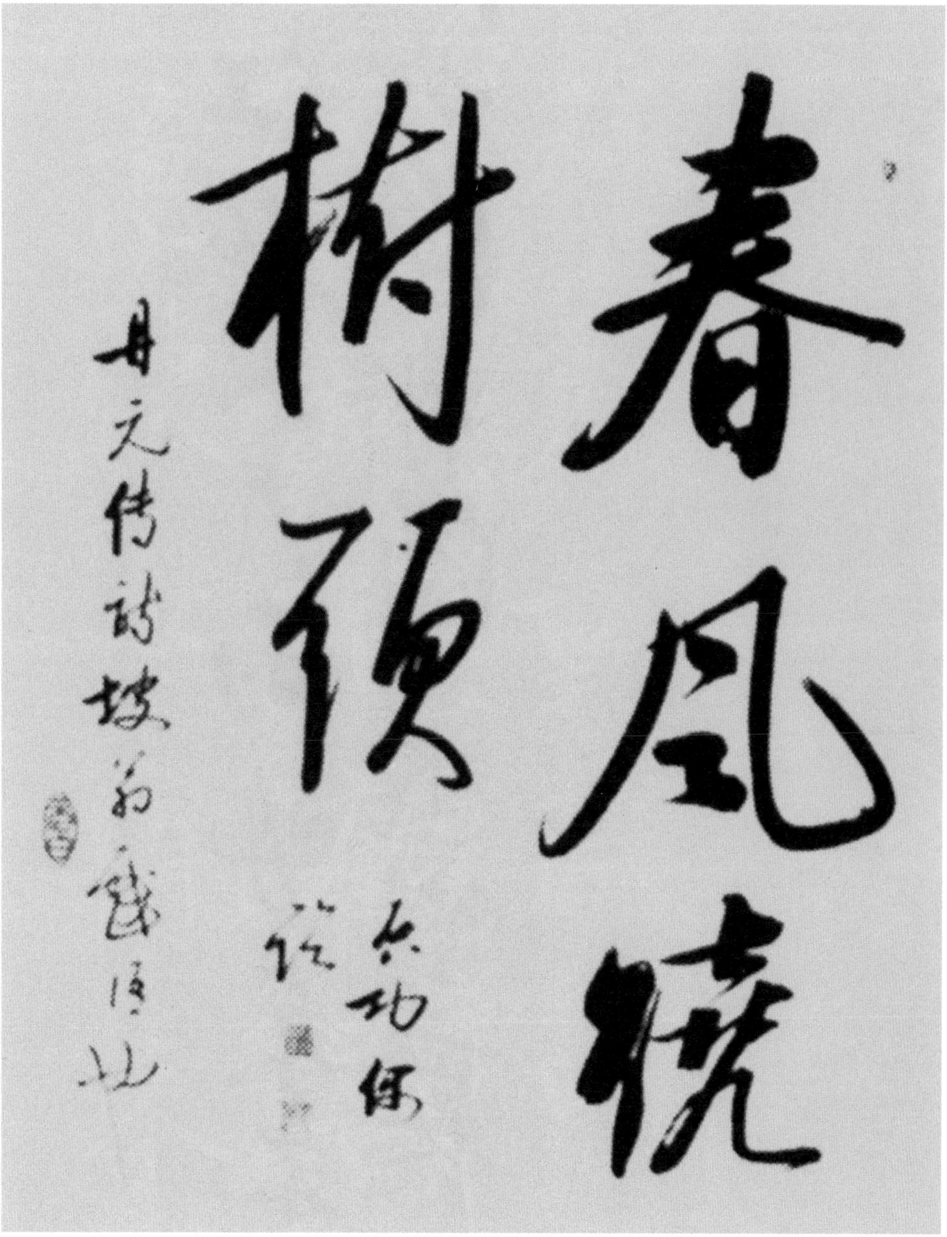

临苏轼（一）

墨笔纸本

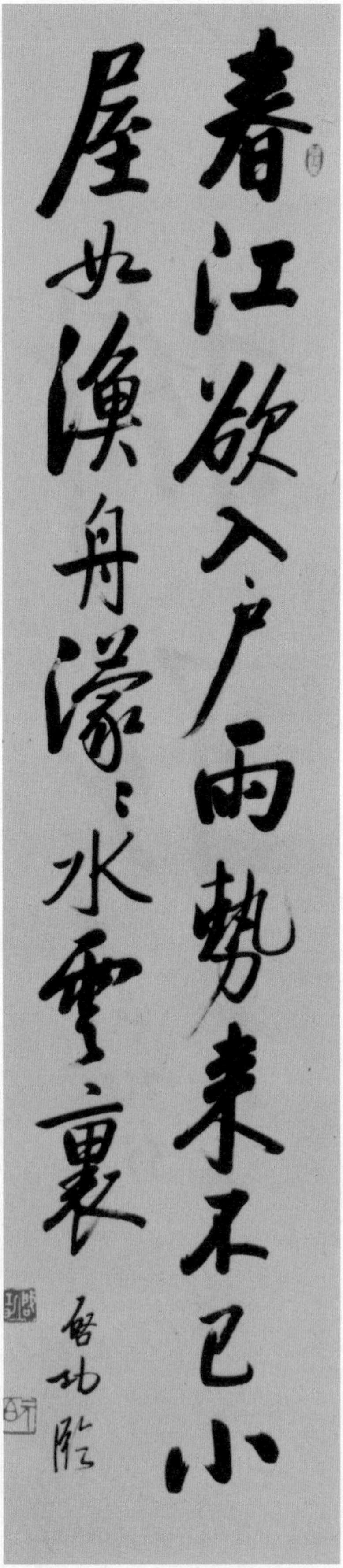

临苏轼（二）
墨笔纸本

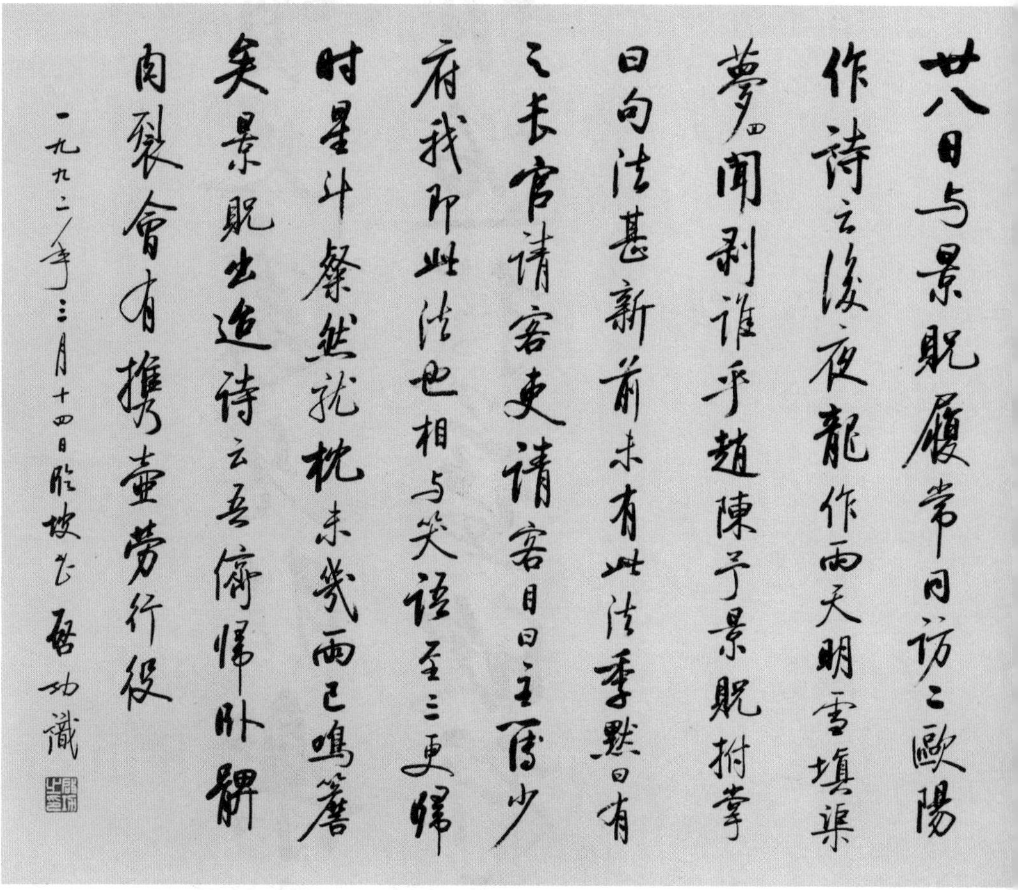

临苏轼（三）

一九九二年作　墨笔纸本

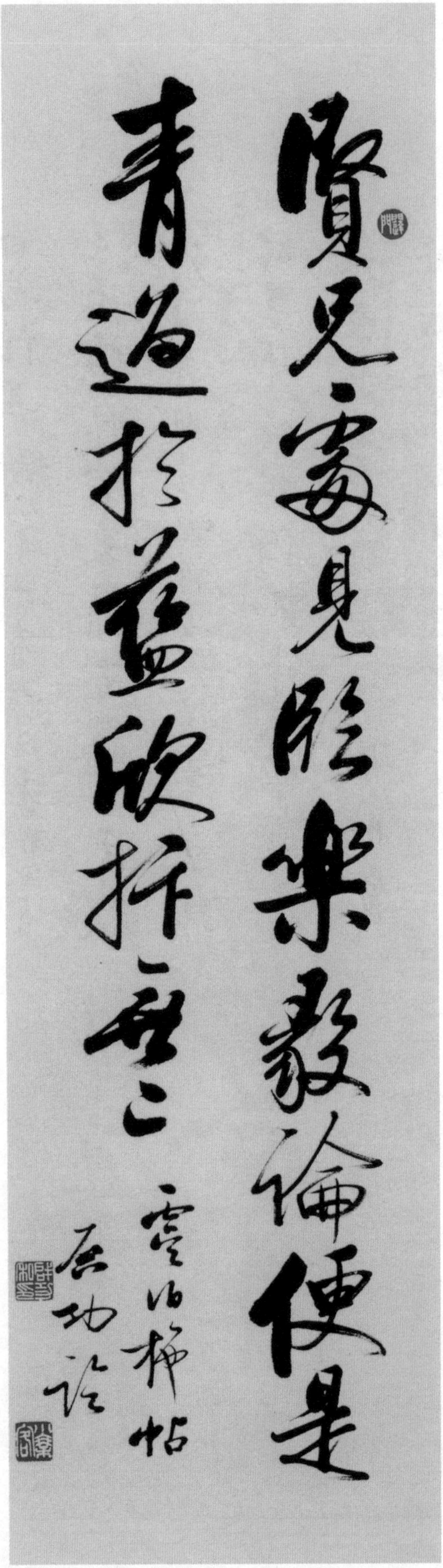

临虞世南（一）
墨笔纸本

賢兄每見脫樂毅論便是青過於藍欣抃無已於學了世南也臂痛慶去不堪觀緒中雲世南筆 啟功臨

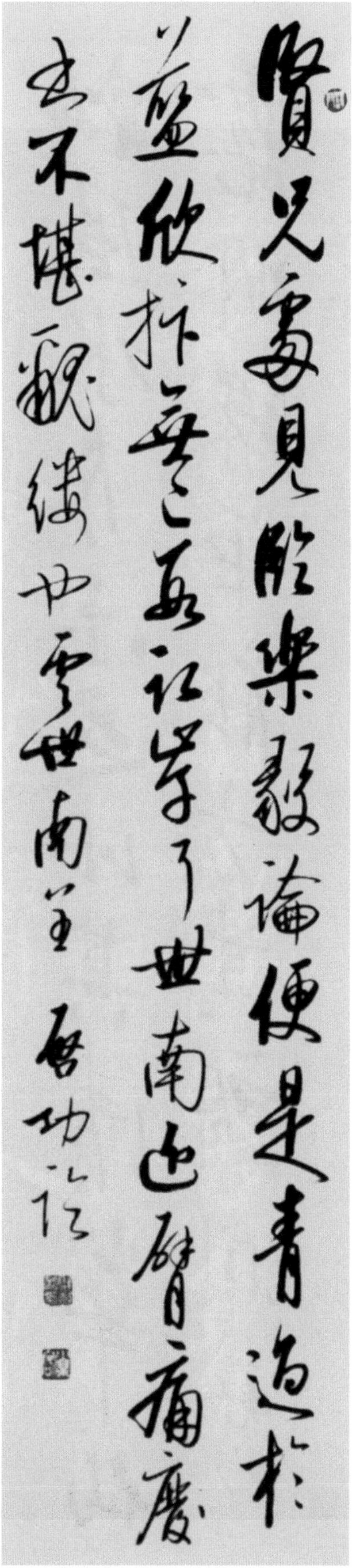

临虞世南（二）

墨笔纸本

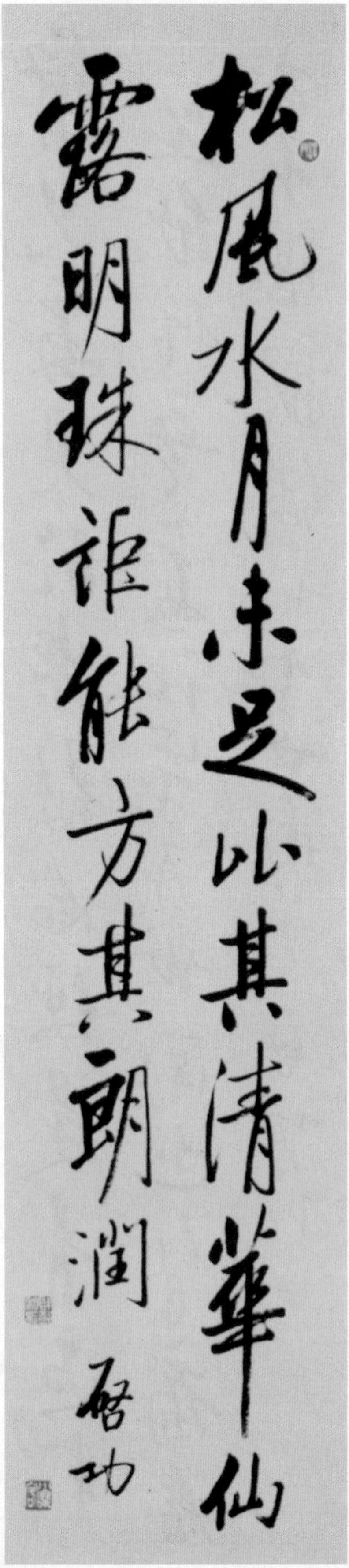
松风水月未足比其清华仙露明珠讵能方其朗润
启功

临圣教序
墨笔纸本

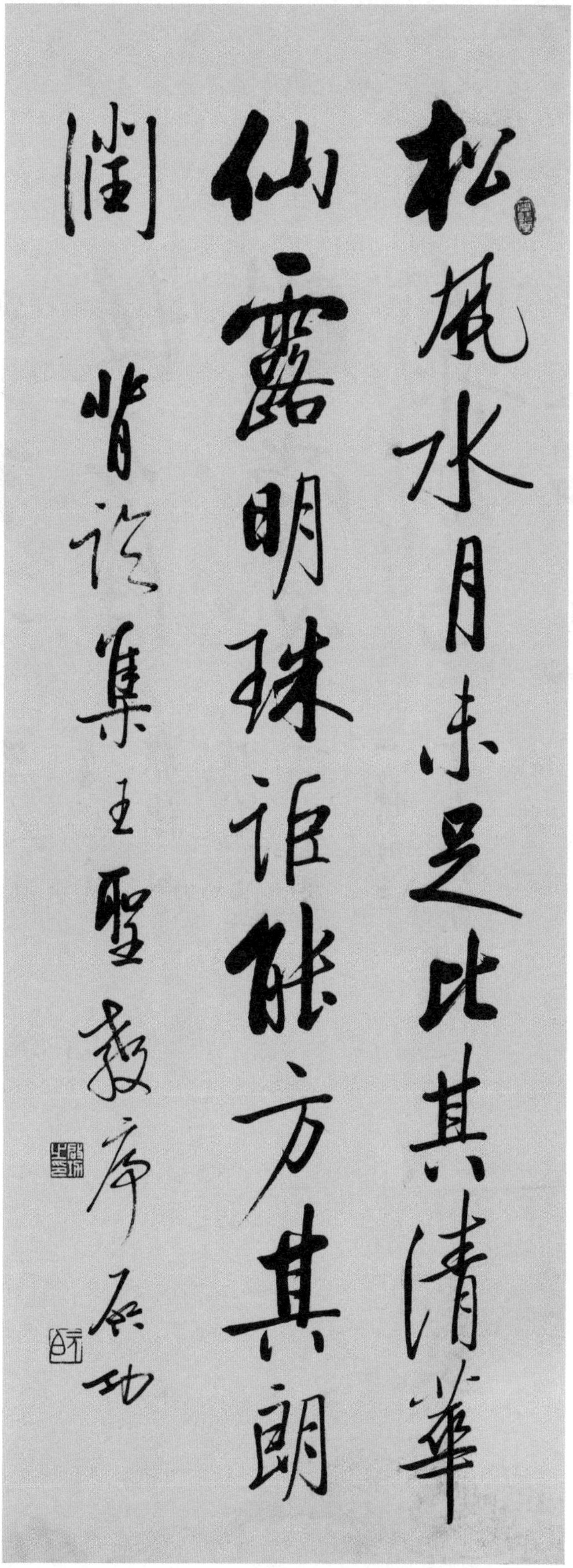
松风水月未足比其清华
仙露明珠讵能方其朗润
背临集王圣教序
启功

背临圣教序

墨笔纸本

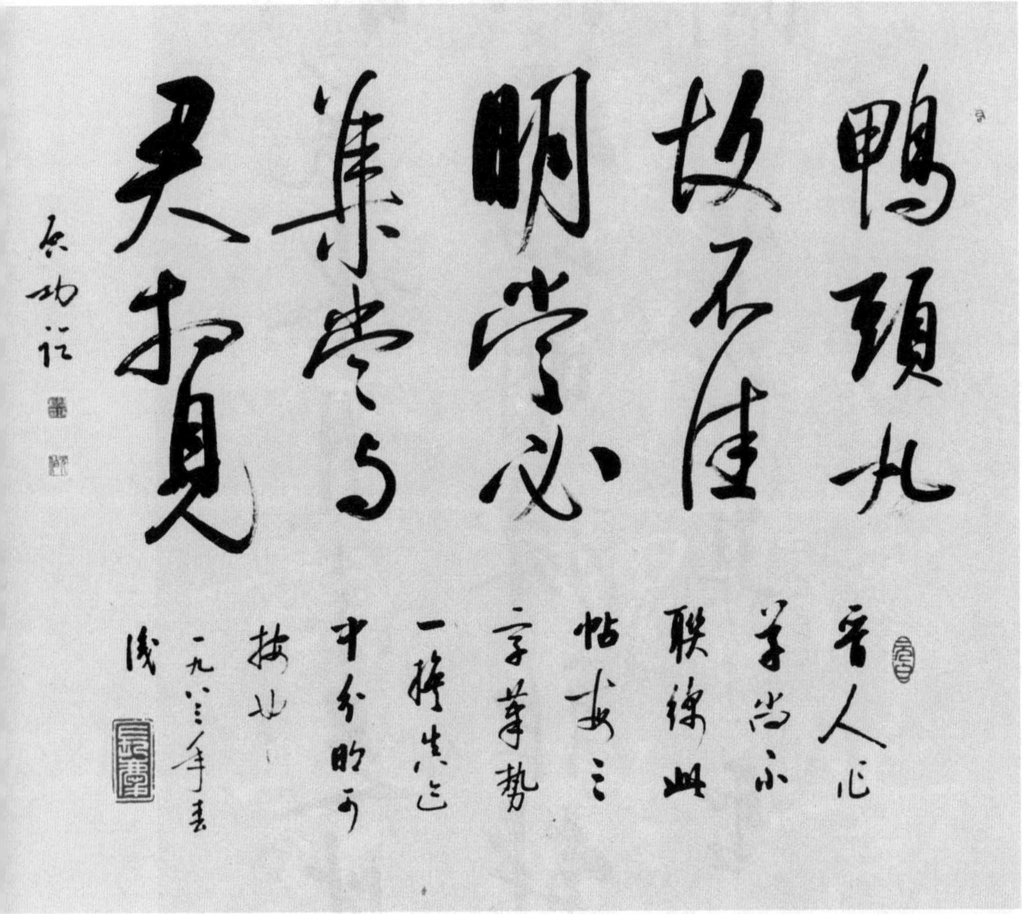

临晋人草书笔势三字一换

墨笔纸本

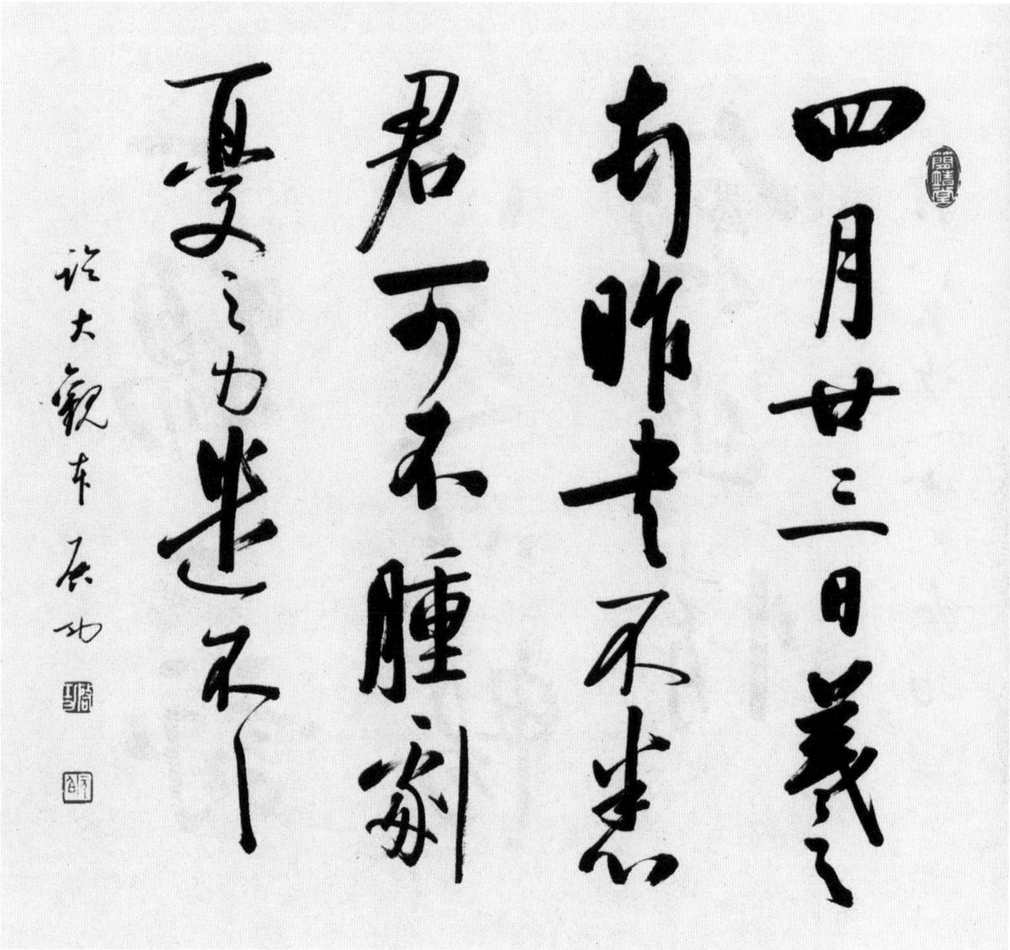

临大观帖

墨笔纸本

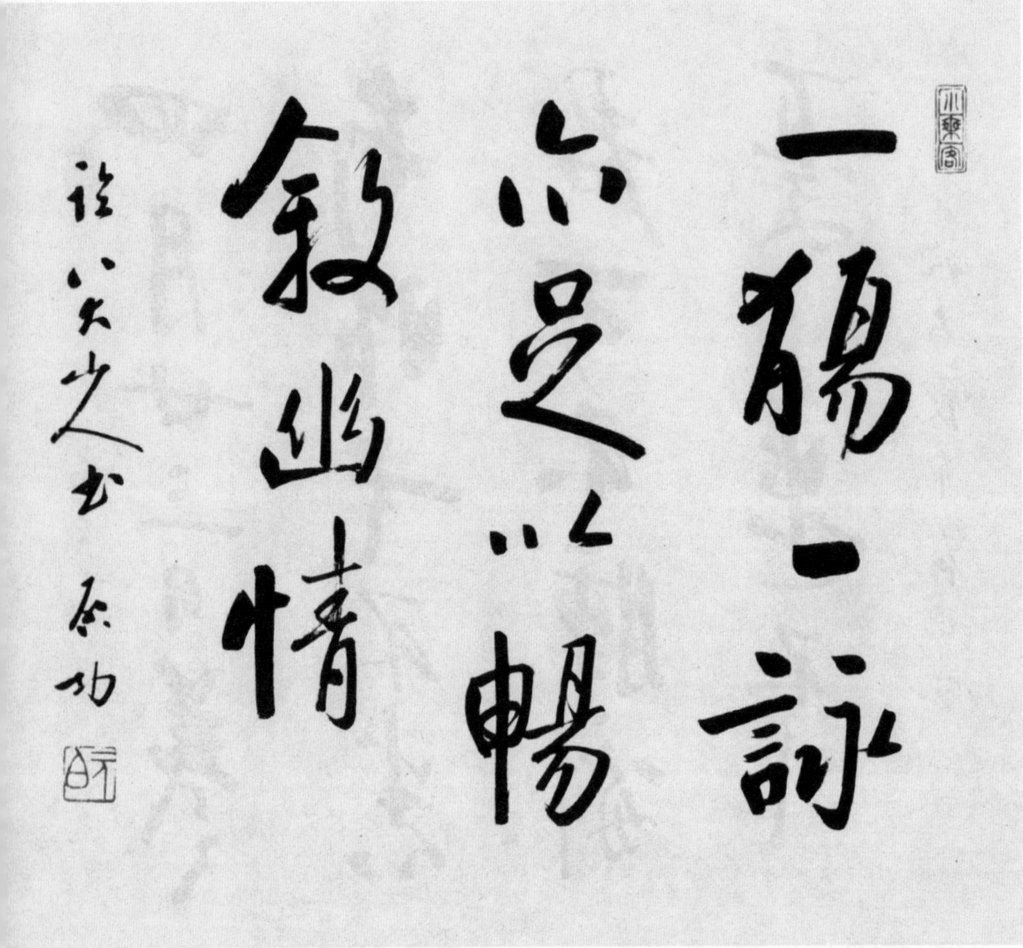

临八大山人书

墨笔纸本

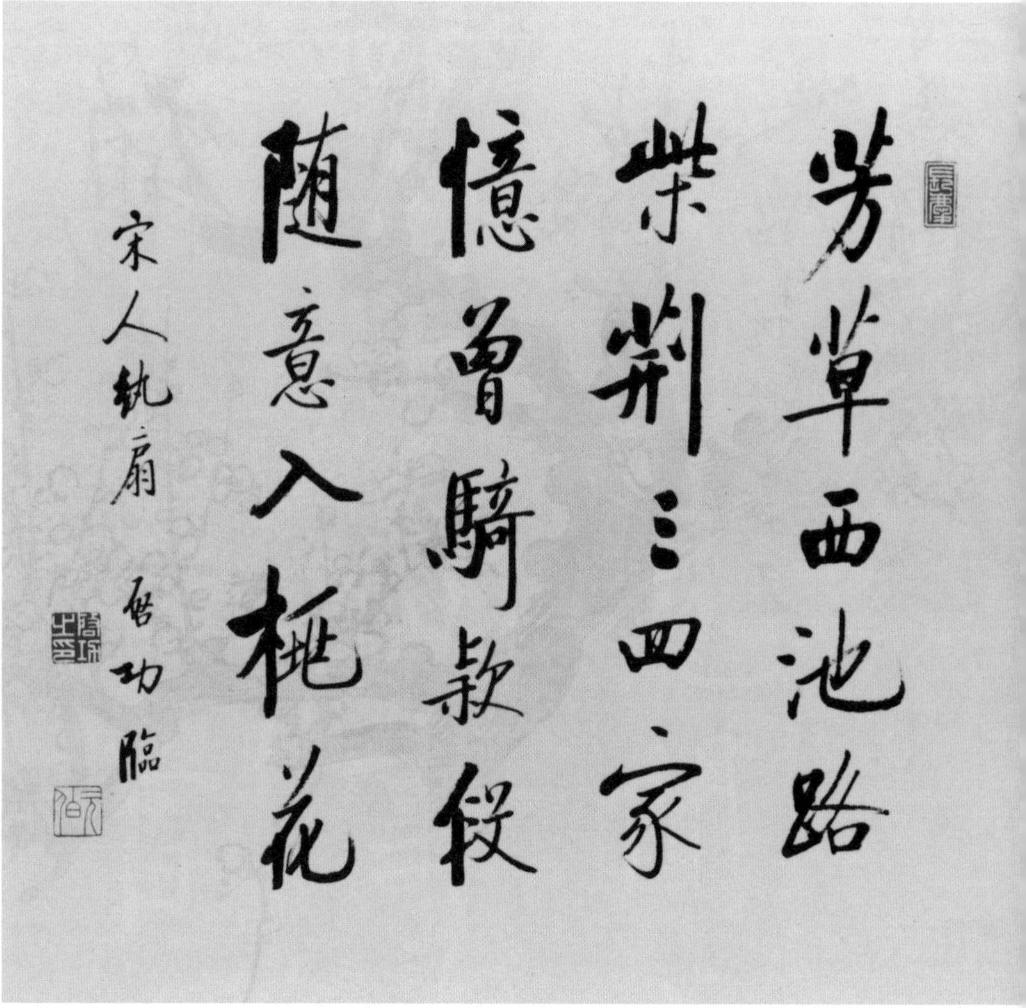
芳草西池路
柴荆三四家
憶曾騎款段
随意入桃花
宋人纨扇
启功临

临宋人纨扇

墨笔纸本

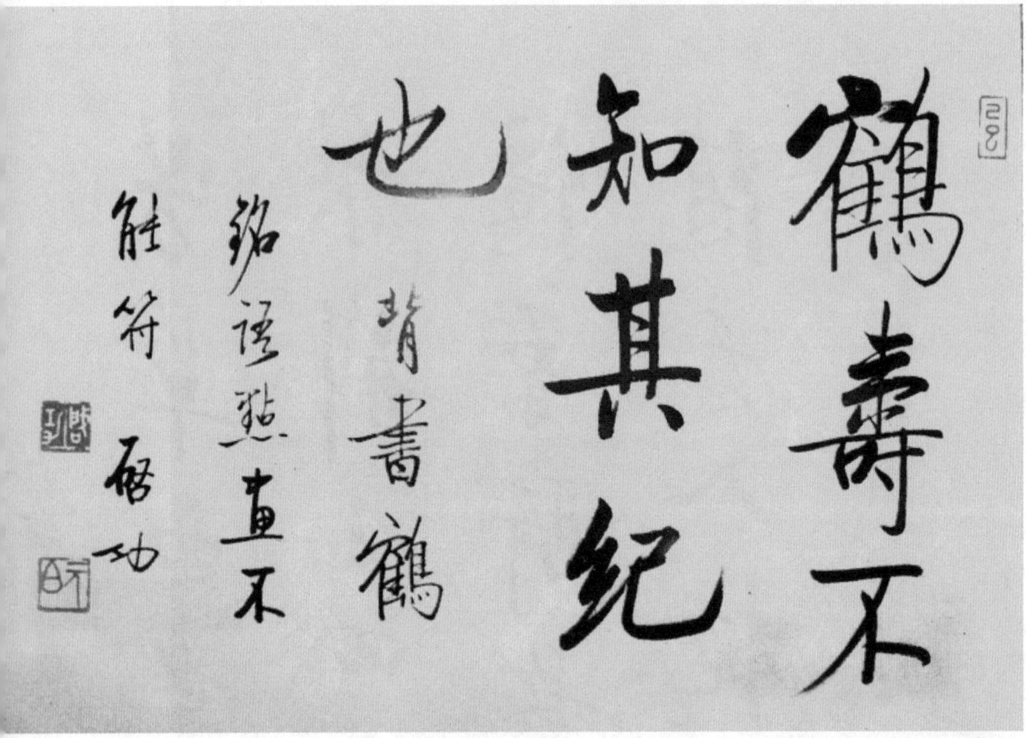

背临鹤铭

墨笔纸本

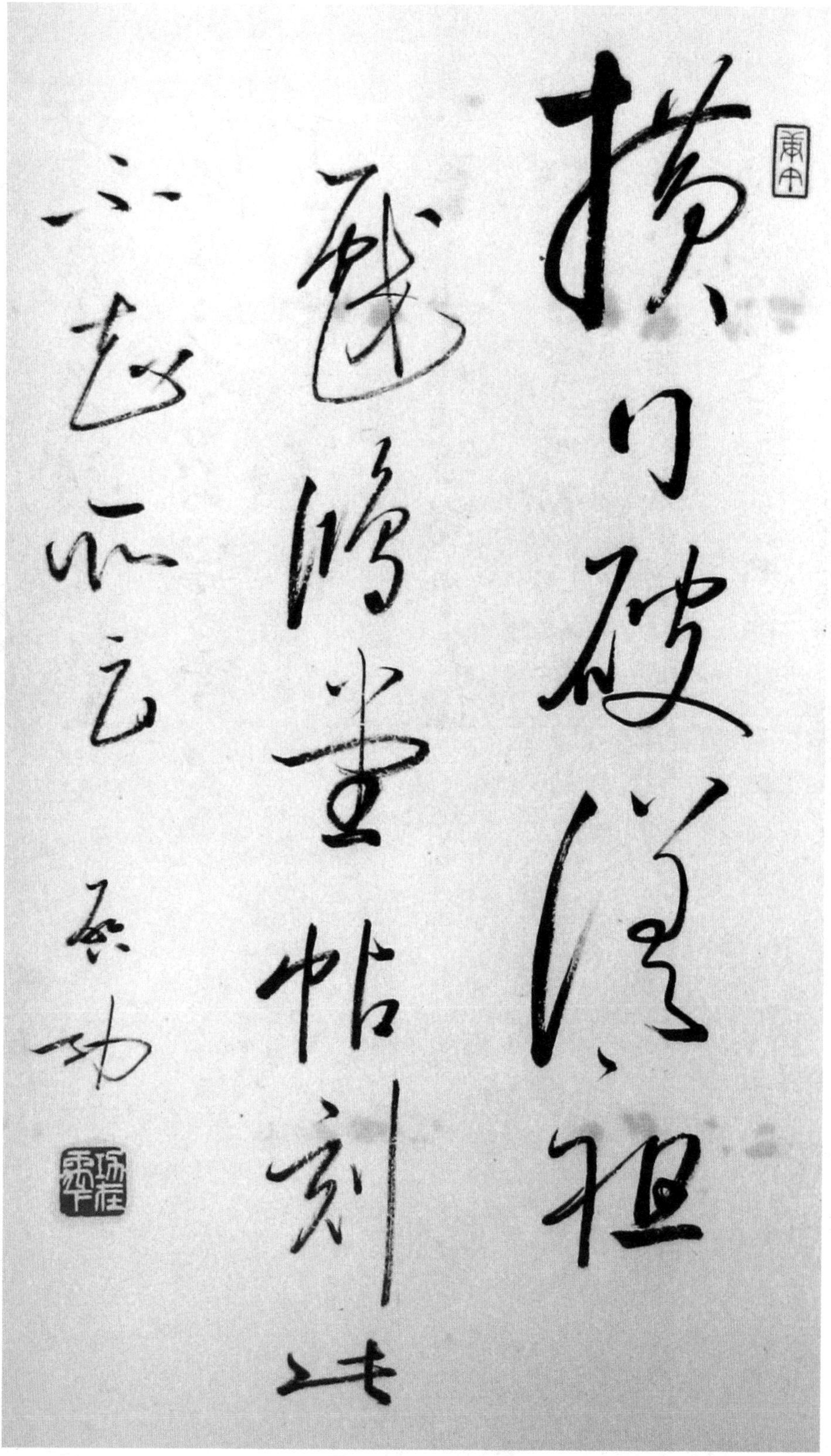

临戏鸿堂帖

墨笔纸本

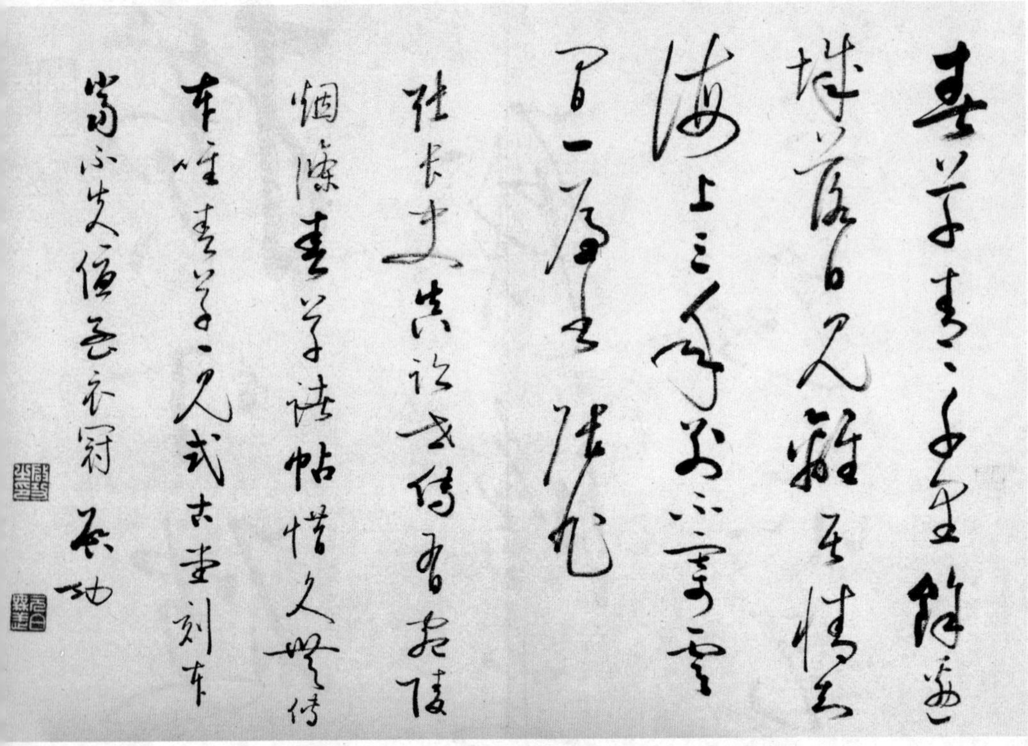

临张旭

墨笔纸本

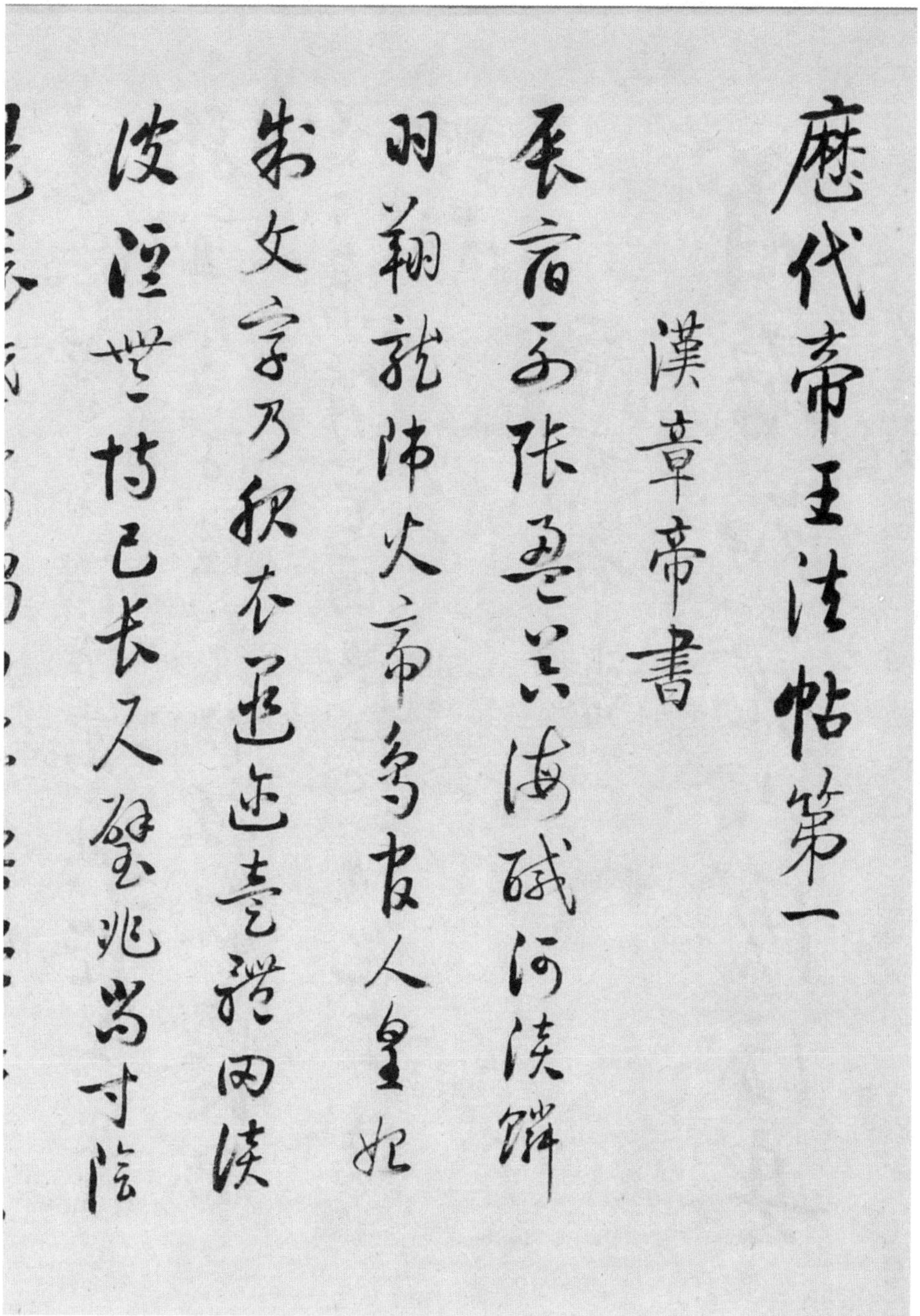

临历代帝王法帖

墨笔纸本

昌蕤孝當謂力東興泛若異懷

終宜令學優以仕採殊泛以初

已三京肖岂面浣涼渭兄集揆

典六

晋武帝書

省歷知兒以頃仿具

陽如宁可表此

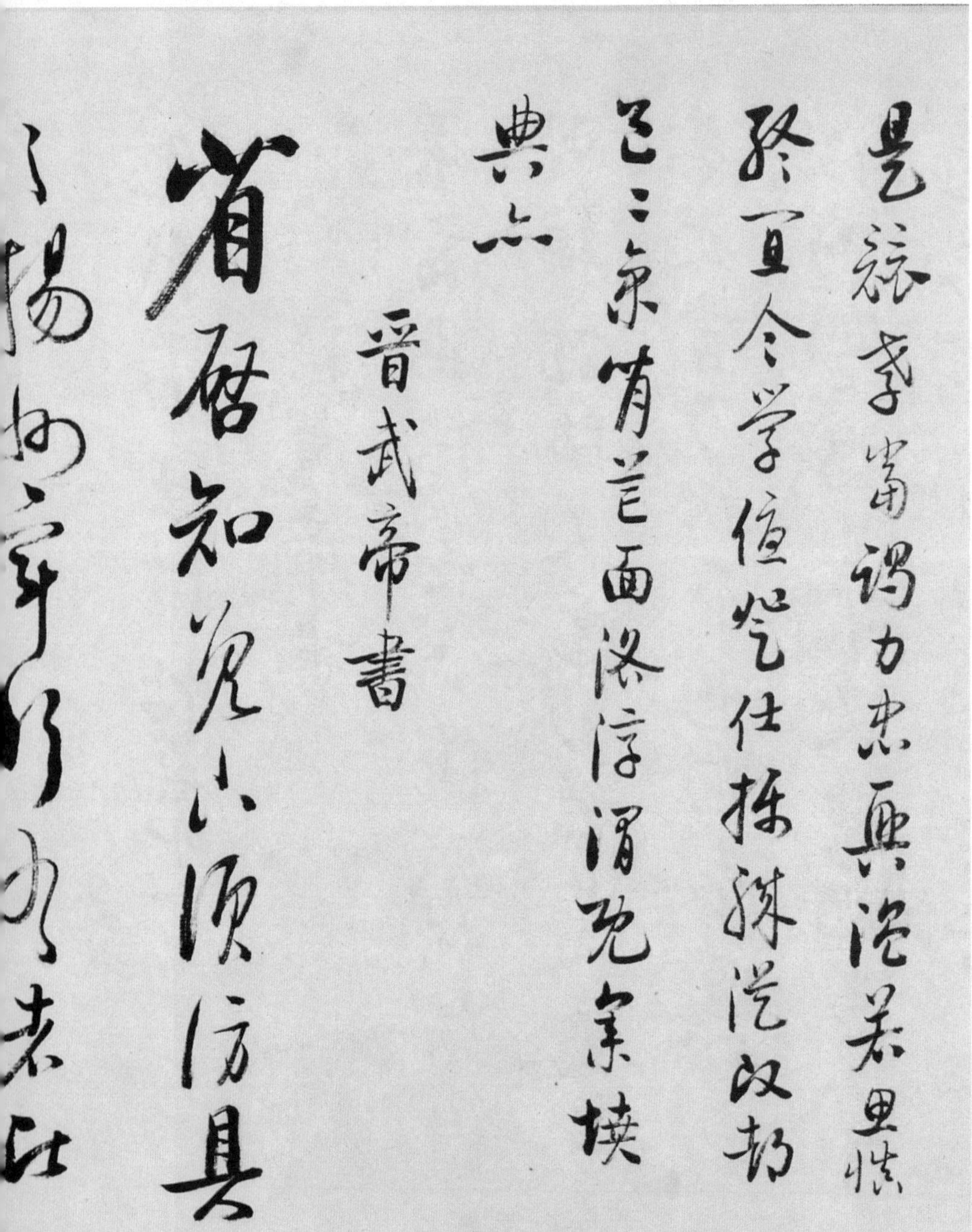

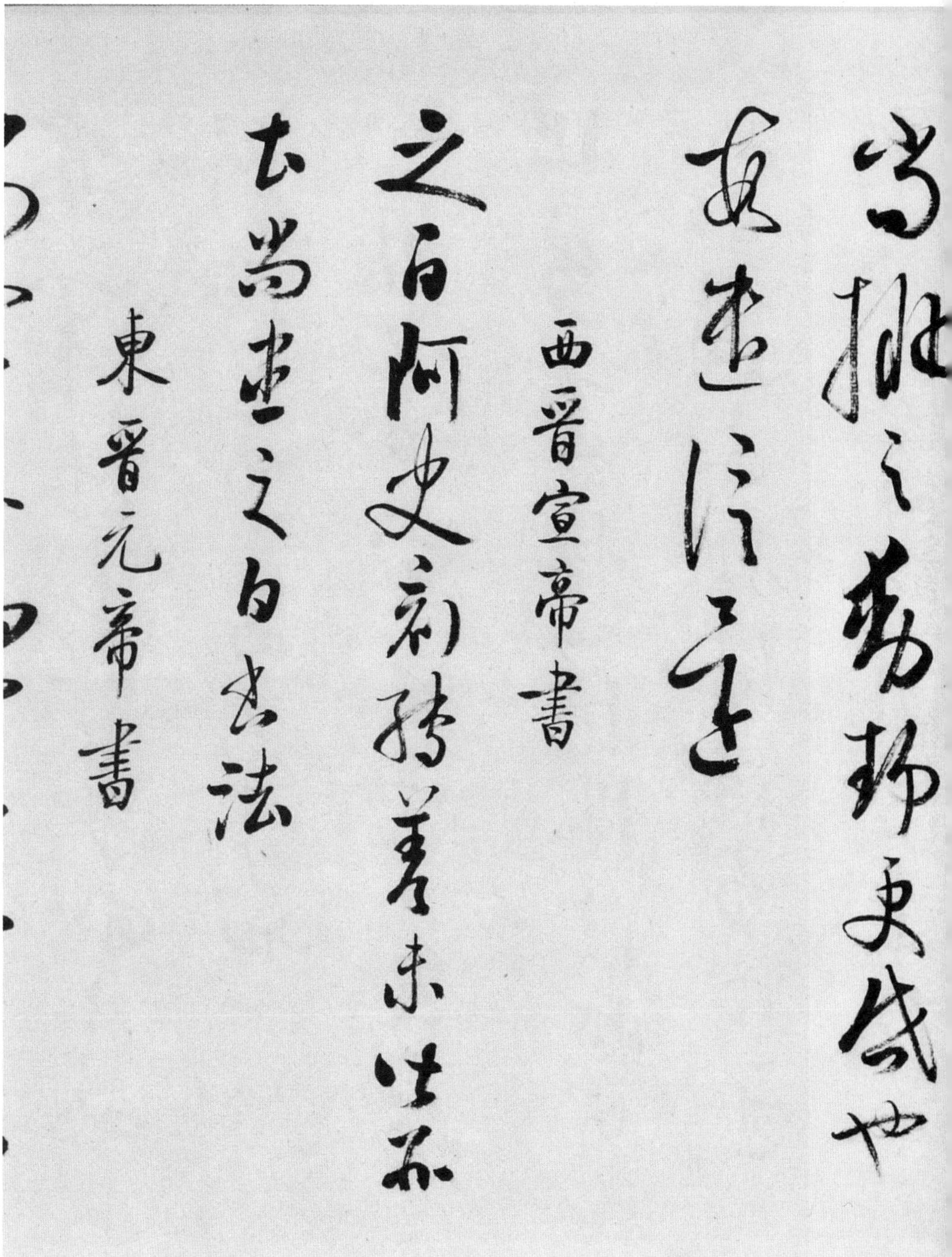
西晋宣帝書
東晋元帝書

安軍未把手和之也

以深之可子也

八月九日　　中秋

旦當憙懼便　沱恒何

如以群不社住惶角因何至

枯之及不角因角上

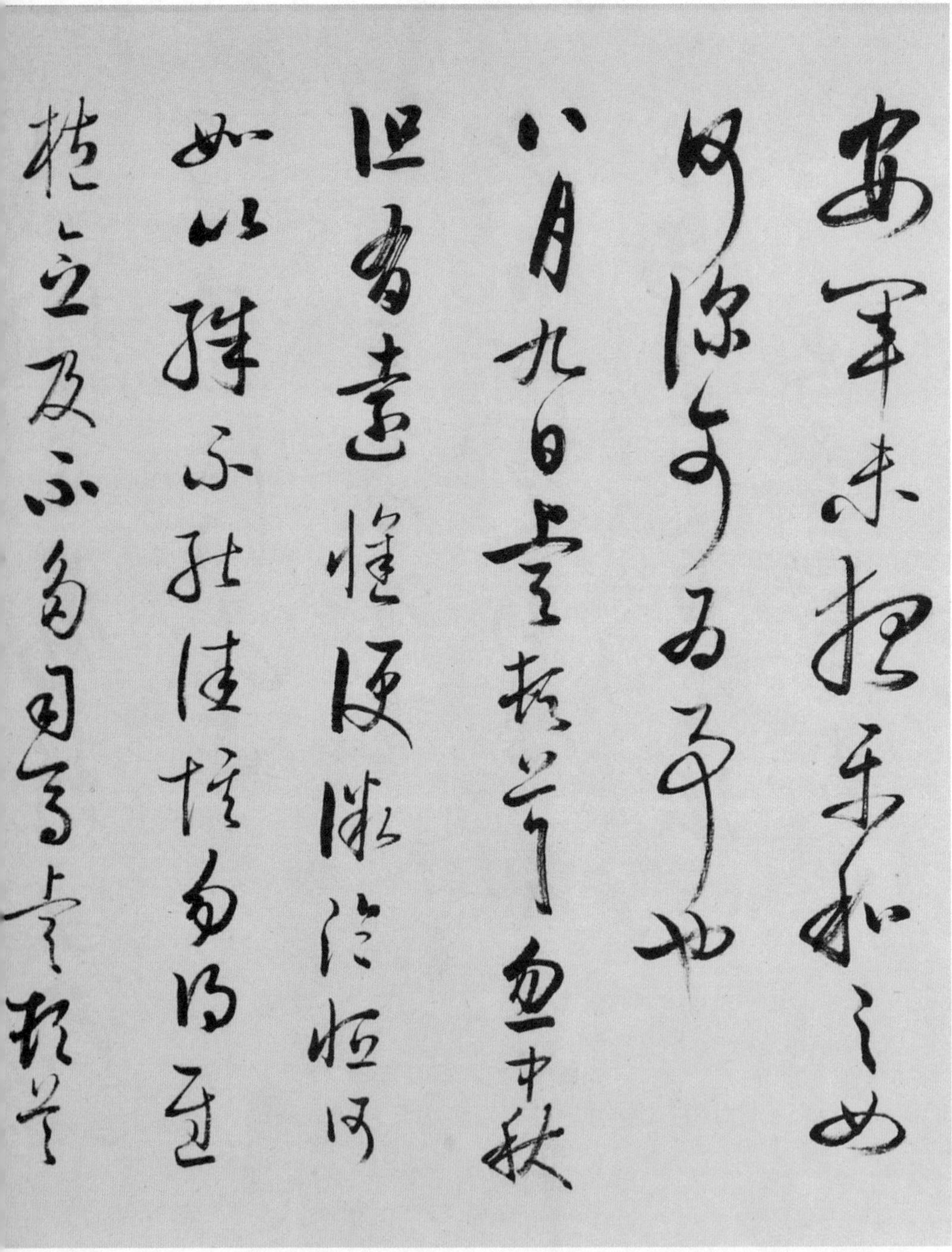

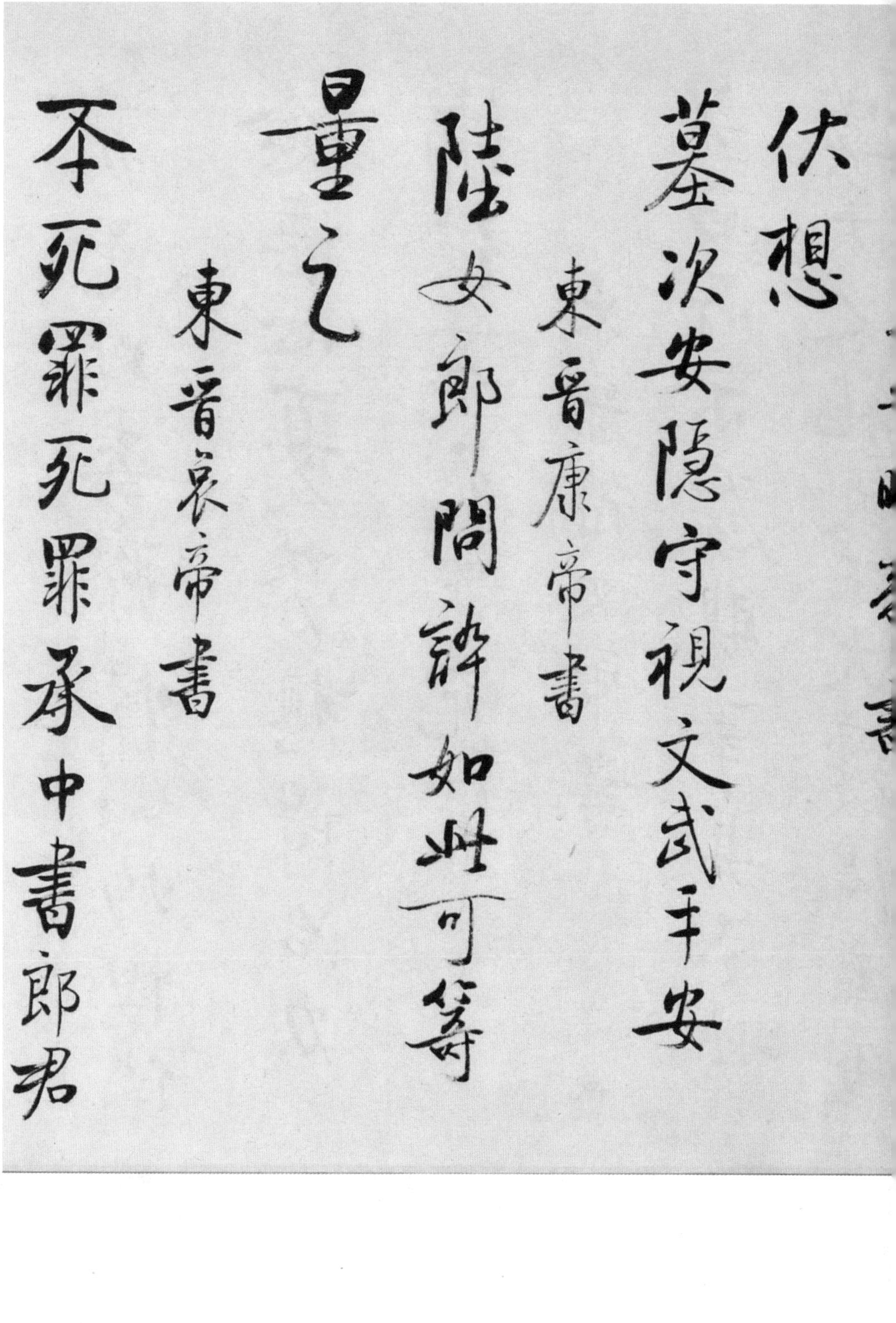

伏想
墓次安隱守視文武手安
東晉康帝書
陸女郎問訊如此可等
量之
東晉哀帝書
不死罪死罪承中書郎君

疢患比委瘵情以灼恒伏
念垂心憂勞想得治力
漸佳不死罪死罪

東晉簡文帝書

昱白所示慶賜事具之之此
莫大之祀天下大慶得率由

舊章屢若民望甚為盡
善但奢則不適於時儉則
陋而不典正當斟酌其宜令
得會中耳
東晉文孝王書
異暑復何如向見嵇云卿小苦
瘧不乃以為患治之不遺不悉司

馬道子白

東晋武帝書

比得譙王書有欲仙語兵

答之如別綰前云宜綰譙王

祭之擬衆云公書綰私書

君輒從衆以吾觀之寧當

許已想不得爾

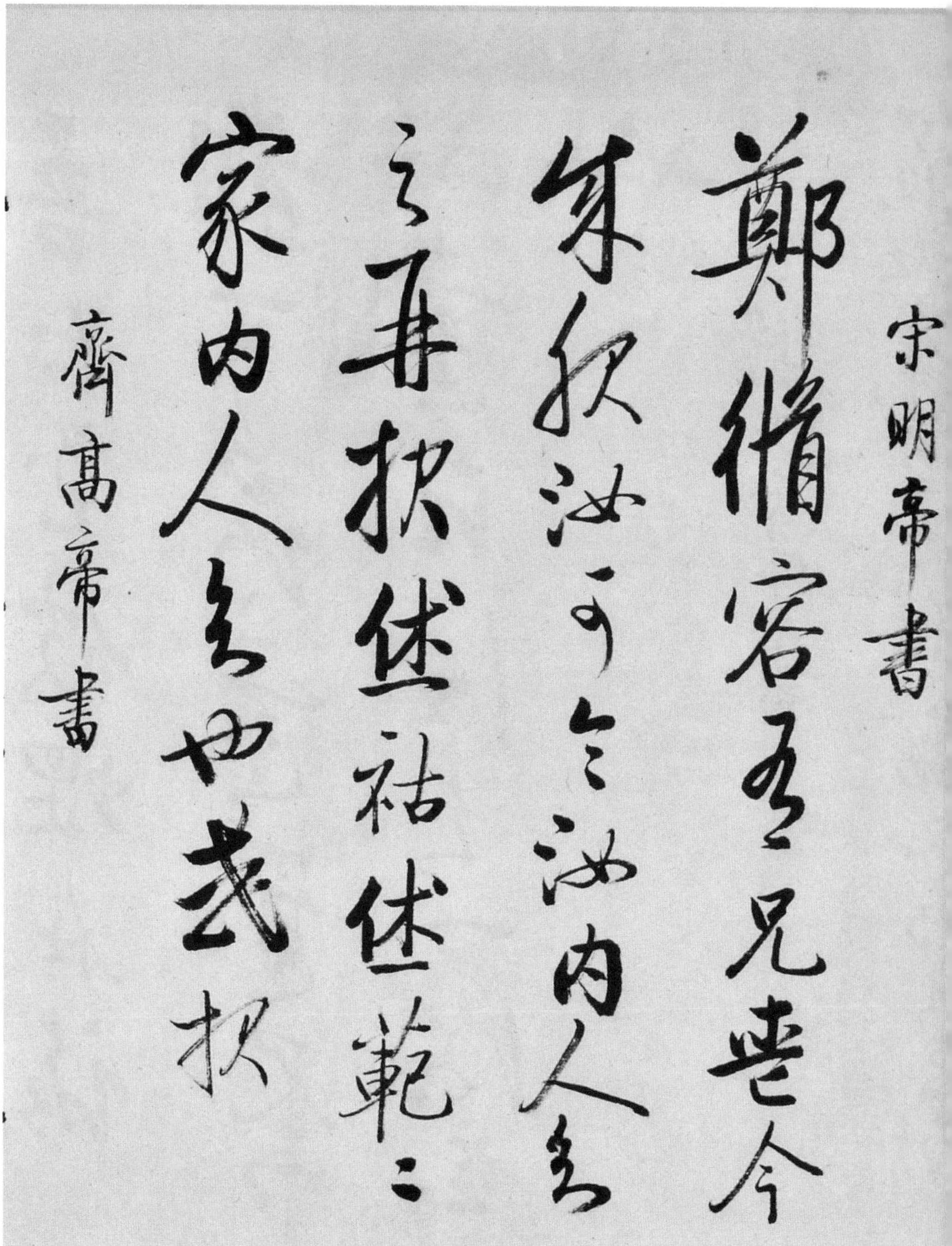
宋明帝書
鄭修容吾兄喪今
年秋汝可令汝內人多
之尋拔休祐休範二
家內人多也若拔
齊高帝書

吾以不能彼堰在诸

粗了君逐重见四

不委以信为以淀之

梁武帝书

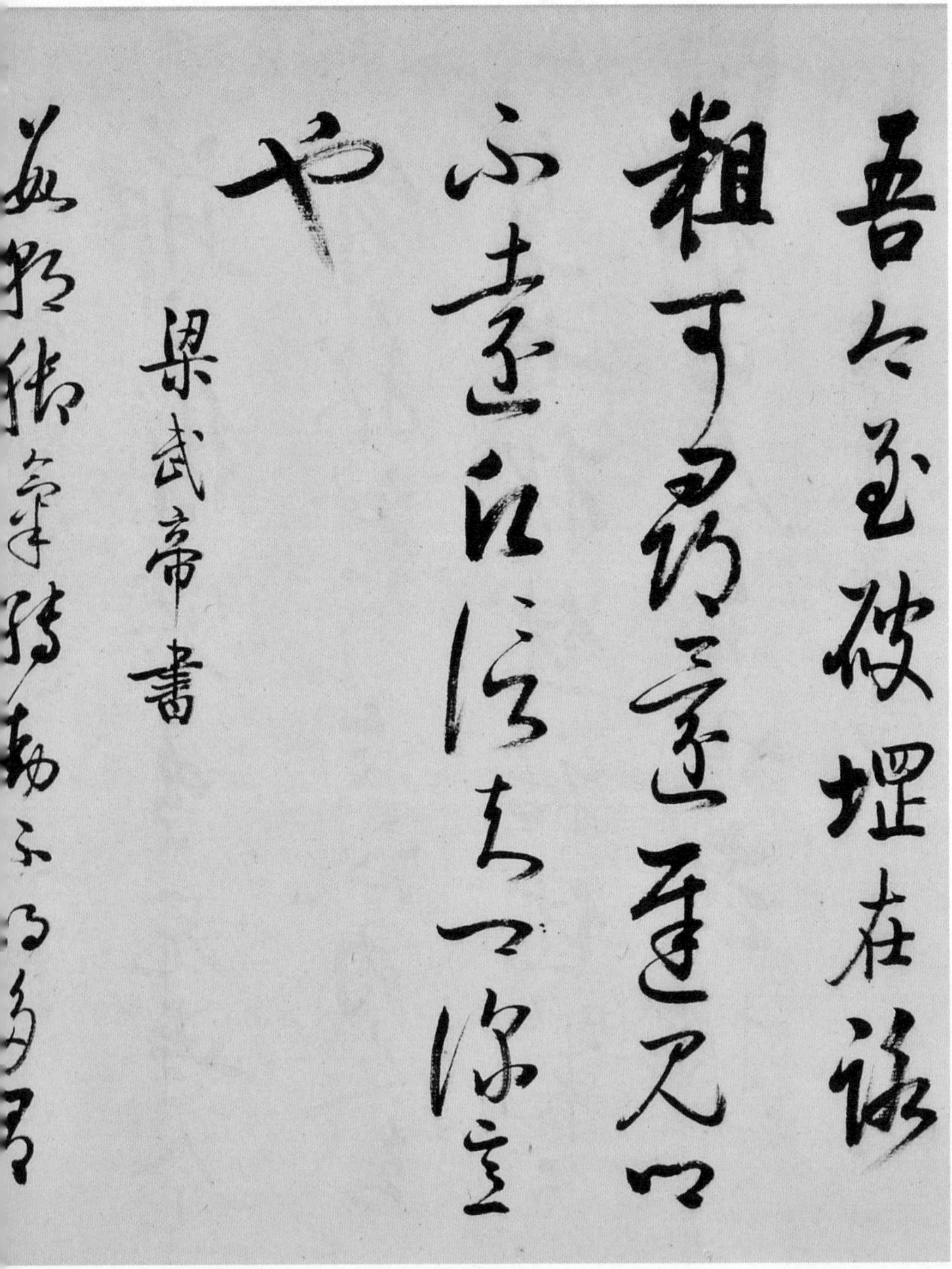

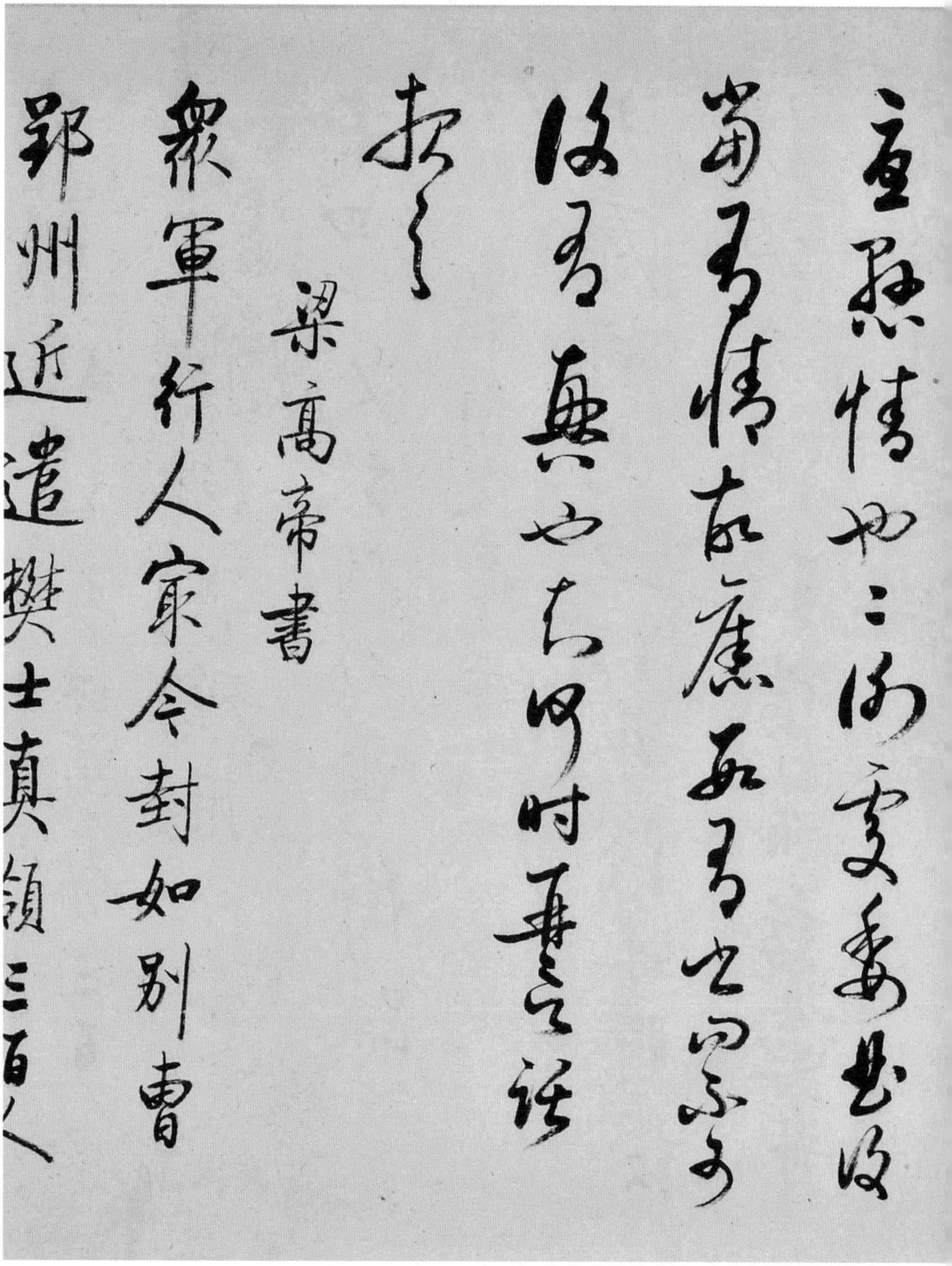
梁高帝書
衆軍行人家令封如别曹
郢州近遣樊士真領三百人

郢州近遣樊士真領三百人
猶在漢湖其應用行合應
有四千人故指白蕭衍疏
梁簡文帝書
知康司馬卓以水淺未時發
漢源冬涸理當有訪遙舟
有及具意保吝

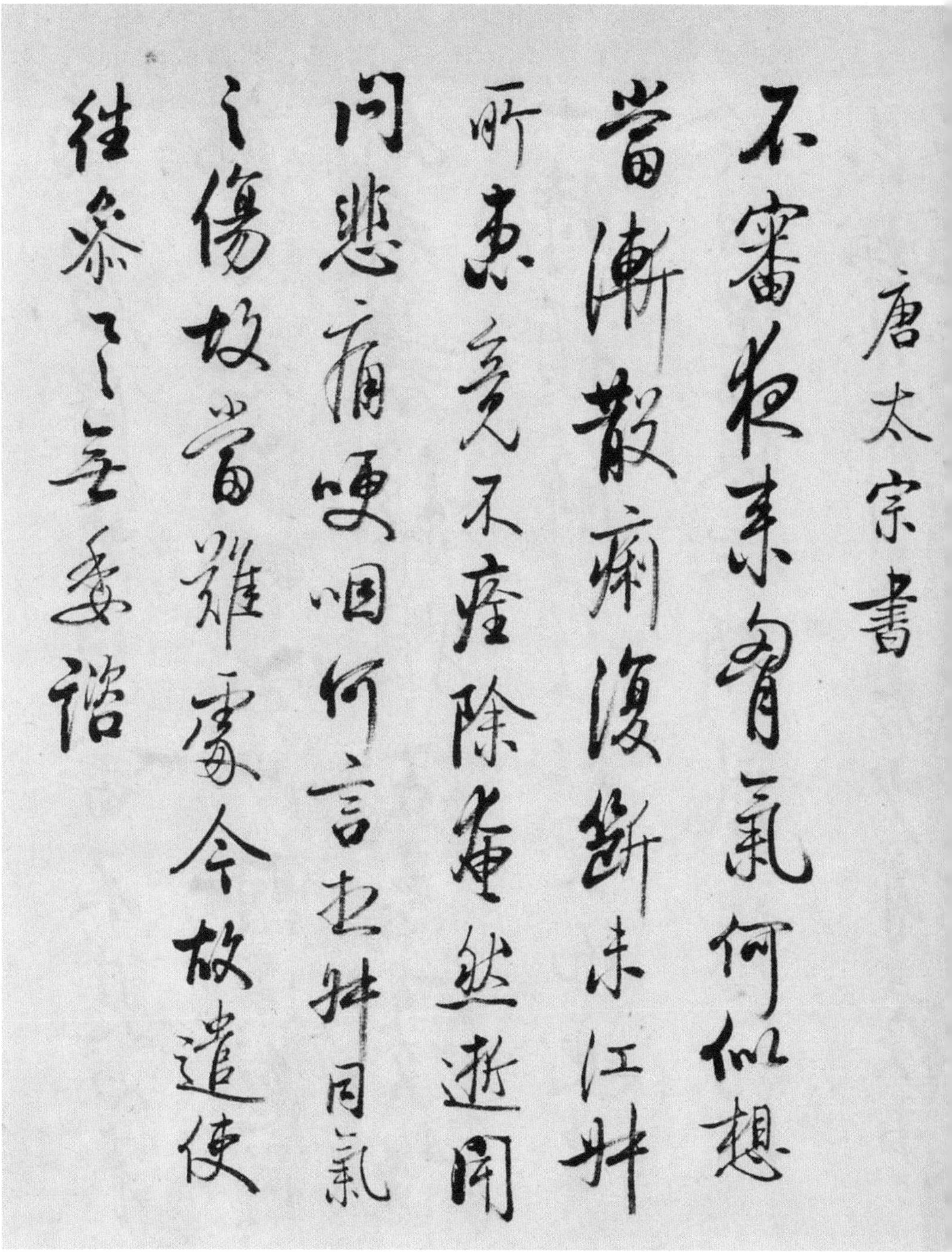
唐太宗書
不審頃來胃氣何似想
當漸散痢復斷未江州
所患竟不痊除奄然遊閒
聞悲痛哽咽何言也州同氣
之傷故當難處今故遣使
往參了無委諳

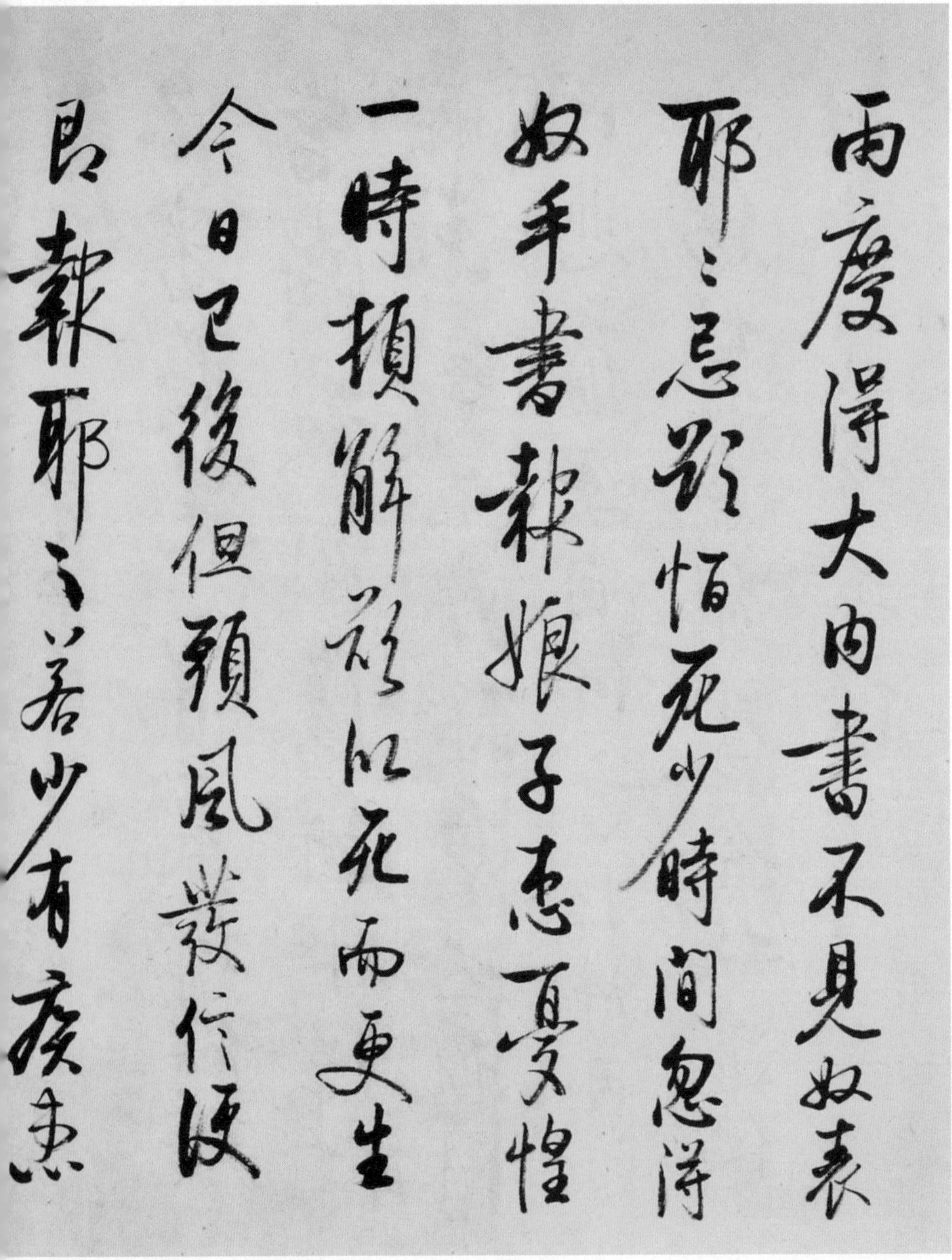
兩度得大函書不見奴表
耶耶忌欲恆死少時間忽得
奴手書隸娘子患憂惶
一時頓解殊不死而更生
今日已後但願風發作便
且隸耶耶以善少有疾患

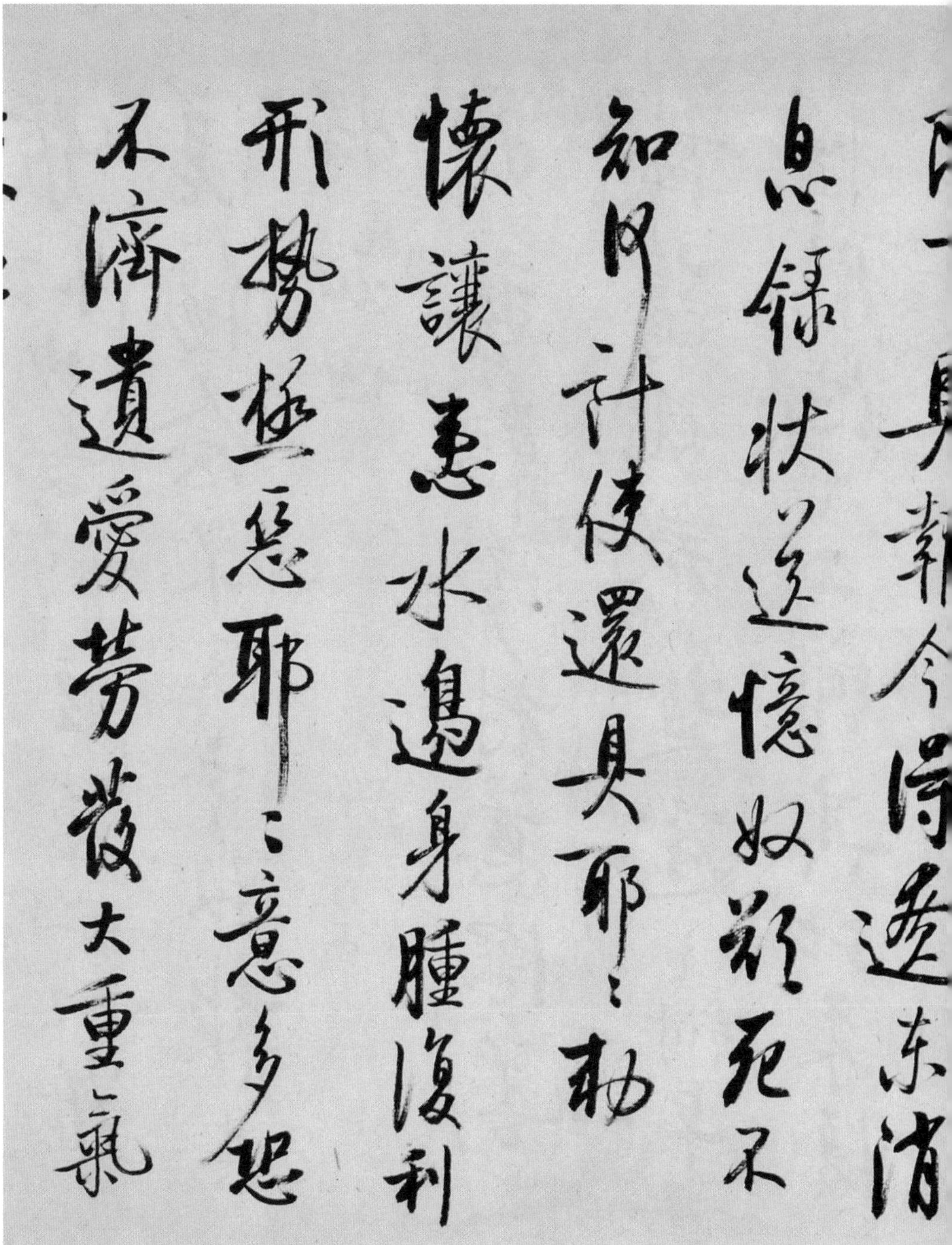
陽一具期今得遜东消
息錄狀以送憶奴羸死不
知以計使還具耶耶相
懷讓患水逼身腫復利
形勢極惡耶耶意意多悲
不濟遺憂勞發大重重氣

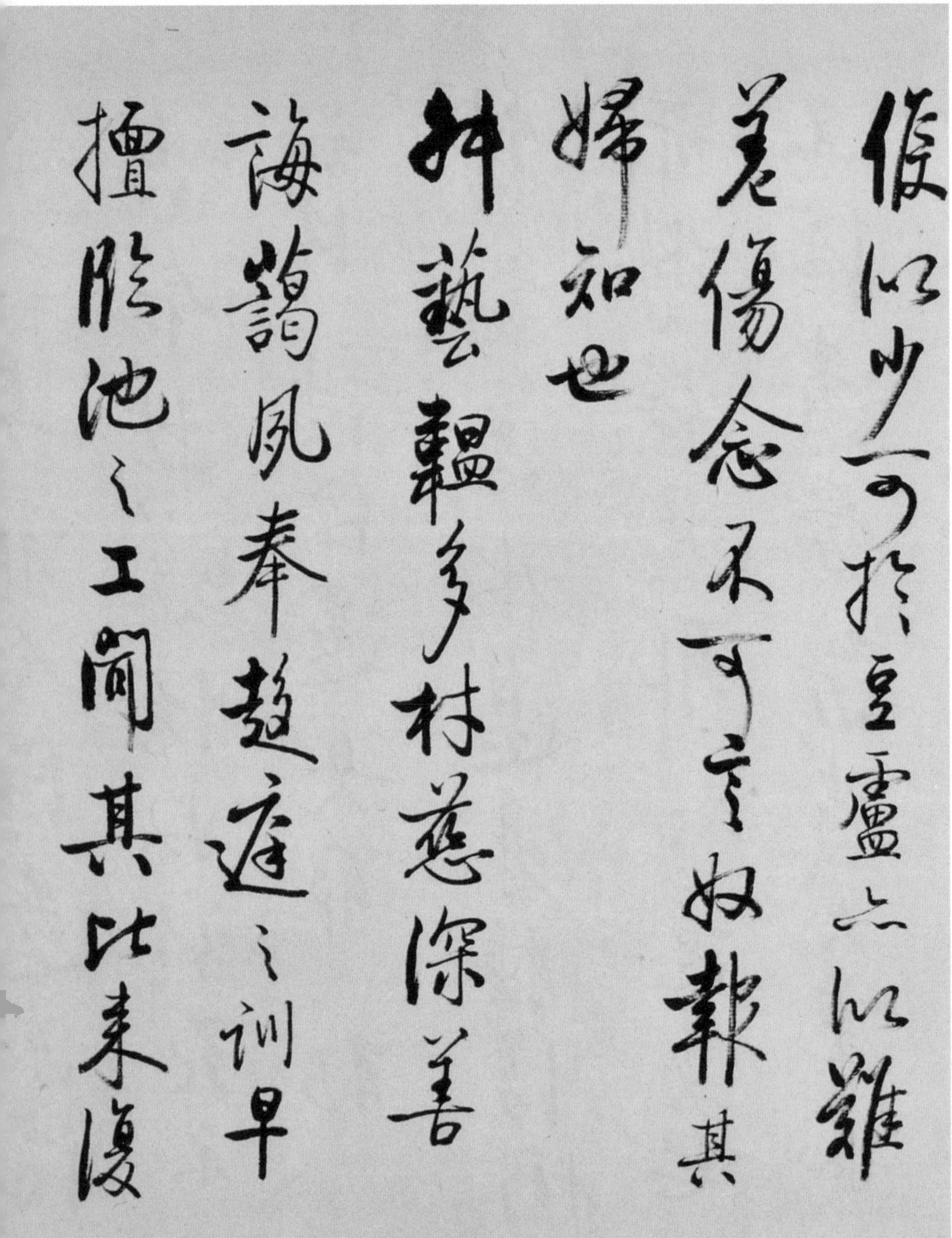
復以少子於豆盧六以雖
荒傷念不可言始報其
歸知也
幷藝韞多材慈深善
誨諭夙奉趨庭之訓早
擅臨池之工聞其比來復

聊以永藹慰六文之羆則
異五際之芳詞忽枉來書
談飾過實顧惟菲之非
敢當仁披覽循環祇以
增愧故形表意餘不多
云謹

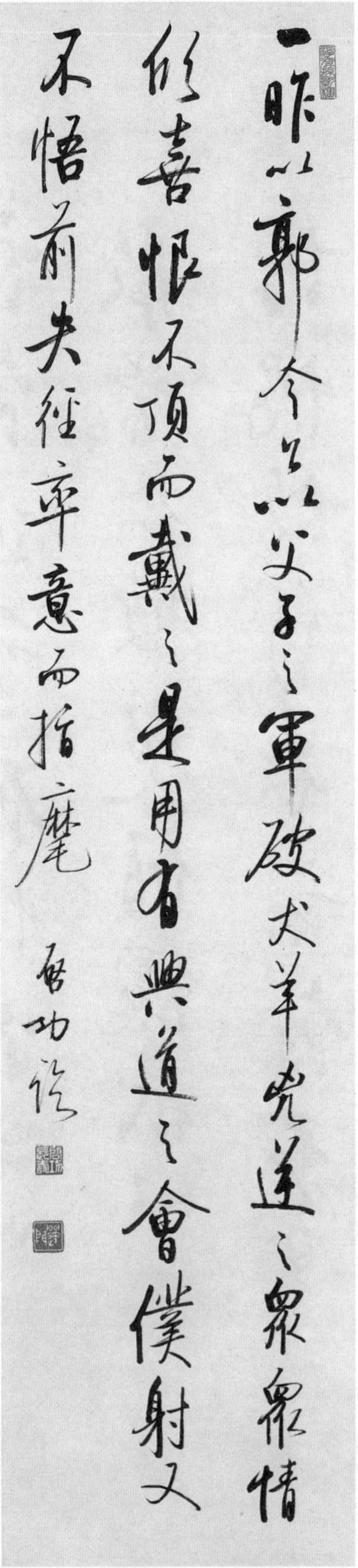
一昨以郭令公以父子之軍破犬羊兇逆之衆衆情
欣喜恨不頂而戴之是用有興道之會僕射又
不悟前失徑率意而指麾
啓功臨

临颜真卿

墨笔纸本

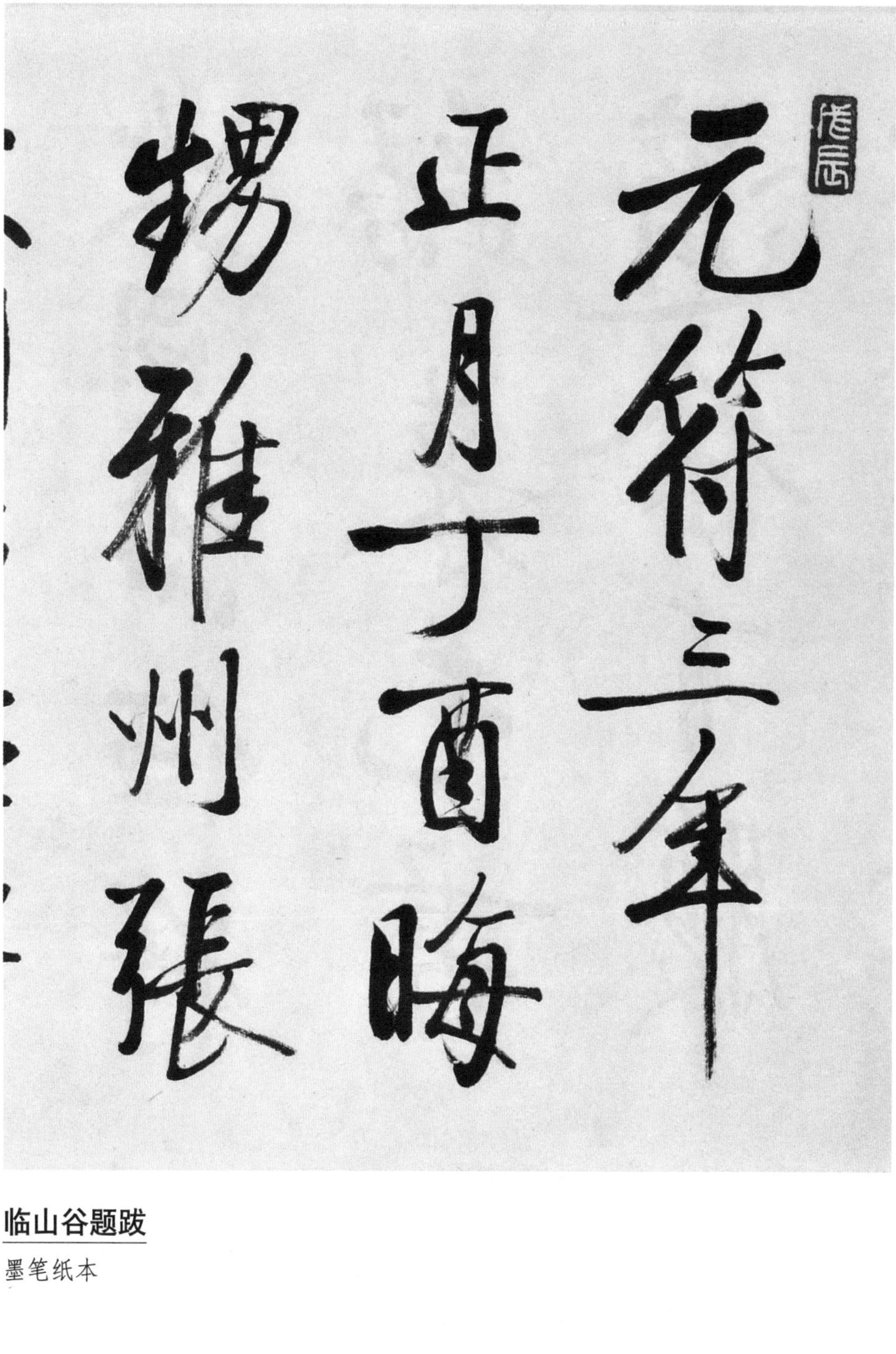

临山谷题跋

墨笔纸本

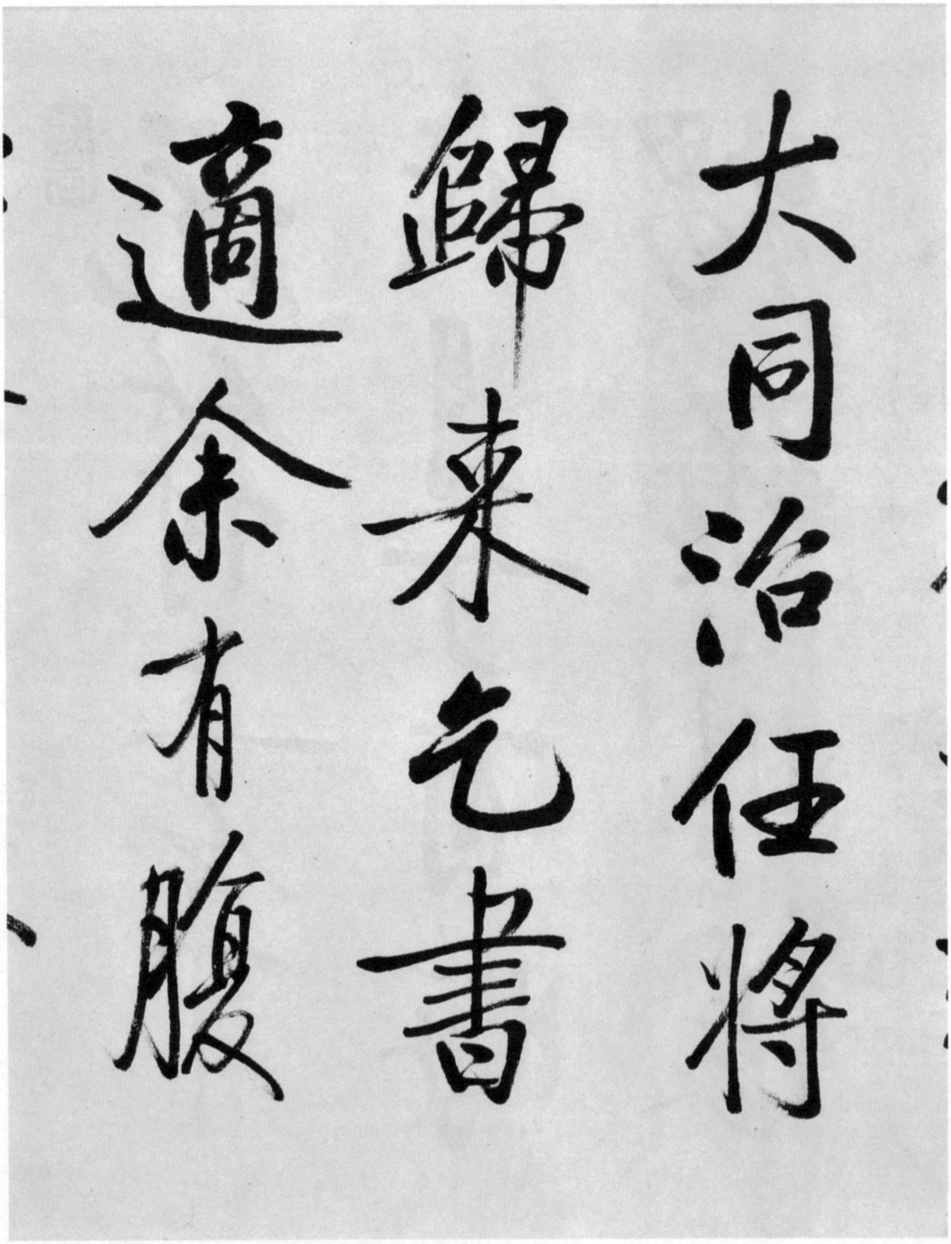
大同治任将
歸來乞書
適余有腹

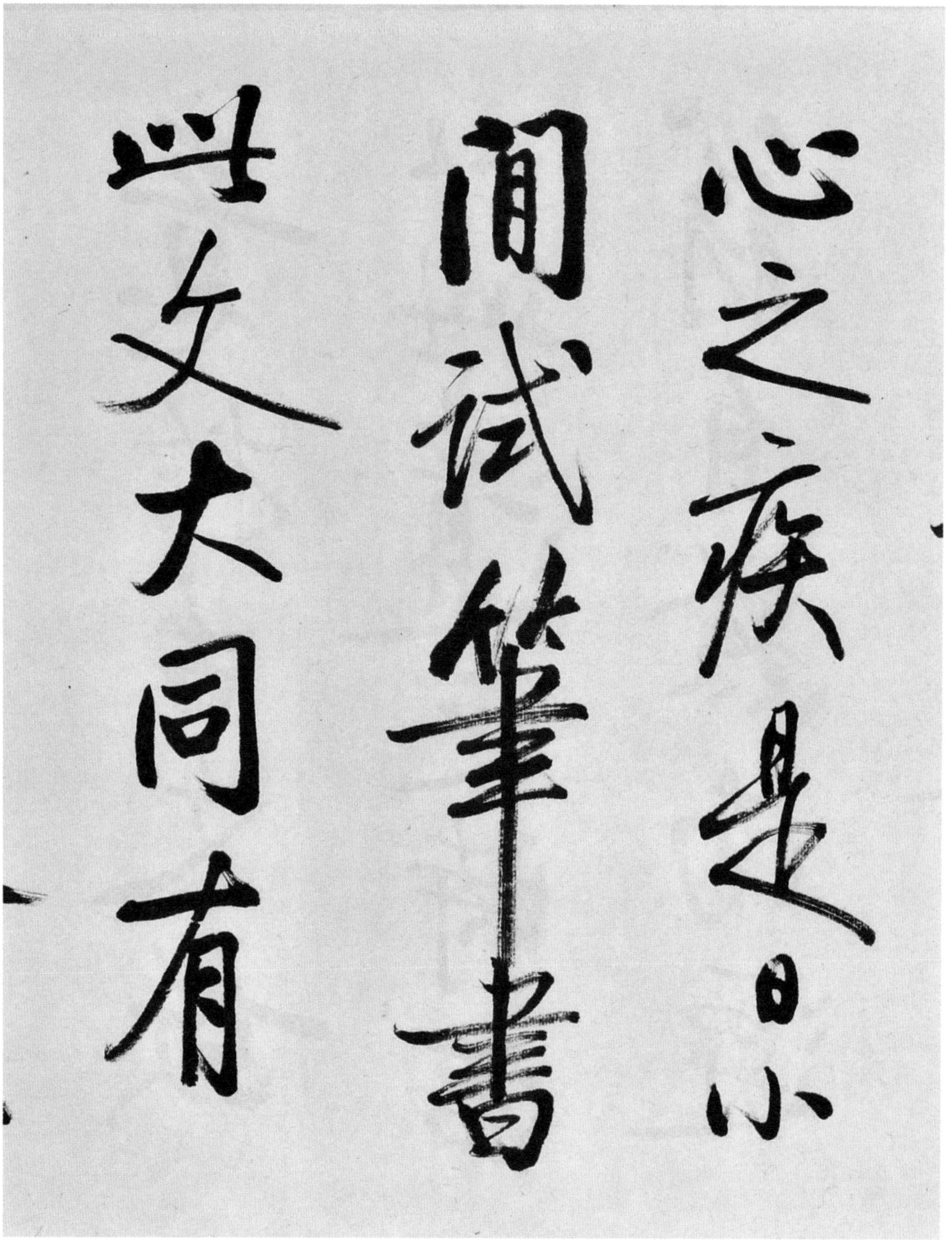
心之疾是日小
间试笔书
与文大同有

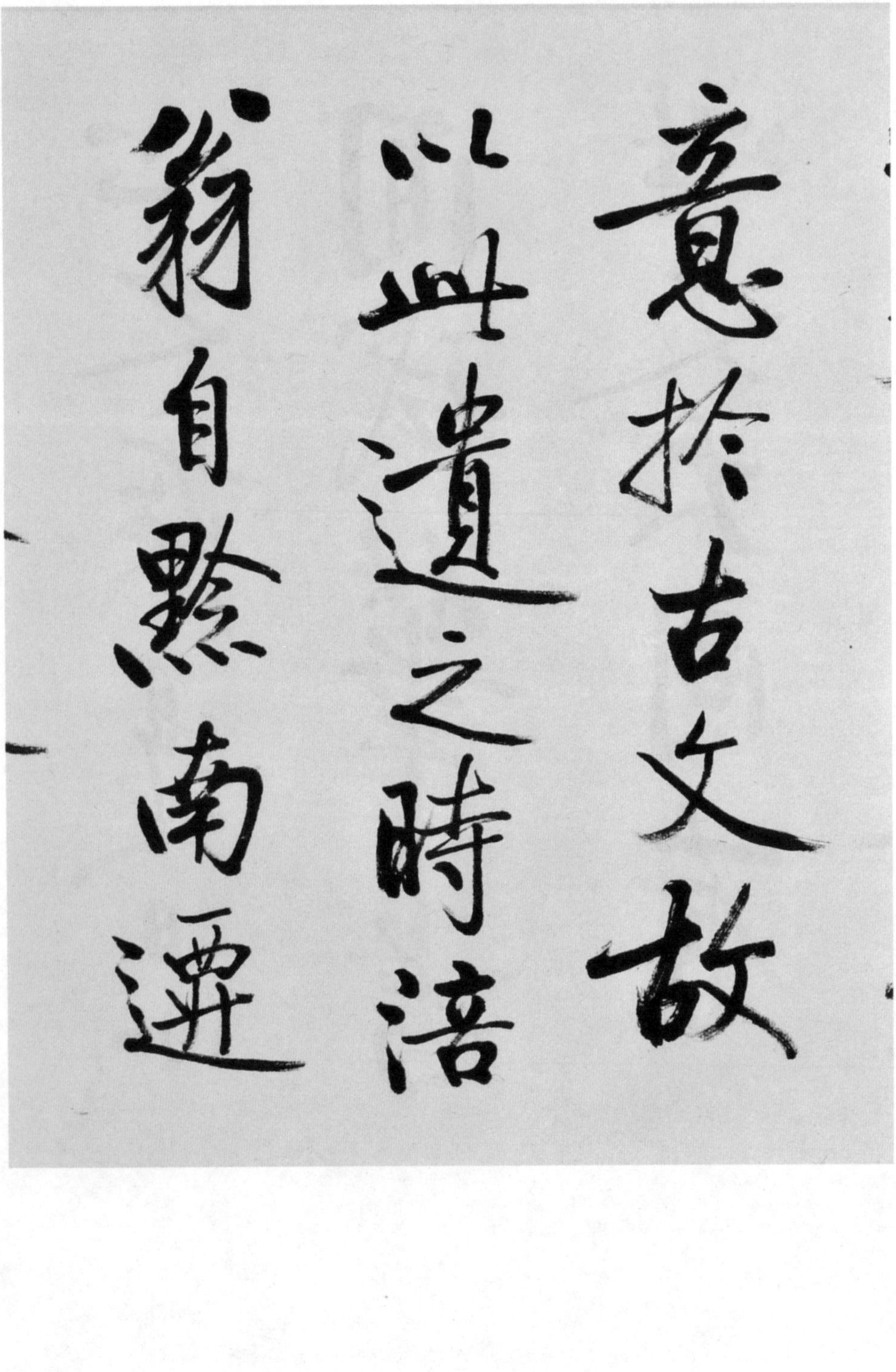
意於古文故
以此遺之時涪
翁自黔南遷

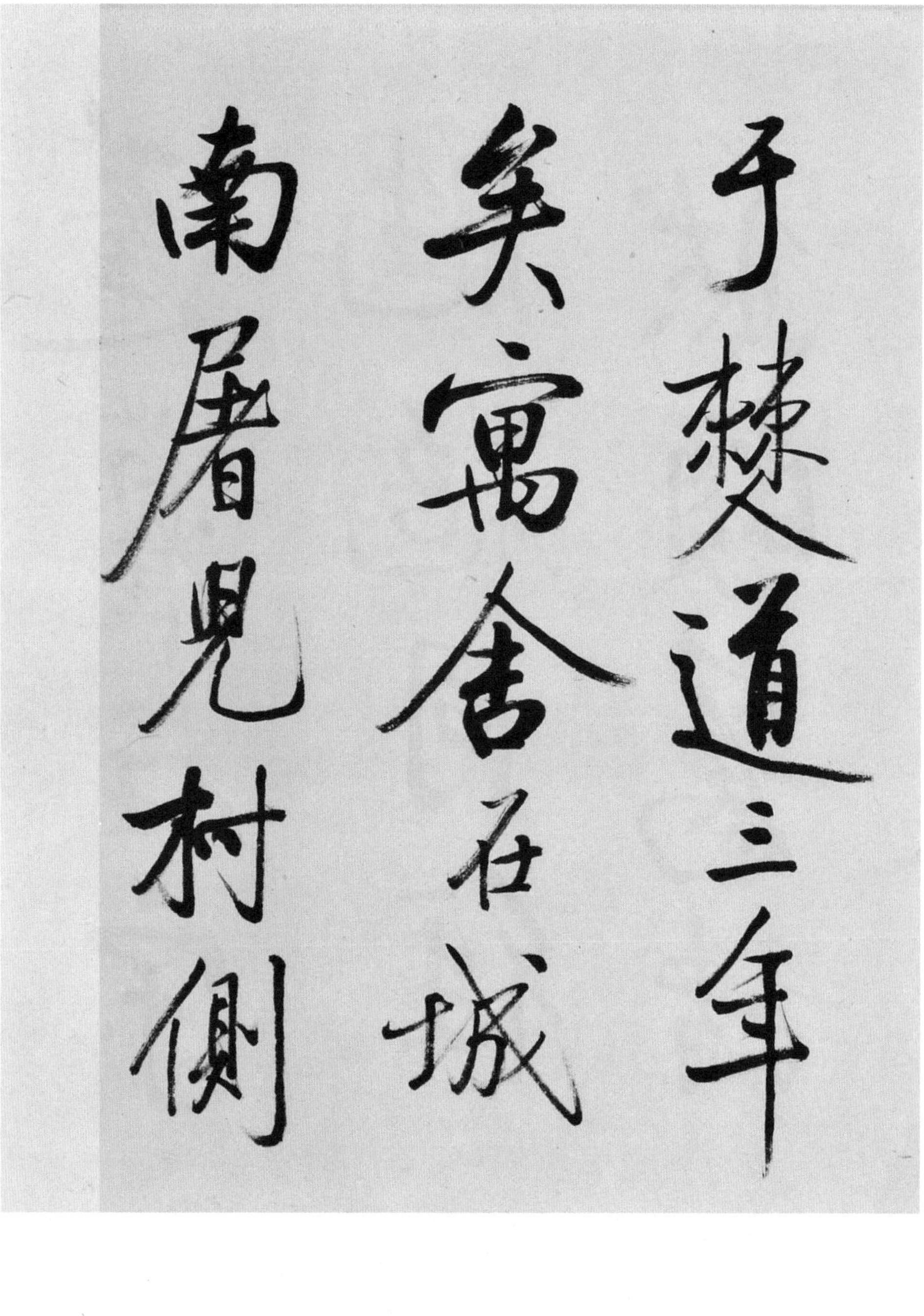
于棘道三年
矣寓舍在城
南屠兒村側

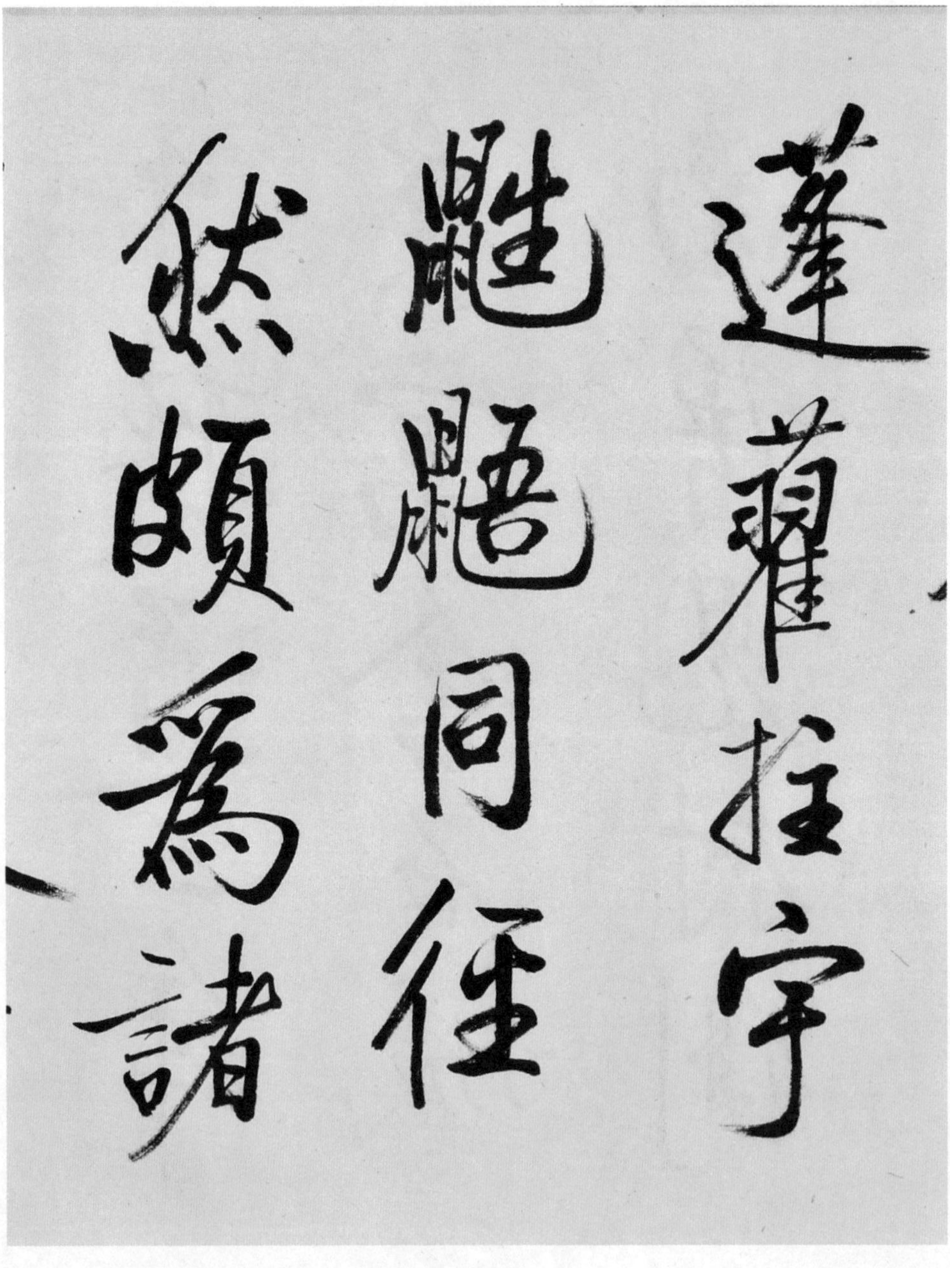
蓮華拄宇
然頓爲諸

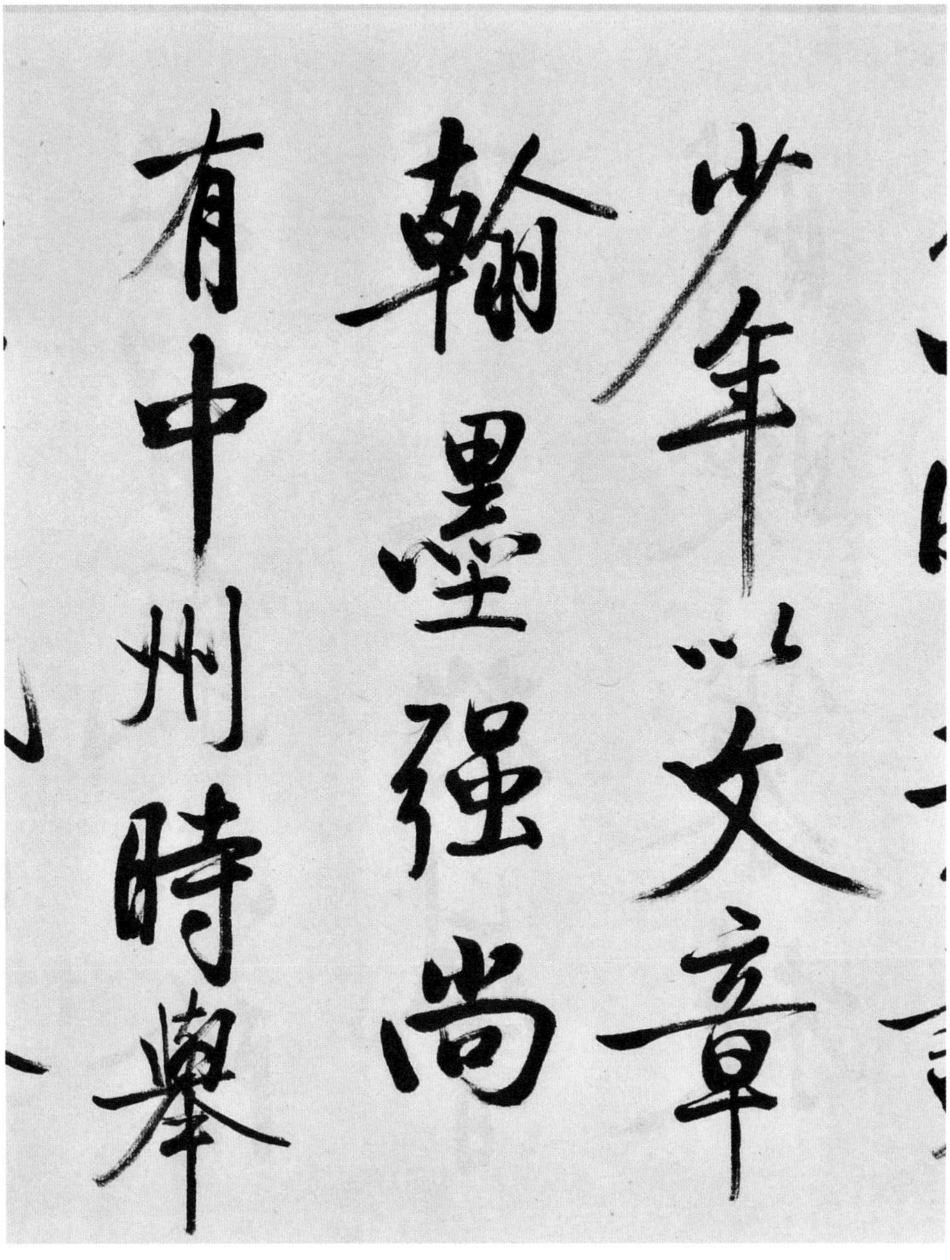
少年以文章
翰墨强當
有中州時舉

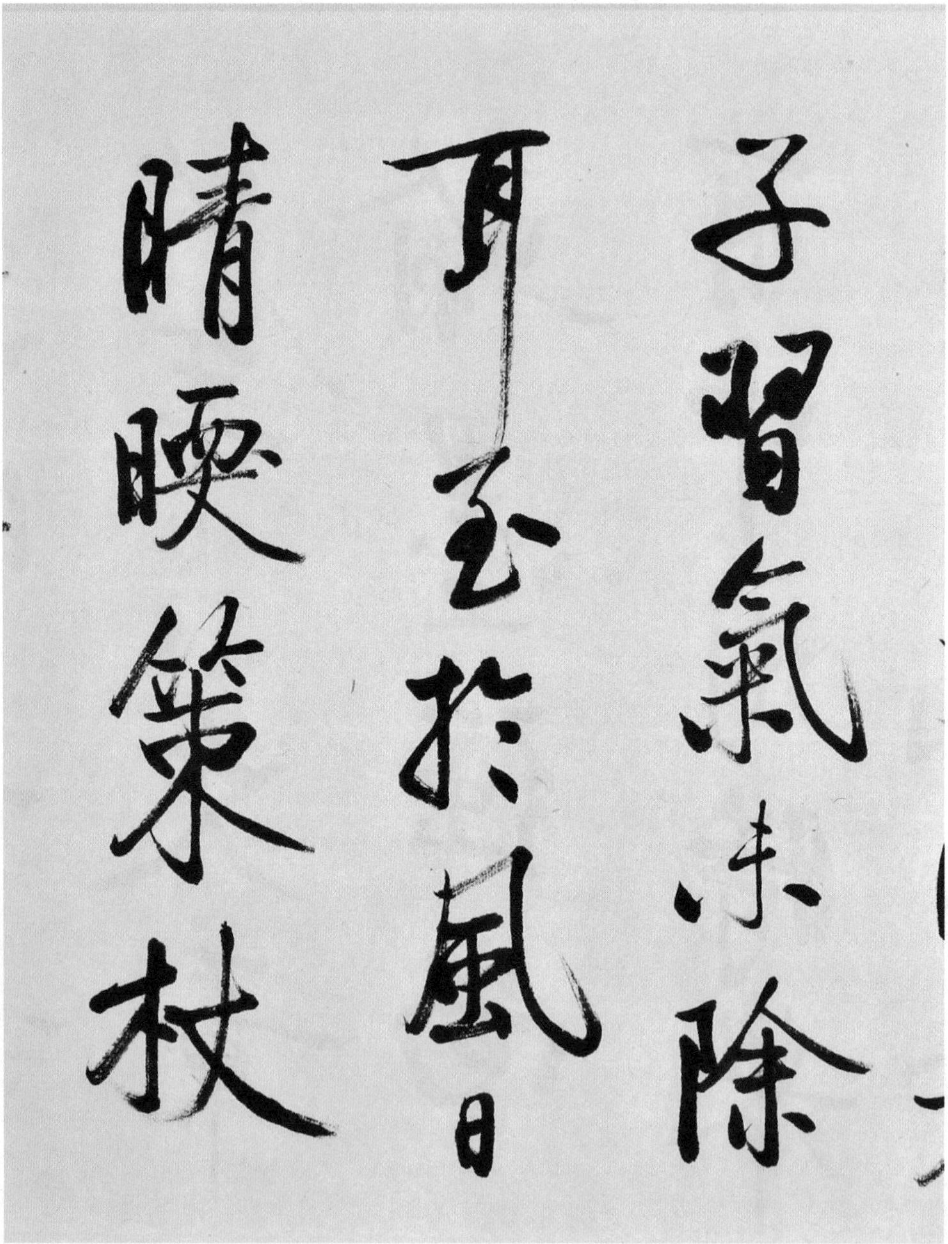
子習氣未除
耳至於風日
晴暎策杖

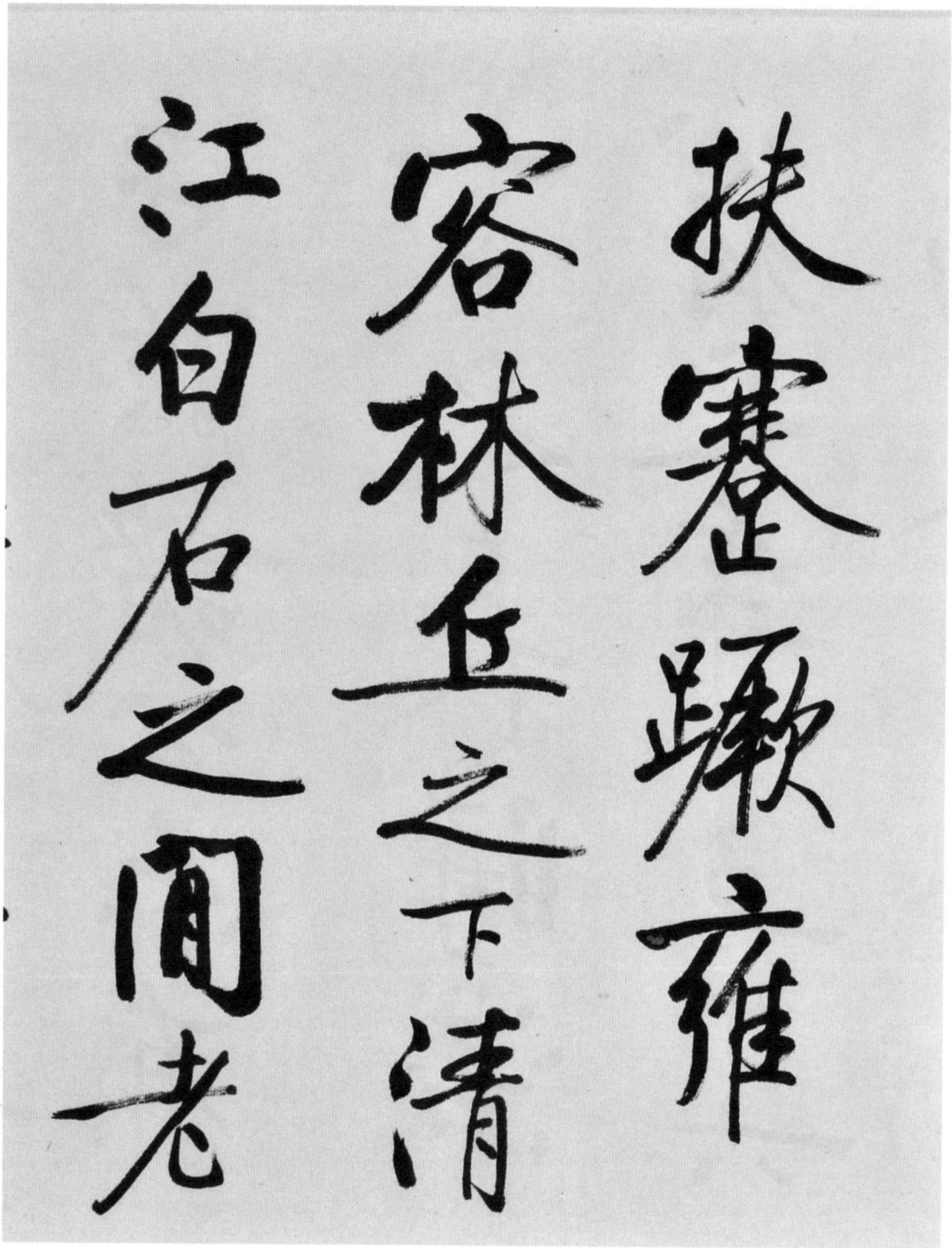
扶蹇蹶痱
容林丘之下清
江白石之间老

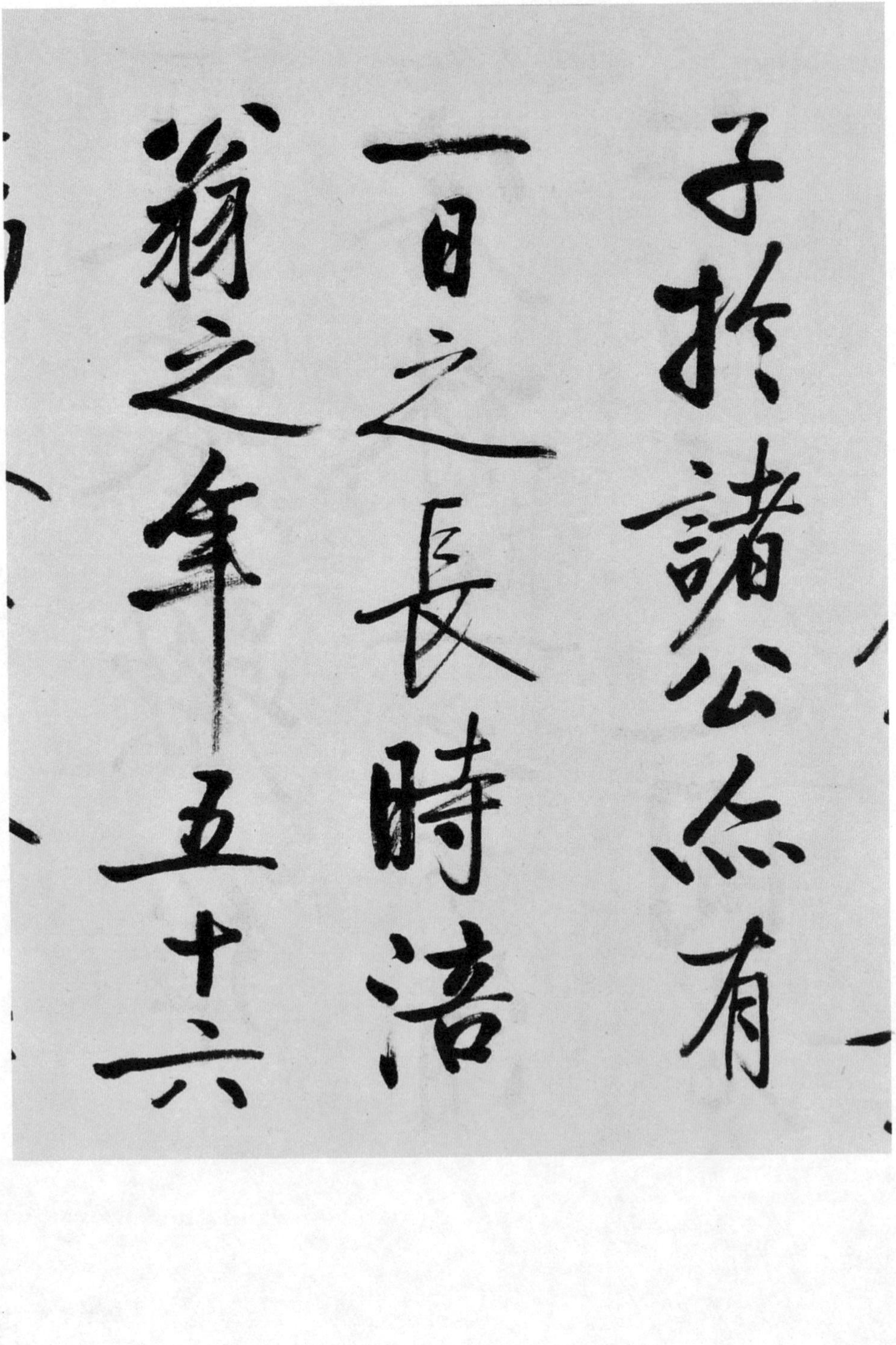
子於諸公忝有
一日之長時浩
翁之年五十六

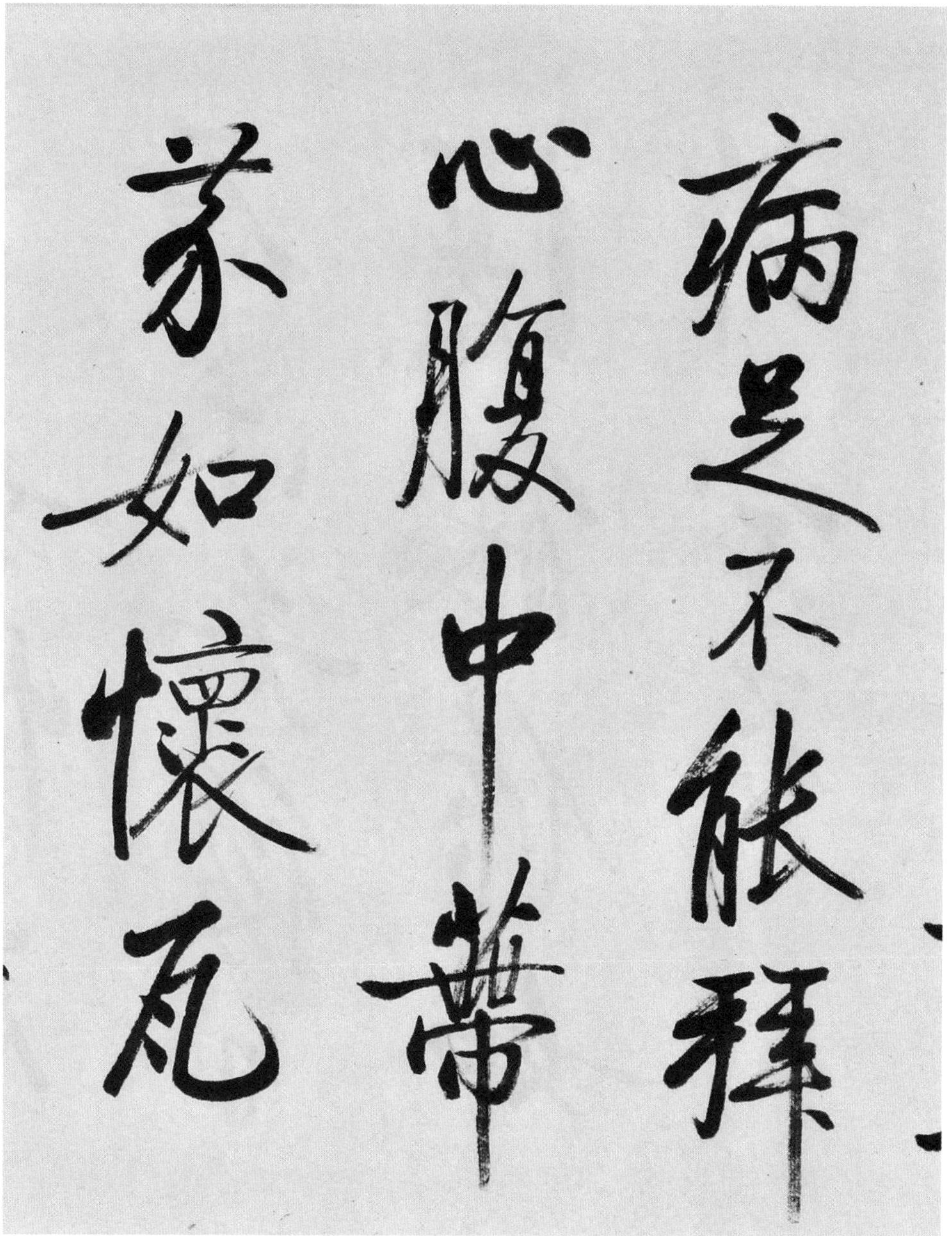
病是不能釋
心腹中帶

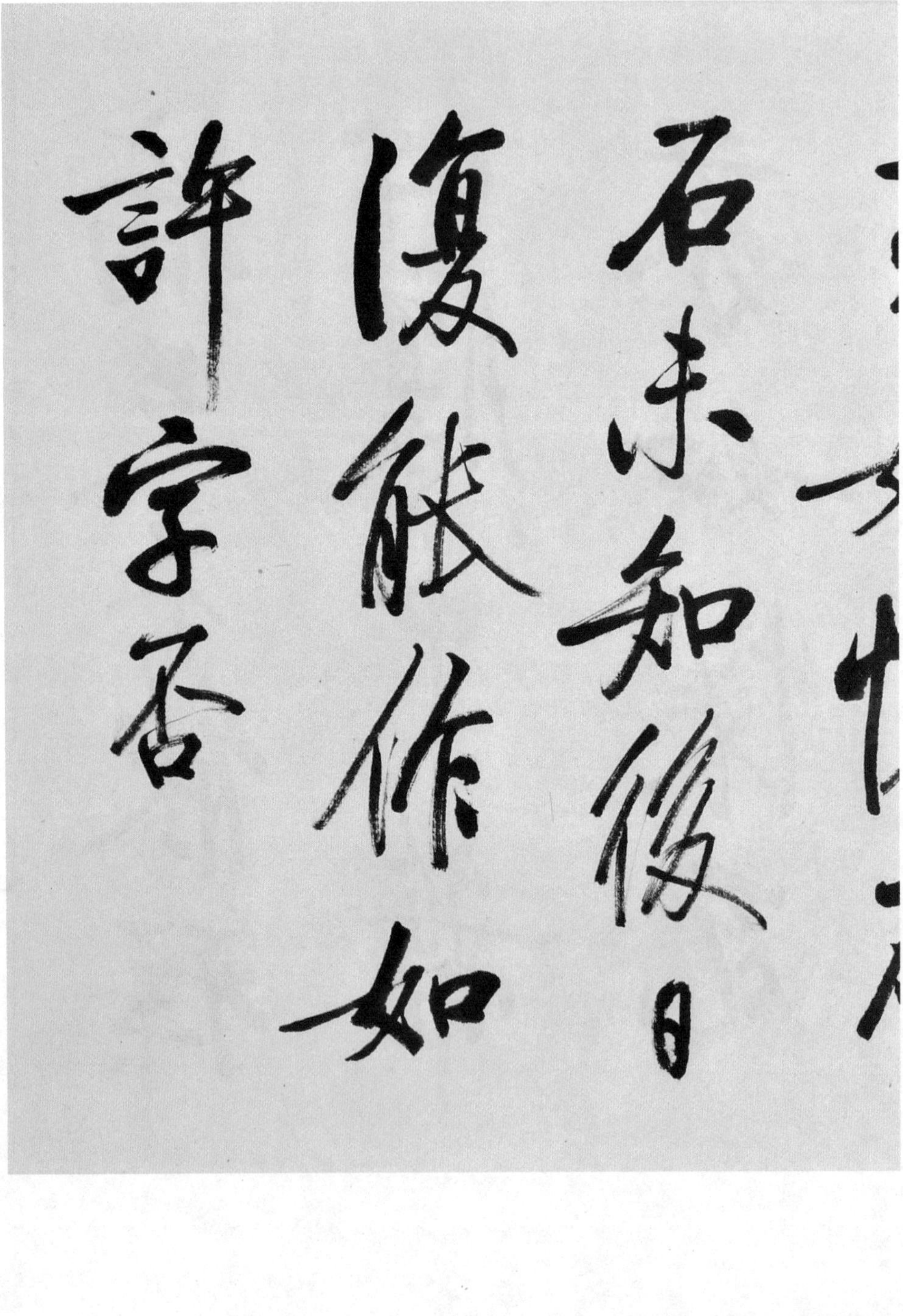
石未知後日
復能作如
許字否

山谷此卷为所见古文

跋尾分割而二传耳

喜手以亲车见示益

将元符庐简传之尾

珠为止之胜习一卷附

浅於俊 启功

225

临
写

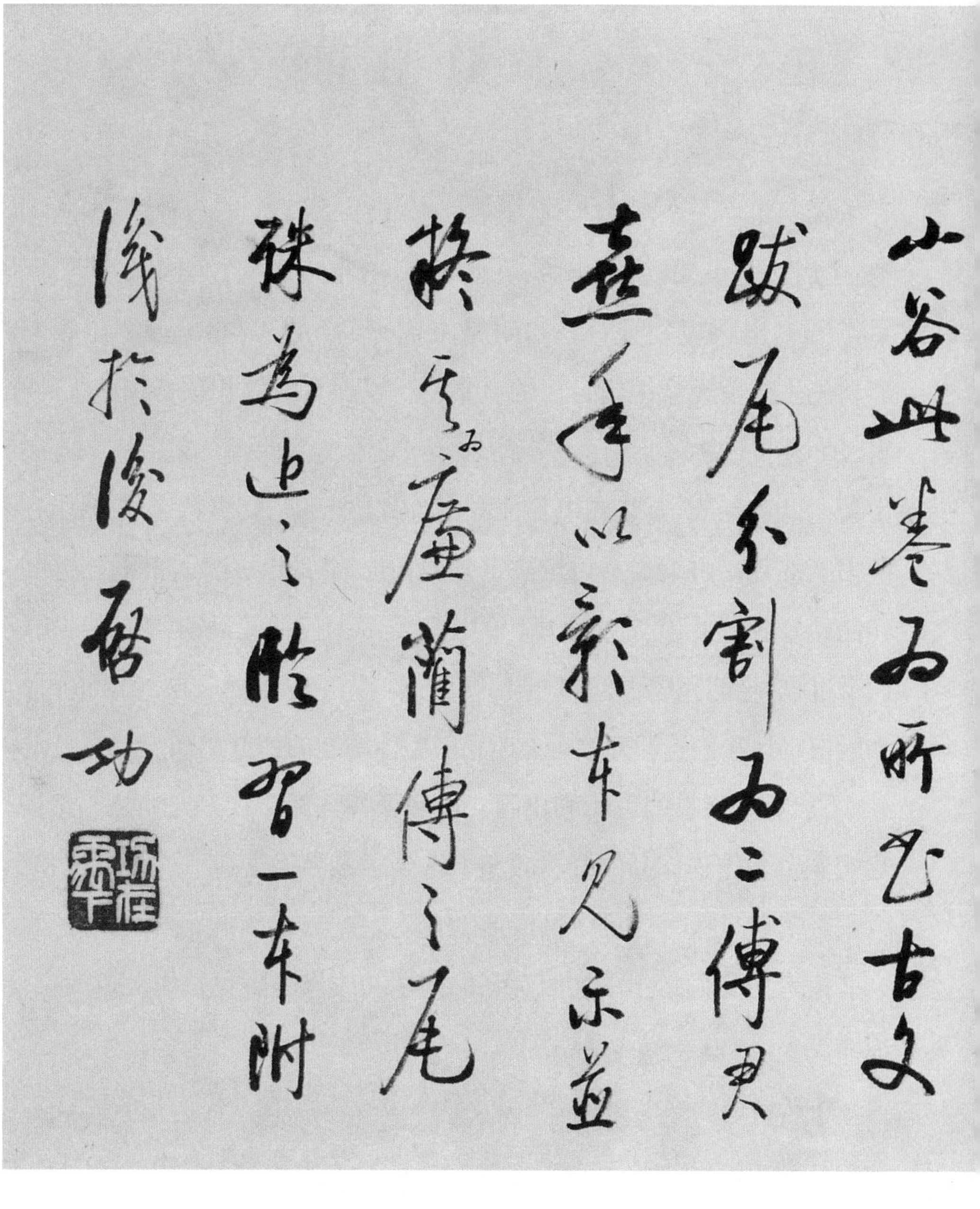

修订后记

《启功全集》的编辑出版，开始于2005年年底。作为国家“十一五”重点图书出版规划项目，当时是编成一卷付印一卷，陆续出版的。启功先生生前无意编辑自己的全集，所以没有留稿和预备，全集的编辑因此困难不少。《启功全集》共20卷，总括先生的诗、文、书、画：前十卷，即诗文部分，在先生各种著作基础上补充未刊资料完成；后十卷，即书画部分，由编委会讨论决定分类和选编标准，之后按照收集到的作品，分册出版。《启功全集》的出版实际上包括搜集编选和整理辑校两个过程，全部完成于2011年4月。因启功先生百年诞辰在2012年7月，初版甫定，我们旋即开始补充改错、整体精装的修订工作。

《启功全集》的编辑和出版，得到了各方面、众多人的热心帮助。启功先生著作和作品的资料收集，得到了各界的支持，许多单位和个人不避繁难与麻烦，为我们的复制、拍摄提供方便，对此，我们心存感激。一些读者为我们指出了初版存在的问题和改进的意见，由此，我们受益匪浅。

本次修订，改正了错误之处；补入了一些新见文字；并将初版第10卷信件附带的文稿转入了第5卷；第7卷调整了一些篇幅；第11—20卷即书画部分，调换了一些有疑问、拍照欠佳、不具代表性的作品；在藏家的帮助下，重新拍摄，替换了原来质量不高的照片；还有一些是在初版之后新收集的作品，这次也补充了进来。

《启功全集》修订版系统汇集了50多年间出版的启功先生的著作和文章，全面整理了启功先生身后留下的旧稿和手记，最大限度地征集了流传在海内外各种组织和个人收藏的启功先生书法和绘画，并第一次以精装形式整体出版。出版的时间，按计划定在启功先生百年诞辰之际，可以算作一种圆满。谨以我们的努力，敬献启功先生百年诞辰。

北京师范大学出版社

2012年7月